立法理论与实务研究丛书

立法
理论与制度

尚海龙　王晓平　主　编
伊士国　李　湄　副主编

LIFA
LILUN YU ZHIDU

法律出版社
LAW PRESS · CHINA
北京

图书在版编目(CIP)数据

立法理论与制度 / 尚海龙，王晓平主编． -- 北京 ：法律出版社，2023
(立法理论与实务研究丛书)
ISBN 978－7－5197－8526－0

Ⅰ．①立… Ⅱ．①尚… ②王… Ⅲ．①立法－法的理论－研究－中国②立法－制度－研究－中国 Ⅳ．①D920.0

中国国家版本馆 CIP 数据核字(2023)第 212791 号

立法理论与制度
LIFA LILUN YU ZHIDU

尚海龙　王晓平　主编

责任编辑　李沂蔚
装帧设计　鲍龙卉

出版发行 法律出版社
编辑统筹 法律应用出版分社
责任校对 朱海波
责任印制 刘晓伟
经　　销 新华书店

开本 710 毫米×1000 毫米　1/16
印张 21.75　　**字数** 292 千
版本 2023 年 11 月第 1 版
印次 2023 年 11 月第 1 次印刷
印刷 北京建宏印刷有限公司

地址：北京市丰台区莲花池西里 7 号(100073)
网址：www.lawpress.com.cn
投稿邮箱：info@lawpress.com.cn
举报盗版邮箱：jbwq@lawpress.com.cn
销售电话：010－83938349
客服电话：010－83938350
咨询电话：010－63939796

书号：ISBN 978－7－5197－8526－0
定价：86.00 元

《立法理论与实务研究丛书》

出版说明

党的十八大以来，社会主义法治国家建设深入推进，全面依法治国总体格局基本形成，中国特色社会主义法治体系加快建设，司法体制改革取得重大进展，社会公平正义保障更为坚实，法治中国建设开创新局面。法治中国，立法为先。在党中央集中统一领导下，形成了党委领导、人大主导、政府依托、各方参与的立法工作格局，深入推进科学立法、民主立法、依法立法，立法质量和效率显著提升，中国特色社会主义法律体系进一步完善，为全面建设社会主义现代化国家提供了更为完备的法律保障。适应新阶段新形势新任务，党的二十大报告强调指出，“加强重点领域、新兴领域、涉外领域立法，统筹推进国内法治和涉外法治，以良法促进发展、保障善治。推进科学立法、民主立法、依法立法，统筹立改废释纂，增强立法系统性、整体性、协同性、时效性”。高质量立法离不开一支德才兼备的高素质法治人才队伍。高校是法治人才培养的“第一责任人”，法学教育和法学理论研究承担着为法治中国建设培养高素质法治人才、提供科学理论支撑的光荣使命，在推进全面依法治国中具有重要地位和作用。

作为河北省最早创建法学专业的高等学校，河北大学已经建成涵盖学士—硕士—博士—博士后的全链条、完整性法治人才培养体系，是河北省法学教育的“排头兵”，全国卓越法治人才教育培养基地。河北大学高度重视立法人才的教育培养，不仅在法学专业本科教育中开设立法学等相关课程，在研究生教育中设置立法学研究方向，而且在国内首创

“立法理论与实务”微专业，贯通立法理论与实践，积极探索立法专门人才培养的新机制新路径。河北大学立法专门人才培养坚持德法兼修、知行并重，持续深化与立法机关及相关部门的交流和合作，迄今已完成京津冀水源涵养保护、生态环境支撑、白洋淀水环境治理与保护、地理标志保护、专利保护与冬奥知识产权保护、文明行为促进等100余项委托地方立法、立法后评估和立法论证项目，30余项成果获省领导肯定性批示，产生重要反响。2021年河北大学获批教育部首批新文科研究与改革实践项目“政产学研协同育人模式下的立法人才培养机制研究”，为深化立法人才培养提供了新契机。本项目拟通过调查研究和改革创新，有针对性地解决我国现行立法人才教育培养体制机制存在的突出问题，为教育培养高素质立法专门人才提供系统性解决方案。

作为教育的核心要素，教材建设事关“培养什么人、怎样培养人、为谁培养人”这个根本问题，直接关乎人才培养质量。深化高等学校人才培养模式改革需以高质量教材建设为要。为了适应新时代高素质立法专门人才培养的新形势、新任务、新要求，提升立法学教材建设的针对性、实用性、系统性、时效性，河北大学法学院、河北大学国家治理法治化研究中心依托“政产学研协同育人模式下的立法人才培养机制研究”这一新文科项目，充分发挥高等学校与立法实务部门的协同机制，与法律出版社共同策划出版了包括但不限于《立法理论与制度》《比较立法研究》《地方立法技术与规范》《地方立法实务与案例》等构成的《立法理论与实务研究丛书》。本丛书的突出特色和亮点就是坚持以习近平法治思想为根本遵循，落实立德树人根本任务，贯彻政产学研协同育人理念，与立法机关全方位深度协同，共商研发计划、共建编写团队、共定写作大纲、共享信息资源，合作编写、集体审定，以期切实提高丛书的质量和时代性，最大限度地满足立法专门人才培养的实际需求。同时，也真诚期待学界和实务界同人不吝赐教，提出宝贵意见和建议。

《立法理论与实务研究丛书》编辑委员会

2023年4月26日

目　录 Contents

绪　论

一、立法理论与制度的研究对象

法律是治国之重器,良法是善治之前提。良法是科学立法、民主立法、依法立法的“产品”,而科学立法、民主立法、依法立法的“基石”在于立法学的繁荣与发展。

立法理论与制度是立法学体系的重要组成部分。目前,我国学术界关于立法学体系的构成主要有两种观点:一种观点认为,立法学体系包括立法原理、立法制度和立法技术三个要素;〔1〕另一种观点认为,立法学体系包括立法理论、立法制度、立法过程和立法技术四部分。〔2〕可见,无论采取上述哪种观点,立法理论与立法制度均构成立法学的基础性内容。

立法学以立法现象及其规律为研究对象。立法现象,是指与立法活动相关的,能够为人们所感知到的一切情况;立法规律,是指隐含在立法现象之中的,潜藏在立法现象背后的内在的、本质的、普遍的、必然的联系。作为立法学基础性内容的立法理论与制度,其研究对象当然也是立法现象及其规律。其中,立法理论是指与立

---

〔1〕 参见周旺生:《立法学》,法律出版社2009年版,第5-6页。

〔2〕 参见朱力宇、叶传星主编:《立法学》,中国人民大学出版社2015年版,第2-3页。

法有关的普遍规律的理论表现，而立法制度则是指关于立法的各种实体性、程序性规则的总和。[1] 概言之，立法理论与制度主要研究以下内容：

1. 立法的概念、特征、分类与本质

这是立法理论与制度研究的基本问题。只有明确立法的基本含义和主要特点，才能将立法现象与其他现象区别开来。只有透过纷繁复杂的立法现象发现立法的本质，才能正确把握立法的规律，而分类则是探究立法本质的重要途径。

2. 立法的指导思想和基本原则

立法指导思想是立法主体据以进行立法活动的重要理论依据，是为立法活动指明方向的理性认识；立法基本原则是立法主体在立法过程中必须遵循的基本准则，是立法活动的精神和灵魂。立法指导思想和基本原则实际上是立法本质的具体表现或者具体化，构成立法理论研究的重要内容。

3. 立法的历史发展

立法是一种历史现象。从历史发展的角度对立法进行研究，目的在于把握立法现象背后的历史逻辑和变迁规律，总结历代、各国立法的经验和教训，不断建设中国特色社会主义法治体系。

4. 立法体制

立法体制是关于立法权、立法权运行和立法权载体等方面的体系和制度所构成的有机整体，其核心是立法权限。对立法体制的影响因素、基本类型等进行研究的目的在于进一步优化我国“统一而又分层次”的立法体制，不断提高立法质量和立法效率。

5. 中央立法与地方立法

这两种立法在立法的主体、效力等方面存在重要区别，需要分别加以研究。研究之目的在于既保证中央立法的权威，又充分发挥地方立法

---

[1] 参见封丽霞：《面向实践的中国立法学——改革开放四十年与中国立法学的成长》，载《地方立法研究》2018 年第 6 期。

的主动性、积极性和创造性。

6. 立法程序与立法效力

科学的立法程序是保障立法质量的关键。立法程序的功能、作用、要求构成了本书的重要研究内容，立法效力是立法活动的"最终产品"——法律所具有的拘束力。对立法效力的研究，目的在于明确法律的效力位阶，解决法律规范的效力冲突，树立法律的权威，保证法律的顺利实施。

7. 立法完善与立法监督

立法不仅是一项复杂的系统工程，而且是一个动态的发展过程。如何通过修改、解释、废止、清理等方式不断完善我国的法律体系是本书重点探讨的问题之一。立法监督是现代立法制度体系的重要组成部分，是科学立法、民主立法、依法立法的基本保障。立法监督的原则、类型，尤其是我国的立法监督制度构成本书的重要研究内容。

上述前三部分侧重于研究立法理论，后四部分侧重于分析立法制度。当然，立法理论与立法制度无法截然分开。立法理论是立法制度的先导，而立法制度则是立法理论分析的素材。随着立法活动的不断增加，立法现象越来越复杂。相应地，立法理论日趋发展，立法制度日益丰富。本书所研究的仅是立法理论与制度中最为重要的内容。

二、立法理论与制度的研究价值

（一）实践价值：提高立法质量，以良法保障善治

善治是人类永恒的政治追求，其目的是实现社会的繁荣和稳定，增进人民的福祉。善治的根本在于法治，即通过法律对社会进行治理，而法治则以良法的存在为前提。习近平总书记在论及立法时指出："人民群众对立法的期盼，已经不是有没有，而是好不好、管用不管用、能不能解决实际问题；不是什么法都能治国，不是什么法都能治好国；越是强调

法治,越是要提高立法质量。"[1]这实质上包含了良法之治的理念。古希腊哲学家亚里士多德认为:"法治应包含两重意义:已成立的法律获得普遍的服从,而大家所服从的法律又应该本身是制定得良好的法律。"[2]

只有不断提高立法质量,才能以良法保障善治。中共中央《关于坚持和完善中国特色社会主义制度 推进国家治理体系和治理能力现代化若干重大问题的决定》[3]要求:"坚持科学立法、民主立法、依法立法,完善党委领导、人大主导、政府依托、各方参与的立法工作格局,立改废释并举,不断提高立法质量和效率。完善以宪法为核心的中国特色社会主义法律体系,加强重要领域立法,加快我国法域外适用的法律体系建设,以良法保障善治。"2021 年 1 月 10 日,中共中央印发的《法治中国建设规划(2020—2025 年)》提出:"建设完备的法律规范体系,以良法促进发展、保障善治。"并强调:"建设法治中国,必须加强和改进立法工作,深入推进科学立法、民主立法、依法立法,不断提高立法质量和效率,以高质量立法保障高质量发展、推动全面深化改革、维护社会大局稳定。"党的二十大报告[4]要求:"加强重点领域、新兴领域、涉外领域立法,统筹推进国内法治和涉外法治,以良法促进发展、保障善治。"

党的十八大以来,以习近平同志为核心的党中央从坚持和发展中国特色社会主义的战略高度定位法治、布局法治、厉行法治,加强对全面推进依法治国的顶层设计,不断完善中国特色社会主义法律体系,以良法促进发展、保障善治,推动法治中国建设发生了历史性、转折性、全局性变化。新征程上,必须坚持以习近平新时代中国特色社会主义思想为指导,全面贯彻落实党的二十大精神,深入贯彻习近平法治思想,进一步加

---

[1] 中共中央文献研究室编:《习近平关于全面依法治国论述摘编》,中央文献出版社 2015 年版,第 43 页。

[2] [古希腊]亚里士多德:《政治学》,吴寿彭译,商务印书馆 1965 年版,第 199 页。

[3] 2019 年 10 月 31 日中国共产党第十九届中央委员会第四次全体会议通过。

[4] 习近平:《高举中国特色社会主义伟大旗帜 为全面建设社会主义现代化国家而团结奋斗》(2022 年 10 月 16 日在中国共产党第二十次全国代表大会上的报告)。

强立法理论与制度研究，深入推进科学立法、民主立法、依法立法，进一步完善以宪法为核心的中国特色社会主义法律体系，更好发挥立法在治国理政中固根本、稳预期、利长远的重要作用，为在法治轨道上全面建设社会主义现代化国家提供有力法律支撑。[1]

立法人才是法治人才的重要组成部分。然而，长期以来，我国法学教学在培养目标的设定上存在"重执法司法，轻立法"的问题，高等院校现行的法治人才培养目标基本上是围绕培养合格的法官、检察官、行政执法人员等设定的，一定程度上忽视了立法人才的培养；在教学内容的设计上存在"重个案解决，轻立法设计"的倾向，法学课程重点是教授学生分析案件、解决案件，对于如何通过立法进行制度设计，如何参与法律的起草与拟定，则很少涉及。要实现党中央提出的充分发挥立法的引领、促进和保障作用，以良法保障善治的要求，必须高度重视立法人才的培养。在这种背景下，加强对立法理论与制度的教学与研究具有重要的现实意义。

（二）理论价值：完善立法学理论体系，提高法学研究水平

在我国的法学研究中，存在与法学教学相同的问题，即重视从法律解释或者适用的角度展开对法律的研究，目的是为法院、检察院或者政府提供个案裁判或者决策指导，对立法理论与制度的研究不太重视。我国目前出版的法学类教材中，立法学类教材偏少，内容相对较陈旧，从某种程度上反映出这种现状。

"没有立法学的发展，不可能有法学体系的完善。"[2]加强对立法理论与制度的研究，有利于借鉴较先进的立法理论研究成果，推动我国立法学研究的深化与成熟，进而完善我国的立法学理论体系。立法理论与制度作为一门交叉学科，涉及政治、经济、社会、文化等多个领域。通过

---

〔1〕 参见信春鹰：《不断完善中国特色社会主义法律体系 以良法促进发展保障善治》，载《中国人大》2023 年第 9 期。

〔2〕 周旺生：《论创建中国社会主义立法学》，载《法学评论》1988 年第 6 期。

对立法理论与制度的研究,可以为我国法学研究,乃至社会科学研究提供新的理论观点和研究视角。

三、立法理论与制度的研究方法

恩格斯在《德法年鉴》中指出:"方法就是新的观点体系的灵魂。"[1]任何一门学科都需要运用一定的方法,或者遵循特定的方式来回答自己提出的问题。"在研究立法的过程中,如果离开了社会科学的方法,我们就无从知晓什么是'良法',也无法回答何谓'民主立法'和'科学立法'。"[2]研究立法理论与制度的方法可以分为根本方法与基本方法两个层次。

(一)根本方法

作为马克思主义哲学的重要组成部分,唯物辩证法是人们认识自然、社会和思维等领域一切现象的科学方法。在立法理论与制度的研究中,必须坚持以唯物辩证法作为根本方法,以克服形式主义、教条主义的片面性、机械性。在研究立法理论与制度过程中,必须坚持唯物辩证法的以下原则:

一是社会存在决定社会意识。立法活动是国家机关有目的、有意识的活动,但是,立法活动最终是由社会物质生活条件所决定的。要深刻理解立法活动,就必须深入分析这种活动赖以为基础的物质资料生产方式等经济因素,以及政治、思想、德道等非经济因素。

二是矛盾的普遍性与特殊性。矛盾的普遍性,是指矛盾存在于一切事物之中,存在于一切事物发展过程的始终;矛盾的特殊性,是指各个具体事物的矛盾,每一个矛盾的各个方面在发展的不同阶段上各有其特点。对立法现象的分析,必须注意把握矛盾的普遍性和特殊性,研究不

---

[1] [俄]普列汉诺夫:《马克思主义的基本问题》,张仲实译,人民出版社1957年版,第222页。

[2] 封丽霞:《面向实践的中国立法学——改革开放四十年与中国立法学的成长》,载《地方立法研究》2018年第6期。

同历史发展阶段、不同国家立法的共性问题和个性特征。在制定法律时,也必须充分考虑不同事物之间的矛盾特点和表现形式,以及不同阶层和群体之间的矛盾,制定具有针对性和适应性的法律制度。

三是事物的联系与发展。唯物辩证法认为,事物是普遍联系和永恒发展的,需要从联系和发展的角度来看待问题。据此,立法学研究应当从系统的、历史的角度来分析法律制度的演进和变迁,在此基础上提出理论观点,构建理论体系。

四是实践的重要性。唯物辩证法认为,实践是认识的来源和检验的标准。立法学研究需要通过实践活动验证有关理论的科学性与可行性,进而推动立法学的发展和进步。

(二)基本方法

1. 价值分析法

价值分析方法是通过认知和评价社会现象的价值属性,揭示、批判或确证一定社会价值或理想的方法。法律的存在本身并不是目的,而是实现一定价值的手段。立法活动是人们进行价值判断与选择,追求自由、平等、正义、秩序等价值得以实现的活动。因此,运用这些价值标准分析立法的产生、过程和结果,即价值分析方法成为立法理论与制度研究的重要方法。

2. 规范分析法

法律是由各种行为规范组成的,因此,从规范角度分析法律的逻辑结构、内在含义与精神实质显得尤为重要。"立法是一项语言工作",[1] 各种法律规范都是通过一定的语言表达出来的。"立法主体正是通过语言的操作来划定权利与义务的界限,从而宣告和推行国家意志。立法语言成为传达国家意志和指令,表达具体立法目的的载体。"[2] 因此,规范分析实际上是通过对法律文本中的语言进行解析,从而识别和理解法律

---

〔1〕 [美]杰克·戴维斯:《立法法律与程序》,姜廷惠译,商务印书馆2022年版,第18页。

〔2〕 徐向华主编:《立法学教程》,北京大学出版社2017年版,第15页。

规范的语义结构和实质内涵。此方法的运用需要结合立法的背景和法律条款的上下文,而非仅仅依靠查找工具书的释义。

3. 实证分析法

实证分析是通过定量或定性的方法,对立法实践中的事实和数据进行收集、整理、分析和解释。这种方法致力于通过对与立法有关的各种经验事实的观察和分析,回答“法律在实际中是怎样的”这一重要问题,进而检验立法理论的合理性与可行性。实证分析方法得以运用的前提是获取有关立法的大量实证材料,实证材料则需要通过问卷调查、座谈访谈、田野调查等社会调查方式获取。“没有调查就没有发言权。”通过社会调查,可以获取大量的客观数据,能够获知公众对立法的态度和意见,有助于立法学理论与实践的结合。

4. 比较分析法

古人云:“他山之石,可以攻玉。”比较分析方法是通过对不同国家或地区的立法体制、机制、制度等进行对比,探讨立法的共性与差异,进而寻求立法的最佳路径。比较分析有助于发现不同国家或地区在立法方面的优劣之处,以及相互借鉴的可能性,有利于深刻认识立法的内在规律。值得注意的是,比较分析不是对立法作形式上的简单对比,而是应当深入比较和分析立法的不同政治背景、经济环境及思想基础。

总之,立法现象纷繁复杂,立法理论与制度的研究方法多种多样,研究者应当根据研究目的和所研究问题之性质选择合适的方法。需要强调的是,价值分析、规范分析、实证分析、比较分析等研究方法必须在唯物辩证法这一根本方法的指导之下加以运用。

第一章　立法概述

作为立法学的重要组成部分,立法理论与制度主要研究两方面的内容:一是立法的基础理论;二是立法的基本制度。本章研究的内容是基础理论的基础,即立法的概念、立法的特征、立法的分类以及立法的本质。这些问题是从立法制度与实践中抽象、概括出来的一般理论,对立法具有普遍性指导意义,也是深入分析和研究立法制度与实践的前提。

第一节　立法的概念与特征

一、立法的概念

立法是国家的一项重要政治活动,是立法机关对权力与职责、权利与义务以及有关利益进行制度性配置和调整的活动。"立法"这一词语,在古代的典籍中已经出现。我国早期典籍,如《荀子·议兵》提出:"因其民,袭其处,而百姓皆安。立法施令,莫不顺比。"《商君书·修权》主张:"立法明分,而不以私害法,则治。"《史记·律书》认为:"王者制事立法,物度轨则,壹禀于六律,六律为万事根本焉。"在西方国家的典籍中,"立法"一词在柏拉图的名著《理想国》《法律篇》以及亚里士多德的经典著作《政治学》《尼各马可伦理学》中均已出现。

“立法”这一概念是立法学首要的、基础性范畴，也是立法学研究的逻辑起点。虽然这一概念很早就已经出现，但迄今为止，关于立法的含义，仍然众说纷纭。根据周旺生教授的分析，立法是由特定主体，依据一定职权和程序，运用一定的技术，制定、认可、修改、补充和废止法的活动。〔1〕 戚渊教授则主张：“立法就是一定的主体确立具有普遍效力的法规范和法规则。”〔2〕朱力宇教授等认为：“广义的立法主要是指法的制定，即指国家机关在其法定职权范围内，依照法定程序，制定、修改、补充和废止规范性文件的活动。狭义的立法，专指最高国家权力机关（或称国会、国家立法机关等）制定、修改、补充、废止基本法律（或称法典）和基本法律以外的法律（或称普通法律）的活动。”〔3〕杨临宏教授认为：“作为动词使用时，立法是指享有立法权的国家机关，在自己的职权范围内，依据法定程序，运用专门技术，制定、认可和变动法律规范的活动。作为名词使用时，立法是指立法活动产生的结果，即法律。”〔4〕郭清梅教授主张：“立法是一定政权中的特定主体以政权的名义，为体现最终决定于社会物质生活条件的执政者的共同意志，依据一定的职权，遵循一定的程序，运用一定的技术，提供具有普遍性、明确性的法律规范的活动。”〔5〕

上述学者的观点从不同侧面反映了立法的本质属性，具有一定的代表性。当然也存在一定的差异。实际上，在我国《立法法》起草过程中，对何谓立法也产生了不同理解。经过反复研究，最后2000年通过的《立法法》根据不同情况，采取不同的表述方式对其调整范围作出了规定，但没有直接对立法这一概念进行界定。〔6〕 在此，参考上述学者的观点，从立法学入门的角度，对立法作如下界定：所谓立法，是指立法主体根据立法职权，按照立法程序，运用立法技术，制定、认可、修改或废止法律规范

〔1〕 参见周旺生：《立法学》，法律出版社2009年版，第53－55页。
〔2〕 戚渊：《论立法权》，中国法制出版社2002年版，第12页。
〔3〕 朱力宇、叶传星主编：《立法学》，中国人民大学出版社2015年版，第17页。
〔4〕 杨临宏：《立法学：原理、程序、制度与技术》，中国社会科学出版社2020年版，第8页。
〔5〕 徐向华主编：《立法学教程》，北京大学出版社2017年版，第40页。
〔6〕 参见乔晓阳主编：《中华人民共和国立法法讲话》，中国民主法制出版社2008年版，第28－29页。

的活动。此定义中包括“立法主体”“立法职权”“立法程序”“立法技术”和“立法形式”五个基本要素。以下重点围绕这五个基本要素，对立法的特征进行解析。

二、立法的特征

（一）立法是由法定的国家机关进行的活动

法律是由国家强制力保证实施的具有普遍约束力的规范性文件。立法活动对民众的权利义务产生直接影响，对一国的政治、经济和社会发展具有重要作用。为保证法律的权威和质量，必须由国家机关从事立法活动。其他任何社会组织、团体或者个人，未经法律明确授权，均不得进行立法。

国家机关是一个纵横交错的复杂组织系统。在这一组织系统中，只有那些经过《宪法》《组织法》《立法法》等授权的国家机关才能进行立法，未经法律授权的国家机关不得进行立法。不同时代、不同国家，享有立法权的主体是不同的。在封建时代，专制君主是有权立法的主体。在现代国家，大多由议会、人民代表机关或者其授权的国家机关行使立法权。究竟由哪些国家机关行使立法权是由该国的国家性质、政权组织形式、立法体系等决定的。在我国，一定层级的人民代表大会及其常务委员会、一定层级的人民政府及其职能部门有权进行立法。在同一国家的不同历史时期，享有立法权的主体也可能发生变化。例如，根据我国1954年《宪法》，全国人民代表大会是行使国家立法权的唯一机关。根据1982年《宪法》，则由全国人民代表大会和它的常务委员会共同行使国家立法权。当然，在特定时期，享有立法权的国家机关是确定的。

（二）立法是根据法定职权进行的活动

唯有享有立法权的国家机关才能进行立法。但是，享有立法权的国家机关也必须按照法定职权进行立法，而不得越权立法。法定职权不单纯是法律对国家机关的授权，实际上同时是法律对国家机关从事立法活动的限制。这种限制主要包括:第一,立法层级的限制。不同的国家机关,可能享有不同层级的立法权。国家机关只能在法定的层级范围内进行立法,而不得越级立法。如中央国家机关可以针对全国范围内的事务进行立法,但是,地方国家机关则只能针对本区域范围内的事务进行立法。第二,立法种类的限制。不同的国家机关享有的立法权种类可能不同。例如,在我国,全国人大及其常委会有权针对犯罪和刑罚进行刑事立法,但国务院、地方人大等立法主体不得进行刑事立法。第三,立法事项的限制。享有立法权的国家机关,其立法职权受到事项范围的限制。如根据我国《立法法》第 81 条第 1 款规定,除法律另有规定外,设区的市的人大及其常委会可以针对城乡建设与管理、生态文明建设、历史文化保护、基层治理等方面的事项制定地方性法规。

(三)立法是按照法定程序进行的活动

立法程序是指立法时应当遵循的方式、步骤、顺序以及时限等。任何立法活动都是两方面的统一:一方面是立法的实体内容;另一方面是其程序形式。

立法必须按照法定的程序进行,以保证所立之法的严肃性、权威性、稳定性和科学性,最大限度地符合经济社会发展的需要。不同时代、不同国家对立法程序的具体要求不同。在同一国家,不同种类的立法,其所遵循的程序也存在差异。一般而言,现代国家的立法要经过立法准备、提出法案、审议法案、通过法案、公布法律、立法完善等程序。我国《立法法》对法律、行政法规、地方性法规、自治条例和单行条例以及规章的制定程序作出了系统性规定。在此基础上,《行政法规制定程序条例》《规章制定程序条例》分别对行政法规、规章的制定程序作出了更为具体的规定。有的地方对地方立法的程序有进一步的规定。例如,《河北省地方立法条例》[1]对河北省人大制定地方性法规的程序、河北省

---

[1] 2001 年 1 月 14 日河北省第九届人大第四次会议通过,2018 年 7 月 27 日河北省第十三届人大常委会第四次会议修订。

人大常委会制定地方性法规的程序以及批准地方性法规、自治条例和单行条例的程序等作出更加详细的规定。《河北省政府规章制定办法》[1]则对河北省人民政府和设区的市人民政府规章的立项、起草、审查、决定、公布、解释、备案等程序作出了较为具体的规定。

（四）立法是运用立法技术进行的活动

立法是一门科学，具有高度的专业性，需要专门的知识、方法和技巧。换言之，必须运用一定的技术进行立法。立法技术是立法活动中所遵循的用以促使立法臻于科学化的方法和操作技巧，包括立法活动运筹技术、法的结构营造技术等。[2]

立法技术水平的高低直接影响立法的质量。只有提高立法技术，才能使法律的文字清晰明确、规范严谨，避免出现歧义或者漏洞，进而确保法律的准确性、一致性、科学性，提高其可操作性与可执行性。随着时代的变迁与发展，立法技术经历了从自发到自觉、从落后到先进、从简单到复杂、从非规范走向规范的过程。[3] 全国人大常委会法工委在总结立法工作实践经验，广泛听取各方面意见的基础上，针对立法工作中经常遇到的、带有共性和普遍性的有关法律结构、文字等立法技术层面的问题制定了《立法技术规范（试行）（一）》[4]《立法技术规范（试行）（二）》[5]。这两个文件对提高我国立法的规范化水平和质量发挥了重要的指导作用。

（五）立法是制定、认可、修改和废止法律规范的活动

首先，立法所针对的对象是法律规范。法律规范是具有普遍约束力和强制力的规范性文件。此类文件不同于风俗习惯、伦理道德等，也不

---

〔1〕 2019年12月8日河北省人民政府第72次常务会议通过，自2020年2月1日起施行。

〔2〕 参见周旺生：《立法学》，法律出版社2009年版，第375页以下。

〔3〕 参见徐向华主编：《立法学教程》，北京大学出版社2017年版，第39页。

〔4〕 法工委发〔2009〕62号。

〔5〕 法工委发〔2011〕5号。

同于国家机关制定发布的不属于法律范畴的规范性文件。例如，在我国，国务院有权制定行政法规。行政法规属于广义的法律范畴，国务院制定行政法规的活动属于立法。2022 年 9 月，国务院制定《促进个体工商户发展条例》[1]这一行政法规的活动属于立法。但应当注意，国务院还可以制定其他的行政规范性文件，此类文件不属于法律的范畴。因此，国务院制定行政法规之外的其他行政规范性文件的行为，不属于立法活动。2022 年 5 月，国务院制定和发布了《关于印发扎实稳住经济一揽子政策措施的通知》[2]，此项活动不属于立法。

其次，立法可以采取多种形式。立法是一项综合性、系统性活动，其不仅包括制定或者认可法律规范，即产生新法律规范的活动，而且包括修改或者废止法律规范，即对法律规范进行变动的活动。不产生新的法律、不变动既有法律的活动，不是立法。例如，受国务院委托，国务院侨务办公室向全国人大常委会作了《关于新时代侨务工作情况的报告》[3]。此报告未变动《归侨侨眷权益保护法》的内容，因此，起草、制作和作出此报告的活动不属于立法。

第二节　立法的分类

分类是人们认识事物的重要方法，也是构建理论体系的基本方式。随着社会的不断发展，立法现象变得越来越复杂。相应地，对立法进行分类研究也显得越来越重要。“谁能够对法律进行完美地分类，谁就能获得关于法律的完美知识。”[4]分类研究有利于深入分析立法现象，进而把握立法的共同规律和个性特征。根据不同的标准，可以对立法进行

---

〔1〕 2022 年 9 月 26 日国务院第 190 次常务会议通过，自 2022 年 11 月 1 日起施行。

〔2〕 国发〔2022〕12 号。

〔3〕 陈旭：《国务院关于新时代侨务工作情况的报告》(2023 年 4 月 24 日在第十四届全国人民代表大会常务委员会第二次会议上)。

〔4〕 John Chipman Gray, *The Nature and Sources of the Law*, The Macmilian Company, 2ed, 1931. p. 3.

不同的分类。以下针对几种较重要的立法分类进行分析。

一、专制立法与民主立法

根据立法性质之不同,可以将立法分为专制立法与民主立法。这种分类有利于深化对立法基本属性的认识。

专制立法是由少数人或者君主一个人独揽立法权,不考虑或者不重视民意和人民的参与的立法,其目的通常是维护当权者的利益和控制社会。在奴隶制社会和封建制社会的君主专制政体下,君主独揽立法权,其所立之法属于专制立法。民主立法,是指通过公开、透明、广泛的讨论和少数服从多数的决策程序,由代表人民利益的国家机关或者公民投票的方式制定法律。民主立法强调公平、公正、公开的原则,通过广泛的参与和辩论保障法律的合法性与合理性。在资本主义国家,由根据三权分立原则设立的资产阶级议会进行立法。在社会主义国家,由根据民主集中制原则设立的国家机关进行立法,如我国全国人大及其常委会的立法。这两类立法的民主性质或者类型存在根本区别,但都属于民主立法。[1]

在专制立法中,法律制定过程缺乏透明度和公正性,法律内容往往反映了少数人或者一个人的意志和利益,容易出现不公正和不合理的现象。在民主立法中,法律制定过程公开、透明,法律内容更具可接受性,也更加符合人民的意愿和利益。因此,民主立法是现代社会普遍采用的立法方式。改革开放以来,我国各级立法机关不断健全民主立法工作机制,形成了立法调研、座谈、论证、听证、咨询、评估等较为成熟完备的民主参与制度,法律法规草案在每一次审议后,原则上都要通过网络向全社会公布。以第十三届全国人大常委会为例,截至 2023 年 1 月,共有一百五十四件次法律草案在网上公开征求意见,参与人次近一百一十万,

---

〔1〕 参见沈宗灵主编:《法理学》,北京大学出版社 2014 年版,第 234－235 页。

共提出三百三十七万余条意见建议。[1]

二、权力机关立法与行政机关立法

根据立法机关本身的性质与立法权限之不同,可以将立法分为权力机关立法与行政机关立法。这种分类有利于全面把握立法主体的范围,明确立法的效力等级。

权力机关立法,是指宪法规定的具有立法权的机关所进行的立法,如议会、人大等制定法律、法规等规范性法律文件的活动。在我国,全国人大及其常委会以及设区的市以上的人大及其常委会所进行的立法属于权力机关立法。行政机关立法,简称行政立法,是指具有立法权的行政机关在其职权范围内,按照法定程序制定和发布规范性法律文件的活动。在我国,国务院制定行政法规的活动以及设区的市以上的地方人民政府制定行政规章的活动均属于行政立法。

权力机关立法与行政机关立法的主要区别在于:第一,立法权的来源不同。权力机关的立法权直接来源于人民的授权,来自宪法、组织法的明文规定;行政机关的立法权部分来源于宪法和组织法的规定,部分来源于权力机关或者上级行政机关的授权。第二,立法的内容不同。权力机关的立法涉及的通常是国家的基本制度和重大问题;行政机关的立法涉及的通常是有关经济、社会的具体行政管理问题。第三,立法的程序不同。权力机关的立法程序更加严格、规范,更加注重民主;行政机关的立法程序相对而言比较简单、灵活,更加注重效率。第四,立法的效力不同。权力机关所立之法的效力高于作为其执行机关的行政机关所立之法的效力。[2]

三、中央立法与地方立法

以立法主体所立之法的效力范围为标准,可以将立法分为中央立法

---

〔1〕 参见全国人大常委会法制工作委员会研究室:《在新时代立法工作中践行全过程人民民主》,载《红旗文稿》2023 年第 4 期。

〔2〕 参见周佑勇:《行政法原论》,北京大学出版社 2018 年版,第 217－218 页。

与地方立法。这种分类有利于深入理解国家的立法体制,尤其是立法权的纵向配置。

中央立法的效力范围一般及于全国,而地方立法的效力范围则限于国家的某一地域。在我国,全国人大及其常委会制定的法律以及国务院制定的行政法规效力及于全国,属于中央立法。如全国人大常委会制定的《环境保护法》[1]是典型的中央立法。设区的市以上地方人大及其常委会制定的地方性法规、地方人民政府制定的规章,其效力仅限于某一特定的区域范围,属于地方立法。如河北省人大常委会制定的《河北省生态环境保护条例》[2]、唐山市人大常委会制定的《唐山市生态环境保护条例》均属于地方立法。

中央立法有利于提高法律的权威性,保证国家法律秩序的统一性,避免地方立法之间的矛盾和冲突。地方立法有利于发挥地方的积极性、主动性、创造性,根据本地的经济、社会、文化等实际情况,制定符合本地需要的法律。中央立法为地方立法提供了法律的框架和基础,地方立法则为中央立法在地方上得以贯彻落实提供保障。如上述的《环境保护法》对保护和改善环境的体制机制及主要制度作出了规定,《河北省生态环境保护条例》《唐山市生态环境保护条例》[3]则在此基础上作出了具体规定,有助于《环境保护法》在河北省、唐山市范围内的贯彻实施。

四、职权立法与授权立法

根据立法权来源之不同,可以将立法分为职权立法与授权立法。这种分类有利于明确不同立法主体各自的职责和权力。

职权立法,是指立法主体根据宪法和有关组织法规定的职权所进

---

〔1〕 1989年12月26日第七届全国人大常委会第十一次会议通过,2014年4月24日第十二届全国人大常委会第八次会议修订。

〔2〕 2020年3月27日河北省第十三届人大常委会第十六次会议通过,自2020年7月1日起施行。

〔3〕 2022年10月28日唐山市第十六届人大常委会第十次会议通过,2022年11月29日河北省第十三届人大常委会第三十四次会议批准,自2023年3月1日起施行。

行的立法。根据我国宪法和有关组织法的规定,全国人大及其常委会、国务院等具有立法职权。全国人大及其常委会、国务院等根据其掌握的立法职权进行的立法属于职权立法。需要注意的是,在我国,立法权本属于权力机关而非行政机关,行政机关的立法本质上属于授权立法或者委任立法。但一般认为,根据宪法、组织法等规定,一定层级的行政机关具有立法的职权,根据这种职权所进行的立法也属于职权立法。[1]

授权立法可分为普通授权立法和特别授权立法。普通授权立法,是指有关机关根据宪法和有关组织法以外的单行法律、法规的授权所进行的立法。如《商标法》[2]第3条第4款规定:"集体商标、证明商标注册和管理的特殊事项,由国务院工商行政管理部门规定。"据此,原国家工商行政管理总局制定了《集体商标、证明商标注册和管理办法》[3]。这是一种普通授权立法。特别授权立法,是指国务院依据最高国家权力机关的专门授权决定所进行的立法。《立法法》第12条规定:"本法第十一条规定的事项尚未制定法律的,全国人民代表大会及其常务委员会有权作出决定,授权国务院可以根据实际需要,对其中的部分事项先制定行政法规,但是有关犯罪和刑罚、对公民政治权利的剥夺和限制人身自由的强制措施和处罚、司法制度等事项除外。"据此,国务院根据全国人大及其常委会的决定所进行的立法属于特别授权立法。如1985年4月10日,第六届全国人大第三次会议决定:"授权国务院对于有关经济体制改革和对外开放方面的问题,必要时可以根据宪法,在同有关法律和全国人民代表大会及其常务委员会的有关决定的基本原则不相抵触的前提下,制定暂行的规定或者条例,颁布实施,并报全国人民代表大会常

---

[1] 参见叶必丰主编:《行政法与行政诉讼法》,高等教育出版社2015年版,第88页。

[2] 1982年8月23日第五届全国人大常委会第二十四次会议通过,2019年4月23日第十三届全国人大常委会第十次会议第四次修正。

[3] 2003年4月17日国家工商行政管理总局令第6号发布,自2003年6月1日起施行。

务委员会备案。”[1]这是一种特别授权立法。[2]

职权立法与授权立法存在明显区别。职权立法的立法权来源于宪法、组织法的规定,是立法主体的固有职权,而授权立法的立法权来源于立法机关所制定法律的明确规定或者专门决定;职权立法的主体是某一类国家机关,而授权立法的主体是明确具体的,是某一国家机关;职权立法的权限范围、程序等要求,由宪法、组织法作出概括规定,而授权立法的权限范围、程序等要求,则往往由授权决定予以明确限定;职权立法是立法的主要组成部分,而授权立法则是职权立法的重要补充。授权立法有利于缓解职权立法机关繁重的立法任务,提高立法的专业性、技术性,也有利于应对突然发生的事件。[3]

五、制定、认可、修改与废止

根据立法主体行为特征之不同,可以将立法分为法律的制定、认可、修改与废止。这种分类有助于全面把握立法的表现形式。

制定,是指立法主体按照宪法、组织法、立法法等法律规定的权限和程序创制新的规范性法律文件的活动。如为了加强青藏高原生态保护,防控生态风险,保障生态安全,建设国家生态文明高地,促进经济社会可持续发展,实现人与自然和谐共生,全国人大常委会制定了《青藏高原生态保护法》[4]。此项立法活动属于法的制定或者法的创制。

认可,是指立法主体根据实际需要,赋予某些习惯、判例、法理、政策、国际条约或者其他规范以法的效力的活动。我国采取认可形式进行

---

〔1〕 1985 年 4 月 10 日第六届全国人大第三次会议通过。

〔2〕 在我国《立法法》制定过程中,对于哪些主体可以成为被授权的主体,出现了不同意见。一种意见认为,全国人大及其常委会只能授权国务院。另一种意见认为,被授权主体不应当限于国务院,下一级国家权力机关和全国人大及其常委会认为有必要授予的机关,都可以授予。《立法法》采纳的是第一种意见。当然,因为个别地方特殊情况的需要,也可以对该地方进行授权,但这未作为一项基本制度在《立法法》中进行规定。参见武增主编:《中华人民共和国立法法解读》,中国法制出版社 2015 年版,第 65－66 页。

〔3〕 参见周旺生:《立法学》,法律出版社 2009 年版,第 306－309 页。

〔4〕 2023 年 4 月 26 日第十四届全国人大常委会第二次会议通过,自 2023 年 9 月 1 日起施行。

立法的情况较少,一般是在成文法中以条文的形式赋予某些习惯、道德、执政党的政策以法律效力,对国际公约则以发布专门法律文件的形式加以认可。[1] 如第五届全国人大常委会作出了《关于批准联合国〈消除对妇女一切形式歧视公约〉的决定》[2],此项活动属于认可。

修改,是指立法主体对之前已经颁布生效的法律予以部分变更的活动,包括删除原有内容和补充新的内容。如2015年3月15日、2023年3月13日,全国人大会先后两次对《立法法》[3]进行了修改。

废止,是指立法主体终止某些法律规范效力的活动。如2009年6月27日,全国人大常委会作出了《关于废止部分法律的决定》[4],废止了《公安派出所组织条例》《城市街道办事处组织条例》等法律。

另外,根据所调整的法律关系之不同,可以将立法分为刑事立法、民事立法、行政立法、经济立法等。

第三节 立法的本质

立法的本质是立法内在的、实质的、根本的属性。透过纷繁复杂的立法现象,发现立法的本质是立法学研究的重要任务。“立法的本质实际上就是法的本质在立法活动中的体现。”[5]根据马克思主义法学关于法的本质基本原理,立法的本质表现为以下四个方面。

一、立法是统治阶级将自己的意志上升为国家意志的过程

“法的基地一般来说是精神的东西,它的确定的地位和出发点是意

---

[1] 参见孙国华主编:《中华法学大辞典·法理学卷》,中国检察出版社1997年版,第353页。

[2] 1980年9月29日第五届全国人大常委会第十六次会议通过。

[3] 2000年3月15日第九届全国人大第三次会议通过,2015年3月15日第十二届全国人大第三次会议第一次修正,2023年3月13日第十四届全国人大第一次会议第二次修正。

[4] 2009年6月27日第十一届全国人大常委会第九次会议通过。

[5] 朱力宇、叶传星主编:《立法学》,中国人民大学出版社2015年版,第20页。

志。”[1]意志，是指为达到某种目的而产生的自觉的心理状态和心理过程，是支配人的思想和行为并影响他人的思想和行为的精神力量。[2]法律是人们有意识的活动，是国家意志的体现。无论是奴隶制社会的法律、资本主义社会的法律，还是社会主义社会的法律，都是国家意志的体现。这里的国家意志是从总体上而言的，中央立法直接体现国家意志，而地方立法在最终意义上体现的也是国家意志。

立法在本质上是统治阶级将自己的共同意志转化为国家意志，上升为法律，进而在社会中强制实施的过程。这个过程实质上是统治阶级运用其政治、经济和文化等方面的优势，通过立法机关制定法律，以维护其利益和稳定其统治地位的过程。

统治阶级在立法过程中，首先或者主要考虑的是其自身利益和政治立场。但是，不能片面地将立法理解为仅仅体现统治阶级的意志。立法是在统治阶级主导下各种政治力量共同参与的活动，所立之法集中反映该国统治阶级的意志，但其形成必然受到被统治阶级的制约。因此，立法也在一定程度上折射出被统治阶级的意志，是各阶级力量博弈的结果。[3] 立法是在维护统治阶级根本的、整体的、长远的利益的前提下，对各种社会关系或者利益关系进行调整、平衡。在现代民主国家，立法应当注意全面考量和充分兼顾各方利益，以确保法律的公正性、合理性和可接受性，以维护社会的和谐与秩序的稳定。

二、立法的最终决定因素是特定社会的物质生活条件

法律是国家意志的体现，立法是将统治阶级的意志上升为国家意志的过程。但是，法律不是以意志为基础，而是以社会为基础的。立法所体现的意志不是凭空产生的，不是纯粹的主观意志，这种意志是由特定社会的物质生活条件所决定的。马克思、恩格斯在批判资产阶级观念时

---

[1] [德]黑格尔：《法哲学原理》，范扬、张企泰译，商务印书馆1961年版，第10页。
[2] 参见《法理学》编写组：《法理学》，人民出版社、高等教育出版社2010年版，第29页。
[3] 参见徐向华主编：《立法学教程》，北京大学出版社2017年版，第35页。

指出："你们的观念本身是资产阶级的生产关系和所有制关系的产物，正像你们的法不过是被奉为法律的你们这个阶级的意志一样，而这种意志的内容是由你们这个阶级的物质生活条件来决定的。"[1] 物质生活条件，是指与人类生存相关的物质资料的生产方式以及地理环境、人口状况等。[2] 特定社会的物质生活条件是立法的最终决定因素。

（一）生产方式

生产方式是立法的决定性力量。马克思主义唯物史观认为，生产方式是生产力和生产关系的有机结合和统一。生产力是人类在生产实践中形成的改造和影响自然以使其适合社会需要的物质力量，其基本要素包括劳动资料、劳动对象和劳动者；生产关系是人们在物质生产过程中形成的不以人的意志为转移的经济关系，包括生产资料所有制关系、生产中人与人的关系和产品分配关系。生产力决定生产关系，生产关系对生产力具有能动的反作用。[3]

生产力的发展水平以及生产关系的变化在根本上决定着立法活动。在生产力水平较低的原始社会，缺乏正式的立法机构，没有正式的法律体系。随着生产力水平的提高，奴隶制国家开始针对财产的保护、婚姻和家庭、商业交易等进行立法，逐步建立了正式的立法机构，形成了正式的法律体系。随着生产力水平的提高和生产关系的进一步调整，封建制国家开始针对地主的权利和义务，以及农民的劳动和赋税等进行立法，以确保封建秩序的稳定和发展。随着工业革命时代到来，资本主义国家制定了以维护资产阶级私有财产权为根本的法律制度，强调对资产阶级自由、平等和人权的保障。同时，资本主义国家的法律也规定工人的劳动条件和保护劳工权益的制度，以平衡资本家和工人的利益。社会主义生产关系以公有制为重要特征，因此，社会主义国家的法律常常规定国

---

〔1〕《马克思恩格斯选集》第1卷，人民出版社2012年版，第417页。

〔2〕参见朱力宇、叶传星主编：《立法学》，中国人民大学出版社2015年版，第21页。

〔3〕参见《马克思主义基本原理概论》编写组编：《马克思主义基本原理概论》，高等教育出版社2018年版，第116页以下。

有财产的管理和使用方式，以保证公有制经济的顺利运行。当今时代，随着互联网、大数据、人工智能等信息技术的发展，生产力水平大幅提高，在根本上改变着人类的经济活动和社会生活，法律必须顺应时代发展要求，保障网络安全和公民的信息权益。

生产力和生产关系之间矛盾运动规律是人类社会发展的基本规律。当生产关系不适应生产力发展时，就需要通过调整生产关系以适应生产力的发展，从而推进社会的进步。这种调整往往是通过重新制定法律或者修改法律的方式实现的。在马克思主义经济学中，生产关系的改变通常是指生产资料所有制和经济体制的改变，如从私有制向公有制转变，或者从计划经济向市场经济转变。这种改变需要通过修改法律，如产权法、公司法、劳动法等来实现。需要强调的是，以修改法律的方式调整生产关系，必须遵循法定的程序和规范，不得违背宪法和法律的相关规定。

（二）地理环境

地理环境，是指一定社会所处的地理位置以及与此相联系的各种自然条件的总和，包括气候、土地、河流、湖泊、山脉、矿藏以及动植物资源等。地理环境是一个复杂的系统，各种因素相互关联、相互作用，共同构成了一个地区的自然环境。地理环境对人类活动和社会发展发挥着重要影响，也是决定立法的重要因素。资产阶级启蒙思想家孟德斯鸠指出："法律应该和国家的自然状态有关系；和寒、热、温的气候有关系；和土地的质量、形势与面积有关系。"〔1〕地理环境对立法的影响包括：

1. 自然资源的分布

不同地理环境下自然资源的分布情况不同，这会影响到法律的制定。例如，沿海地区海洋资源丰富，该地会制定有关海洋资源开发利用和保护的法律，如《青岛市海洋牧场管理条例》〔2〕；内陆地区则会制定涉

〔1〕［法］孟德斯鸠：《论法的精神》（上册），张雁深译，商务印书馆1963年版，第7页。

〔2〕2021年12月29日青岛市第十六届人大常委会第三十七次会议通过，2022年1月21日山东省第十三届人大常委会第三十三次会议批准，自2022年5月1日起施行。

及矿产资源的法律，如《鞍山市矿产资源保护条例》[1]。

2. 地形地貌的特点

不同地形地貌的特点会导致人们的生产方式、生活习惯和法律制度的不同。例如，山区会针对山区的生态环境和资源保护制定法律，如《长沙市大围山区域生态和人文资源保护条例》[2]《潮州市凤凰山区域生态环境保护条例》[3]等；平原地区会制定涉及农业农村的法律，如《太原市农村自建房管理服务条例》[4]《忻州市有机旱作农业发展促进条例》[5]等。

3. 气候环境的特性

气候环境，是指地球大气层中的各种物理、化学、生物过程所共同构成的自然环境，包括温度、湿度、降水等要素。气候环境会影响人们的生活习惯和社会经济发展，从而影响法律的制定。例如，降雨量比较大的地区往往注重防洪立法，如《南京市防洪办法》[6]《宁波市防洪条

---

[1] 2017年7月5日鞍山市第十五届人民代表大会常务委员会第四十三次会议通过，2017年7月27日辽宁省第十二届人民代表大会常务委员会第三十五次会议批准，2022年6月24日鞍山市第十七届人民代表大会常务委员会第三次会议修正，2022年7月27日辽宁省第十三届人民代表大会常务委员会第三十五次会议批准修正。

[2] 2017年2月24日长沙市第十五届人民代表大会常务委员会第二次会议通过，2017年3月31日湖南省第十二届人民代表大会常务委员会第二十九次会议批准，自2018年1月1日起施行。

[3] 2020年8月24日潮州市第十五届人民代表大会常务委员会第三十二次会议通过，2020年9月29日广东省第十三届人民代表大会常务委员会第二十五次会议批准，自2021年1月1日起施行。

[4] 2021年12月6日太原市第十四届人民代表大会常务委员会第五十次会议通过，2022年1月15日山西省第十三届人民代表大会常务委员会第三十三次会议批准，自2022年5月1日起施行。

[5] 2022年10月26日忻州市第五届人民代表大会常务委员会第五次会议通过，2023年4月1日山西省第十四届人民代表大会常务委员会第二次会议批准，自2023年5月1日起施行。

[6] 2017年10月27日南京市人民政府第138次常务会议审议通过，自2017年12月1日起施行。

例》[1]；降雨量较小的地区往往注重抗旱方面的立法，如《河北省抗旱规定》[2]、《陕西省实施〈中华人民共和国抗旱条例〉细则》[3]等。

除了上述自然资源、地形地貌、气候环境之外，其他的地理环境因素也会直接或者间接影响到立法活动。立法者应当因地制宜，制定适应当地地理环境的法律，以促进经济和社会的发展。

（三）人口状况

人口状况，是指一个地区或国家的人口数量、结构和分布等方面的情况。人口状况也是影响立法的重要因素。

1. 人口数量

人口数量，是指一个地区或国家的总人口数量。人口数量的变化会直接影响到相关法律的制定与修改。当人口增长速度过快、人口数量过大时，容易导致资源短缺、环境污染等问题，此时需要出台相关法律适度控制人口增长；当人口数量不足时，则需要出台相关法律鼓励生育，提高人口数量。我国2001年制定的《人口与计划生育法》第18条第2款第1句规定："国家稳定现行生育政策，鼓励公民晚婚晚育，提倡一对夫妻生育一个子女；符合法律、法规规定条件的，可以要求安排生育第二个子女。"2015年将上述内容修改为："国家提倡一对夫妻生育两个子女。符合法律、法规规定条件的，可以要求安排再生育子女。"2021年又将第18条的相关内容修改为："国家提倡适龄婚育、优生优育。一对夫妻可以生育三个子女。符合法律、法规规定条件的，可以要求安排再生育子女。"

---

[1] 2000年7月19日宁波市第十一届人民代表大会常务委员会第二十次会议通过，2000年10月29日浙江省第九届人民代表大会常务委员会第二十三次会议批准，2019年6月25日宁波市第十五届人民代表大会常务委员会第二十一次会议通过，2019年8月1日浙江省第十三届人民代表大会常务委员会第十三次会议批准第三次修正。

[2] 2012年5月17日河北省人民政府令〔2012〕第1号公布，根据2013年5月10日河北省人民政府令〔2013〕第2号第一次修正，根据2014年1月16日河北省人民政府令〔2014〕第2号第二次修正。

[3] 陕西省人民政府2015年第3次常务会议通过，自2015年5月1日起施行。

《人口与计划生育法》[1]的上述修改清楚表明了人口数量变化对立法的直接影响。

2. 人口结构

人口结构,是指一个地区或国家的人口按年龄、性别、民族、职业等的分布情况,包括老年人口、青少年人口、男女比例、少数民族人口比例等。人口结构的变化也会影响到法律的制定。如人口老龄化会导致相关法律的调整。据预测,2035年左右,我国60岁及以上老年人口将突破4亿,在总人口中的占比将超过30%,届时我国将进入重度老龄化阶段。为应对这一问题,迫切需要围绕老年人的家庭赡养与扶养、社会保障、养老服务、健康服务、社会优待、宜居环境、参与社会发展和法律责任等多个领域加强立法工作,适时推动修订老年人权益保障法,做好养老服务法、无障碍环境建设法等的立法工作。[2]

3. 人口分布

人口分布,是指一个地区或国家的人口在城市和乡村等不同地区的分布情况,包括城市人口和农村人口的比例、不同地区的人口密度等。如随着农村地区人口向城市的流动,城市化进程不断加速。这会导致城市人口密集、资源紧缺等问题,需要适时出台有关城市规划和管理方面的法律。

4. 人口流动

人口流动,是指人口在不同地区之间短期的、重复的或者周期性的移动。在我国,随着城镇化快速发展,人口流动规模和频率持续增大。人口加速流动为城市的经济社会发展带来了人口红利,但也对城市的资源、环境、基础设施和公共服务等提出了诸多挑战。为了应对这些挑战,我国应当研究制定流动人口服务和管理方面的专门法律,并完善流动人口管理相关法律法规,充分保障流动人口的合法权益。

---

[1] 2001年12月29日第九届全国人民代表大会常务委员会第二十五次会议通过,2015年12月27日第十二届全国人民代表大会常务委员会第十八次会议第一次修正,2021年8月20日第十三届全国人民代表大会常务委员会第三十次会议第二次修正。

[2] 参见蒲晓磊:《老龄政策法规体系不断完善》,载《法治日报》2022年9月1日,第2版。

另外，人口的出生率、死亡率、迁徙率等也会对立法产生重要影响。制定和完善相关法律时，需要充分考虑到人口因素的变化和特点。

三、经济以外的因素对立法产生重要影响

恩格斯指出："政治、法、哲学、宗教、文学、艺术等等的发展是以经济发展为基础的。但是，它们又都相互作用并对经济基础发生作用。这并不是说，只有经济状况才是原因，才是积极的，其余一切都不过是消极的结果。而是说，这是在归根到底不断为自己开辟道路的经济必然性基础上的互相作用。"[1]据此，经济以外的因素，包括政治、思想、道德、文化、历史传统、民族、宗教、习惯等各种因素等对立法也产生重要的影响。处于同一经济发展水平的两个国家，所立之法存在区别，其原因就在于经济以外的因素对立法所产生的影响。

1. 政治因素

政治因素，包括政治制度、政治关系、政治组织、政治立场、政治力量的对比等，尤其是执政党的路线、方针、政策会直接影响立法的目的、原则与内容。

2. 思想因素

思想对法律的影响是复杂而深刻的，在很大程度上塑造了一个国家的法律体系。例如，儒家的"德主刑辅""明刑弼教""出礼入刑"思想对我国历史上很多封建王朝的法律产生了直接影响。洛克、卢梭、孟德斯鸠等启蒙思想家的法治思想直接影响了资本主义国家的立法。马克思列宁主义、毛泽东思想、邓小平理论、"三个代表"重要思想、科学发展观、习近平新时代中国特色社会主义思想则是我国立法必须遵循的指导思想。

3. 道德因素

道德是人民关于善与恶、荣誉与耻辱、正义和非正义等问题上的观念、原则，以及根据这些观念、原则而形成的人民相互行为的某种准则、

---

[1]《马克思恩格斯全集》（第4卷），人民出版社2012年版，第649页。

规则。任何法律秩序都是以道德的价值秩序为基础的。一般而言,道德上禁止的或者许可的行为,也是法律上禁止或者许可的行为。[1]

4. 科技因素

科技进步和创新也会对立法产生重要影响。一方面,科技的发展拓宽了法律的调整范围,改变了法的内容。另一方面,科技的进步优化了法律调整机制和技术。当然,科技的创新也对立法提出了诸多新问题和新挑战。

5. 社会文化因素

社会文化因素包括社会习俗、宗教信仰、教育水平等,这些因素会影响立法者的思维方式和决策过程,进而影响立法的内容。

除经济因素外,政治、思想、道德、科技、社会文化等各种因素也会对立法产生不可忽视的影响。国家机关在立法过程中,需要综合考虑这些因素。

四、立法具有自身的规律

法律是上层建筑的重要组成部分,与道德、艺术、哲学、美学、宗教等上层建筑具有共同的属性,但法律又有自身独特的属性。相应地,立法也必须遵循其自身的规律。这主要表现在以下几个方面:

1. 法律的合理性

立法者所立之法应该符合公平、正义原则,维护公民的基本权利和自由,不能违背基本的道德和伦理准则。同时,立法者需要综合考虑立法所涉及群体或者阶层的利益、社会公共利益等因素,确保所立之法是合理的。

2. 法律的稳定性

法律不能一成不变,但也不可朝令夕改。与变动性相比,作为行为规范的法律,其本性在于稳定。美国法学家富勒分析了八种“造法失败”的典型,其中之一即“频繁地修改规则,以至于人们无法根据这些规

---

〔1〕 参见沈宗灵主编:《法理学》,北京大学出版社2014年版,第198页以下。

则来调适自己的行为”。[1] 为了避免出现这种情况,立法机关能够通过对法律条文进行适当扩张解释,或者限缩解释的方式适应社会发展需要的,不宜对法律进行修改;进行小幅度修改就能够满足现实需求的,不宜进行大范围的改动。

3. 法律的可执行性

法律的生命力在于执行。立法必须充分考虑到法律的执行难度或者在实施中可能遇到的阻碍或者问题,避免制定过于理想化的“看上去很美”,却难以在现实中得到执行的法律。美国法学家富勒分析的八种“造法失败”的另一典型是制定“要求不可能之事的法律”。[2] 为了防范此种立法的出现,我国《立法法》第 7 条第 2 款规定:“法律规范应当明确、具体,具有针对性和可执行性。”

4. 法律的可操作性

法律的可操作性,即法律在操作上的可能性或可行性,泛指法律适用的可能性。法律应该具有完备性、协调性和明确性,以确保法律规范应该能够被正确理解和顺利实施。[3] 为了确保法律的可操作性,《行政法规制定程序条例》[4]第 6 条第 1 款要求:“行政法规应当备而不繁,逻辑严密,条文明确、具体,用语准确、简洁,具有可操作性。”《规章制定程序条例》[5]第 8 条第 1 款也明确要求:“规章用语应当准确、简洁,条文内容应当明确、具体,具有可操作性。”

总之,立法应当满足合理性、稳定性、可执行性和可操作性要求。国家机关在立法时应当充分考虑这些要求,确保所立之法能够有效地维护公共利益和社会秩序。

---

[1] [美]富勒:《法律的道德性》,郑戈译,商务印书馆 2012 年版,第 47 页。
[2] [美]富勒:《法律的道德性》,郑戈译,商务印书馆 2012 年版,第 47 页。
[3] 参见王洪:《论法律中的不可操作性》,载《比较法研究》1994 年第 1 期。
[4] 2001 年 11 月 16 日国务院令第 321 号公布,2017 年 12 月 22 日修订。
[5] 2001 年 11 月 16 日国务院令第 322 号公布,2017 年 12 月 22 日修订。

第二章　立法的指导思想和基本原则

立法的指导思想是立法主体据以进行立法活动的重要理论依据，是为立法活动指明方向的理性认识。它反映立法主体根据什么思想、理论立法和立什么样的法，是执政者法的意识在立法上的集中体现。[1] 立法的基本原则，是指人们在立法过程中必须遵循的基础性准则，是贯穿整个立法活动的基本精神和灵魂。任何一部立法都不可能凭空产生，都必须反映一国当时的政治指导思想、社会经济条件和历史文化传统，立法基本原则是对这些方面的集中反映。立法基本原则与立法指导思想既有联系，也有区别。就联系而言，立法基本原则要遵循立法指导思想的指引，是立法指导思想在立法实践中的重要体现。就区别而言，其一，立法指导思想是为立法活动指明方向的理性认识和重要理论根据，立法基本原则是立法活动据以进行的基本准绳。其二，立法指导思想主要作用于立法者的思想，通过立法者的思想来影响立法活动；立法基本原则主要作用于立法者的立法行为，通常直接对立法活动发挥作用。其三，立法指

---

〔1〕 参见周旺生：《立法学教程》，北京大学出版社2006年版，第66页。

导思想与立法基本原则也有抽象与具体的区别。[1]

根据新形势新要求,2023 年修正的《立法法》对我国立法的指导思想和基本原则进行了充实完善。一是贯彻落实宪法规定和党的二十大精神,根据新时代党的重大理论创新成果,对立法的指导思想与时俱进作了完善,将 2015 年《立法法》第 3 条改为两条,明确立法应当坚持中国共产党的领导,坚持以马克思列宁主义、毛泽东思想、邓小平理论、"三个代表"重要思想、科学发展观、习近平新时代中国特色社会主义思想为指导,推进中国特色社会主义法治体系建设,保障在法治轨道上全面建设社会主义现代化国家;立法应当坚持以经济建设为中心,坚持改革开放,贯彻新发展理念,保障以中国式现代化全面推进中华民族伟大复兴。二是完善依宪立法、依法立法的原则,将 2015 年《立法法》第 4 条修改为:立法应当符合宪法的规定、原则和精神,依照法定的权限和程序,从国家整体利益出发,维护社会主义法制的统一、尊严、权威。三是完善民主立法原则,贯彻落实党的二十大精神和全过程人民民主重大理念,在 2015 年《立法法》第 5 条中增加一款规定:立法应当坚持和发展全过程人民民主,尊重和保障人权,保障和促进社会公平正义。四是贯彻党中央关于社会主义核心价值观融入法治建设的部署要求,2023 年《立法法》增加规定:立法应当倡导和弘扬社会主义核心价值观,坚持依法治国和以德治国相结合,铸牢中华民族共同体意识,推动社会主义精神文明建设。五是明确立法决策与改革决策相衔接相统一的原则要求,2023 年《立法法》增加规定:立法应当适应改革需要,坚持在法治下推进改革和在改革中完善法治相统一,引导、推动、规范、保障相关改革,发挥法治在国家治理体系和治理能力现代化中的重要作用。上述修改完善,为我国新时代加强立法工作提供了方向指引和原则遵循。

---

〔1〕 参见周旺生:《立法学教程》,北京大学出版社 2006 年版,第 66 页。

第一节 我国立法的指导思想

2023年《立法法》第3条“立法应当坚持中国共产党的领导，坚持以马克思列宁主义、毛泽东思想、邓小平理论、‘三个代表’重要思想、科学发展观、习近平新时代中国特色社会主义思想为指导，推进中国特色社会主义法治体系建设，保障在法治轨道上全面建设社会主义现代化国家”，明确了我国立法的指导思想，为我国立法工作提供了方向指引。因此，我国立法工作一应坚持党的领导，二应坚持以马克思列宁主义、毛泽东思想、邓小平理论、“三个代表”重要思想、科学发展观、习近平新时代中国特色社会主义思想为指导。

一、我国立法应坚持党的领导

党的领导是人民当家作主和依法治国的根本保证，也是加强社会主义民主法治建设、做好我国立法工作的根本保证。中国特色社会主义法律体系之所以能够在短短三十多年内，从起步到初步形成再到基本形成，最根本的就在于坚持党的领导。坚持党的领导，既是由党的领导党地位所决定的，也是由党的执政党地位所决定的。中国共产党是中国特色社会主义事业的领导核心，因而社会主义立法工作必须坚持党的领导，服从并服务于党和国家工作的大局，一切立法都要有利于加强和改善党的领导，有利于巩固和完善党的执政地位。具体而言，党是社会主义立法工作的领导者和组织者，中国特色社会主义法律体系就是在党的领导和组织下形成并不断完善的。可以说，正是党的这种领导作用和组织作用，才从根本上保证了中国特色社会主义法律体系的形成以及不断完善。

首先，党是社会主义立法工作的领导者，对中国特色社会主义法律体系的形成和完善起到了重要的领导作用。党是社会主义立法工作的领导者，对社会主义立法工作进行直接领导，这是由党与人大的关系所决定的。中国共产党的中国特色社会主义事业领导核心地位，决定了人大及其常委会的立法工作必须在党的领导下进行，决定了人大及其常委会在立法工作中必须树立党的观念、政治观念、大局观念和群众观念，决定了人大及其常委会立法工作的主要内容就是将党的路线、方针、政策通过法定途径转变为国家意志。与此不同，西方国家的政党只有通过竞争选举，占据议会席位，才有机会将本党的政策上升为国家意志。也就是说，西方国家的立法并不是在某一政党的领导下进行的，政党只有在进入议会且占据多数席位的情况下，才能发挥主导作用。因而，与西方国家相比，中国共产党对社会主义立法工作的领导，既可以保证社会主义立法工作的正确方向，保证中国特色社会主义法律体系的本质统一，使中国特色社会主义法律体系成为党的意志和人民意志的有机统一体；又可以保证党的各项方针、路线、政策及时通过法定程序转化为国家意志，成为全体人民一致遵循的行为规范和准则，从制度上、法律上保证党的路线、方针、政策的贯彻落实，使党的领导地位和执政地位更加巩固和完善。但必须明确的是，党是社会主义立法工作的领导者，并不意味着党是中国特色社会主义法律体系的直接制定者。党与国家机关不同，党不能代替立法机关的工作，党应积极支持人大及其常委会依法履行职责。党对社会主义立法工作的领导，主要是政治领导、思想领导和组织领导。

其次，党是社会主义立法工作的组织者，对中国特色社会主义法律体系的形成和完善起到了重要的组织作用。党是社会主义立法工作的领导者，决定了党必然也是社会主义立法工作的组织者。党对社会主义立法工作的组织作用，主要奠基于依法治国基本方略的提出。如果说邓小平的“为了保障人民民主，必须加强法制。必须使民主制度化、法律化，使这种制度和法律不因领导人的改变而改变，不因领导人的看法和注意力的改变而改变”，[1]使社会主义立法工作进入一个春天的话，那么，江泽民的“发展民主必须同健全法制紧密结合，实行依法治国。依法

〔1〕《邓小平文选》(第2卷)，人民出版社1994年版，第146页。

治国，就是广大人民群众在党的领导下，依照宪法和法律规定，通过各种途径和形式管理国家事务，管理经济文化事业，管理社会事务，保证国家各项工作都依法进行，逐步实现社会主义民主的制度化、法律化，使这种制度和法律不因领导人的改变而改变，不因领导人看法和注意力的改变而改变”，[1]则使社会主义立法工作进入快车道。正是在依法治国基本方略提出的前提下，党才明确提出了建立中国特色社会主义法律体系的目标，并科学制定了立法规划和立法计划。党的十五大首次提出了到2010年形成中国特色社会主义法律体系的立法工作总目标，党的十六大、十七大不断重申这一目标。在这一明确目标指引下，党领导全国人大及其常委会以及有立法权的地方各级人大及其常委会制定了详细的立法规划和立法计划，实行科学立法、民主立法、依法立法的原则，使得社会主义立法工作能够分阶段、有步骤、有重点地进行，既提高了立法质量，又提高了立法效率，从而使得中国特色社会主义法律体系能够如期形成。在中国特色社会主义法律体系形成的基础上，党又对新时代如何加强我国立法工作、完善中国特色社会主义法律体系进行了新的战略部署和安排，保障了中国特色社会主义法律体系的不断完善。例如，党的十八大在明确提出“全面推进依法治国”的基础上，又进一步指出，要完善中国特色社会主义法律体系，加强重点领域立法，拓展人民有序参与立法途径。党的十八届四中全会在对全面推进依法治国进行战略部署时，明确提出：“建设中国特色社会主义法治体系，必须坚持立法先行，发挥立法的引领和推动作用，抓住提高立法质量这个关键。”党的十九大站在新时代的高度明确提出，要“深化依法治国实践”，要推进科学立法、民主立法、依法立法，以良法促进发展、保障善治。党的二十大在对“坚持全面依法治国，推进法治中国建设”作出全面部署时，对如何完善以宪法为核心的中国特色社会主义法律体系进行了重点部署：一是加强重点领域、新兴领域、涉外领域立法，统筹推进国内法治和涉外法治，以良法促进发展、保障善治；二是推进科学立法、民主立法、依法立法，统筹立改

[1] 《江泽民文选》（第2卷），人民出版社2006年版，第28－29页。

废释纂，增强立法系统性、整体性、协同性、时效性；三是完善和加强备案审查制度等。

综上所述，党的领导是中国特色社会主义最本质的特征，是中国特色社会主义制度的最大优势，是社会主义立法最根本的保证。只有在党的领导下依法治国、厉行法治，我国的立法工作才能顺利推进，中国特色社会主义法律体系才能形成和不断完善，中国特色社会主义法治体系建设才能有序推进，才能保障在法治轨道上全面建设社会主义现代化国家。

二、我国立法应坚持以马克思列宁主义、毛泽东思想、邓小平理论、"三个代表"重要思想、科学发展观、习近平新时代中国特色社会主义思想为指导

坚持正确的指导思想是加强民主法治建设、搞好立法工作，形成和完善中国特色社会主义法律体系的根本前提。"法律是实践证明正确的、成熟的、需要长期执行的党的路线方针政策的制度化、规范化和程序化。"[1]因而，只有坚持正确的指导思想，才能确保社会主义立法的正确方向，才能确保中国特色社会主义法律体系体现党的路线方针政策。目前，这一正确的指导思想是且只能是马克思列宁主义、毛泽东思想、邓小平理论、"三个代表"重要思想、科学发展观、习近平新时代中国特色社会主义思想。这一指导思想科学地揭示了社会主义社会发展的基本规律，科学地回答了法律产生的社会经济基础、本质、特征、作用和发展等一系列问题，为正确把握中国特色社会主义法律体系的性质、功能和价值提供了理论基础、原则和依据。因此，这一指导思想不仅是指导党和人民沿着中国特色社会主义道路实现中华民族伟大复兴的正确理论，也是我们做好立法工作的根本指针。

在立法工作中，坚持这一指导思想，有利于明确立法工作的思路，使

〔1〕 吴邦国：《在形成中国特色社会主义法律体系座谈会上的讲话》，载《中国人大》2011年第2期。

我国立法既能坚持四项基本原则又能坚持改革开放，既能坚持社会主义基本制度又能发展社会主义市场经济，既能推动经济基础变革又能推动上层建筑变革，既能提高效率又能促进社会公平，既能促进改革发展又能保持社会稳定，既能坚持独立自主又能参与经济全球化，从而使中国特色社会主义法律体系始终体现党的主张和人民意志的要求，不仅从制度上、法律上保证了人民当家作主，而且从制度上、法律上保证了党的执政地位。

在当代中国，我国立法工作最主要的是坚持中国特色社会主义理论体系指导。中国特色社会主义理论体系是包括邓小平理论、“三个代表”重要思想、科学发展观、习近平新时代中国特色社会主义思想等重大战略思想在内的科学理论体系。这个理论体系，坚持和发展了马克思主义、毛泽东思想，凝结了几代中国共产党人带领人民不懈探索实践的智慧和心血，是马克思主义中国化的最新成果，是党最可宝贵的政治和精神财富，是全国各族人民团结奋斗的共同思想基础。[1] 中国特色社会主义法律体系之所以能够如期形成，并不断完善，关键就是在我国立法工作中贯彻落实了中国特色社会主义理论体系。中国特色社会主义理论体系作为我国走出一条正确发展道路的指导思想，统领并影响着整个国家的政治、经济、文化、社会和生态文明等各个领域，自然对促进社会主义立法进程以及形成和完善中国特色社会主义法律体系有着重要指示作用。它不仅深刻揭示了社会主义立法的本质要求、根本目的和价值取向，而且指明了形成和完善中国特色社会主义法律体系的发展基础、发展战略、发展模式和发展步骤。

在社会主义立法工作中贯彻落实中国特色社会主义理论体系，就是要在形成和完善中国特色社会主义法律体系的进程中汲取中国特色社会主义理论体系的营养，并体现社会主义立法的民主性、科学性、协调

---

〔1〕 参见胡锦涛：《高举中国特色社会主义伟大旗帜　为夺取全面建设小康社会新胜利而奋斗——在中国共产党第十七次全国代表大会上的报告》，载《人民日报》2007 年 10 月 25 日，第 1 版。

性、现代性;就是要协调并实现中国特色社会主义法律体系的工具价值和目的价值的有机统一,使整个国家的政治、经济、文化、社会、生态文明等各个方面都纳入法治的轨道,使法律既成为手段也成为目的,充分发挥中国特色社会主义法律体系的功能和效益;就是要在形成和完善中国特色社会主义法律体系的过程中坚持科学立法,通过科学的机制实现法律资源的充分有效配置,进而实现对整个社会经济、政治、文化、社会等其他各项资源的优化配置,最大程度地体现公平正义、以人为本,体现出对国家、社会和个人利益的统筹兼顾,从而实现中国特色社会主义法律体系的价值追求和目标。可以说,正是因为在我国的立法工作中深入贯彻落实了中国特色社会主义理论体系,才保证了我国立法的社会主义性质和方向;才保证了我国立法工作始终坚持以人为本,尊重和保障人权,为满足人的全面需求和促进人的全面发展提供制度基础和法律保障;才保证了我国立法工作始终坚持全面协调可持续的原则,适应我国经济、政治、文化、社会、生态文明等全面发展的客观需要;才保证了中国特色社会主义法律体系的如期形成和不断完善,使社会主义各项事业都有法可依,实现了国家各项工作的法治化,从而为"坚持全面依法治国,推进法治中国建设"奠定了坚实基础。

第二节 我国立法的基本原则

《立法法》第5条[1]、第6条[2]、第7条[3]明确规定了我国立法基本原则。尽管学界对我国立法基本原则尚有不同看法,如周旺生教授

[1] 《立法法》第5条规定:"立法应当符合宪法的规定、原则和精神,依照法定的权限和程序,从国家整体利益出发,维护社会主义法制的统一、尊严、权威。"

[2] 《立法法》第6条规定:"立法应当坚持和发展全过程人民民主,尊重和保障人权,保障和促进社会公平正义。立法应当体现人民的意志,发扬社会主义民主,坚持立法公开,保障人民通过多种途径参与立法活动。"

[3] 《立法法》第7条规定:"立法应当从实际出发,适应经济社会发展和全面深化改革的要求,科学合理地规定公民、法人和其他组织的权利与义务、国家机关的权力与责任。法律规范应当明确、具体,具有针对性和可执行性。"

认为，宪法原则、法治原则、民主原则、科学原则是我国立法基本原则；[1]朱力宇教授、叶传星教授认为，立法的国家法制统一性原则、立法的民主性原则、立法的科学性原则是我国立法基本原则；[2]邓世豹教授认为，立法法治、民主立法和科学立法是我国立法工作的三大基本法定原则。[3] 但上述原则的核心内容并无不同，只是表述方式和侧重点不同。本书认为，我国立法的基本原则包括三大原则，即依法立法原则、民主立法原则、科学立法原则。

一、依法立法原则

依法立法是立法的合法性要求，其核心在于以宪法为依据，要求各级立法主体的立法权限、立法内容和立法程序均有法可依、依法进行。无论是2000年公布实施的《立法法》还是2015年修正后的《立法法》，都有关于依法立法原则的规定，学界将之概括为法治原则。如邓世豹教授所指出的："立法法治是首要原则，具体包括立法的宪定性、立法权限的法定性、立法程序的法定性和立法结果的合法性。"[4]尽管依法立法原则在我国立法理论和实践中一直被作为一项重要立法原则贯彻执行，但其作为我国一项立法基本原则被提出始于党的十九大。党的十九大上《决胜全面建成小康社会　夺取新时代中国特色社会主义伟大胜利》（以下简称"党的十九大报告"）明确提出，"推进科学立法、民主立法、依法立法，以良法促进发展、保障善治"，正式提出"依法立法"的表述，并将依法立法原则与科学立法、民主立法两大原则有机结合起来，共同作为我国立法的三大基本原则。2023年《立法法》修正，进一步丰富了依法立法原则的内涵。可以说，依法立法原则的提出是深化依法治国实践的必然要求。

依法立法中的"法"并不仅仅指狭义上的由全国人大及其常委会制

---

〔1〕 周旺生：《立法学教程》，北京大学出版社2006年版，第79页。
〔2〕 朱力宇、叶传星主编：《立法学》，中国人民大学出版社2015年版，第60页。
〔3〕 邓世豹主编：《立法学：原理与技术》，中山大学出版社2016年版，第48页。
〔4〕 邓世豹主编：《立法学：原理与技术》，中山大学出版社2016年版，第49页。

定的基本法律和其他法律，它包括作为根本法的宪法、全国人大及其常委会制定的基本法律和基本法律以外的其他法律、国务院制定的行政法规、地方人大制定的地方性法规、地方人民政府制定的地方政府规章等所有可以作为下位法立法依据的上位法。因此，依法立法原则在实践中可以具体分为依宪立法、依法立法、依规立法、依章立法等不同的子原则。[1] 其中首要的是依宪立法。

（一）依法立法首先是依宪立法

2022 年，习近平总书记在《谱写新时代中国宪法实践新篇章——纪念现行宪法公布施行 40 周年》的讲话中提出了“坚持依法立法，最根本的是坚持依宪立法”的重要论断。2023 年《立法法》修正时落实了“依法立法首先应当依宪立法”的理念，将 2015 年《立法法》第 3 条中的“立法应当遵循宪法的基本原则”改为“立法应当符合宪法的规定、原则和精神”，并将其从立法指导思想中剥离出来，与“依照法定的权限和程序，从国家整体利益出发，维护社会主义法制的统一、尊严、权威”共同构成了依法立法原则的完整内涵，也进一步丰富了依法立法原则的内涵。另外，依法立法首先是依宪立法，也是由我国宪法根本大法的地位所决定的。我国宪法以国家根本大法的形式，确立了中国特色社会主义道路、中国特色社会主义理论体系、中国特色社会主义制度的发展成果，反映了我国各族人民的共同意志和根本利益，成为新时代党和国家的中心工作、基本原则、重大方针、重要政策在国家法律上的最高体现。坚持依法治国首先要坚持依宪治国，坚持依法执政首先要坚持依宪执政。维护宪法权威，就是维护党和人民共同意志的权威。捍卫宪法尊严，就是捍卫党和人民共同意志的尊严。保证宪法实施，就是保证人民根本利益的实现。因而，符合宪法的规定、原则和精神是立法的一条最重要的原则。我国《宪法》第 5 条第 3 款明确规定：“一切法律、行政法规和地方性法

---

〔1〕 参见莫纪宏：《坚持依法立法，最根本的是坚持依宪立法》，载《民主与法制》2023 年第 1 期。

规都不得同宪法相抵触。”《立法法》第 98 条规定：“宪法具有最高的法律效力，一切法律、行政法规、地方性法规、自治条例和单行条例、规章都不得同宪法相抵触。”具体说来，依宪立法主要包括两个方面的内容：

1. 根据宪法的有关规定、原则和精神进行立法

《宪法》作为根本大法，具有最高法律效力，对一国主要的政治、经济、文化制度、公民的基本权利义务、国家标志等重要问题作出了规定，是一切立法活动的根本遵循所在。所有立法都是直接或间接地以宪法作为立法依据或基础的。例如，我国《宪法》第 19 条第 1、2 款规定了国家发展社会主义的教育事业，提高全国人民的科学文化水平。国家举办各种学校，普及初等义务教育，发展中等教育、职业教育和高等教育，并发展学前教育。为此，全国人大制定颁布了《教育法》《义务教育法》，全国人大常委会制定颁布了《民办教育促进法》《高等教育法》《职业教育法》等法律来具体落实《宪法》第 19 条的规定。又如，在我国现行《宪法》当中虽然没有关于公民个人信息保护的直接规定，但是对公民的个人信息进行保护，既是宪法人权原则的必然要求，也是宪法人本精神的重要体现。因此，《个人信息保护法》实际上可以视为是根据我国《宪法》的原则和精神制定的法律。《个人信息保护法》第 1 条也明确规定：“为了保护个人信息权益，规范个人信息处理活动，促进个人信息合理利用，根据宪法，制定本法。”而且 2023 年修正的《立法法》中也有多处关于“根据宪法”的表述。如第 72 条第 1 款规定：“国务院根据宪法和法律，制定行政法规。”

2. 立法不得与宪法的有关规定、原则和精神相抵触

除了根据宪法的有关规定、原则和精神进行立法外，任何立法还不得与宪法的有关规定、原则和精神相抵触。正如周旺生教授所指出的：“其他所有法律、法规，都是直接或间接地以宪法作为立法依据或基础，或是不得同宪法或宪法的基本原则相抵触。离开了甚至背离了宪法的原则或精神，立法乃至整个法律制度和法律体系就必然会紊乱。”[1] 我

---

[1] 周旺生：《立法学教程》，北京大学出版社 2006 年版，第 80 页。

国《宪法》和《立法法》都明确规定，任何立法都不得与宪法的有关规定、原则和精神相抵触。例如，《宪法》第100条规定："省、直辖市的人民代表大会和它们的常务委员会，在不同宪法、法律、行政法规相抵触的前提下，可以制定地方性法规，报全国人民代表大会常务委员会备案。设区的市的人民代表大会和它们的常务委员会，在不同宪法、法律、行政法规和本省、自治区的地方性法规相抵触的前提下，可以依照法律规定制定地方性法规，报本省、自治区人民代表大会常务委员会批准后施行。"《立法法》第80条规定："省、自治区、直辖市的人民代表大会及其常务委员会根据本行政区域的具体情况和实际需要，在不同宪法、法律、行政法规相抵触的前提下，可以制定地方性法规。"从上述条款可以发现，地方人大及其常委会制定的地方性法规并不要求一定具有宪法上的直接依据，宪法文本是否有相关的规定并不是地方性法规产生的逻辑前提，制定出来的地方性法规只要不与宪法的规定、原则和精神相抵触即可。因此，不与宪法的规定、原则和精神相抵触也可以视为是依宪立法原则的一种重要表现形式。

综上所述，"根据宪法原则"和"不与宪法相抵触原则"是依宪立法原则的两个主要内容和表现形式，而依宪立法则是依法立法原则的首要前提。宪法在国家的整个法律体系中具有最高的法律效力，规定了国家的根本制度和根本任务，其他所有的立法都是直接或间接地以宪法为立法依据或基础，或是不得同宪法的规定、原则和精神相背离，否则国家法制统一无从谈起，相关立法自身的合法性也将缺乏来源。

（二）依法立法要依照法定的权限和程序立法

1. 依法立法要求依照法定立法权限立法

所谓立法权限，是指不同的立法主体依据宪法和相关法律规定所拥有的制定不同效力层级法律规范的资格。制定法律、行政法规、地方性法规、自治条例和单行条例的活动，以及国务院部门和地方政府制定规章的活动，都必须依照《宪法》《立法法》和有关法律关于立法权限的规定。各有关机关都必须在宪法、法律规定的范围内行使职权，不能超越法定的权限范围。国家机关超越法定权限的越权行为，是违法的、无效的。另外，在我国一元二级多层次的立法体制下，立法主体的权力位阶与其所制定的法律规范的效力位阶呈正相关关系，即立法主体的权力位阶越高，其所制定的法律规范效力位阶就越高，法律规范所规定的内容就越重要。我国《宪法》和《立法法》对各有权立法主体的立法权限进行了明确的规定，在此不予赘述。

此外，为了保障各立法主体在法定权限内进行立法活动，我国《宪法》和《立法法》等建立了立法监督机制，主要是备案审查制度、改变和撤销制度等，后文将予详述。

2. 依法立法要求依照法定的程序立法

所谓立法程序，是指立法主体在立法时所应当遵守的步骤和环节。严密的立法程序不仅是科学立法与民主立法的重要保障，还是依法立法的重要体现，同时也是提升立法效率的有力手段。人大及其常委会的立法活动，政府的行政立法活动，都必须严格遵循法定的程序。《全国人民代表大会组织法》《全国人民代表大会议事规则》《全国人民代表大会常务委员会议事规则》等法律规范，对全国人大及其常委会的立法程序作了一些规定。《国务院组织法》对国务院行使职权包括制定行政法规的程序作了规定。《地方各级人民代表大会和地方各级人民政府组织法》对地方人大及其常委会、地方人民政府行使职权包括制定地方性法规和规章的程序作了规定。《立法法》在上述法律规定的基础上，对全国人大及其常委会的立法程序，国务院制定行政法规的程序以及地方人大及其常委会制定地方性法规的程序、行政机关制定规章的程序，作了进一步的规定。这里我们仅介绍全国人大制定法律的程序，也是立法当中最为标准的程序。《立法法》第 17～28 条规定了全国人大制定法律的程序，主要包括法律案的提出、法律案的审议、法律案的表决和法律的公布四个环节。

综上所述，各立法主体都应当遵守我国《宪法》和《立法法》等规定的立法权限和程序，这是依法立法原则的核心要旨。立法主体严格地依照法定的权限和程序开展立法活动，不仅能够使所立之法具有合法性和权威性，达到维护国家法制统一的目的，还能有效地避免因人因言而产生的立法废立，减少立法的随意性。在民主法治国家，即使因社会实践产生变迁而需要修改相关立法，也必须遵照法定的权限和程序进行。

（三）立法应当从国家整体利益出发，维护社会主义法制的统一、尊严和权威

依法立法原则除了依宪立法、依照法定的权限和程序立法两项内容之外，还有另一层含义，那就是立法应当从国家整体利益出发，防止立法中的地方保护主义倾向。2023 年《立法法》修正时，在“立法应当维护社会主义法制的统一和尊严”的表述当中增加了“权威”二字，体现了新时代党和人民对立法工作提出的新要求。

1. 立法应当体现国家整体利益

维护国家整体利益是我国各项立法工作的根本出发点。当前，我国各族人民的根本利益、共同利益是一致的，但是不同的利益主体之间仍存在多元化的利益需求。立法的过程实际上也是利益分配的过程，立法工作必然需要在不同的需求之间作出取舍和协调。一般而言，立法通常会优先考虑国家整体利益而不是地方的利益，优先考虑长远利益而不是眼前利益，优先考虑根本利益而不是非根本利益，优先考虑集体利益而不是个人利益。具体言之，为了维护社会主义法制统一，各立法主体在起草、制定法律、行政法规、地方性法规、规章时，要从国家的整体利益出发，从人民长远的、根本的利益出发，防止不从国家整体利益出发，防止立法工作中的部门化倾向、争权诿责现象，以及一些地方利用地方立法实行地方保护主义的倾向。那么，如何判断什么是国家整体利益呢？从根本上说，对于什么是国家的整体利益，应当坚持以有利于发展生产力、有利于增强我国综合国力、有利于提高人民生活水平的标准来进行判断，应当从能够代表先进生产力、代表全中国人民的利益、代表先进文化

来进行考虑。[1]

随着社会主义建设进入新时代，广大人民群众的利益需求变得更加多元，这为我国立法工作增加了难度，但无论利益格局如何变化，取舍和协调的出发点和落脚点都应当是国家整体利益。首先，我国的立法工作要从国家的整体利益出发，尽可能全面地考虑到各方主体之间不同的利益需求，并协调好不同主体之间的利益冲突，不能顾此失彼、厚此薄彼，尤其是中央立法，更应该有全国上下一盘棋的意识，防止地方保护主义的出现。其次，我国立法工作还应当有目的、有计划地对不同的利益需求进行取舍和协调，采取渐进的方式，保持政策的连续性，避免政策朝令夕改，致使各方利益处于动荡不定的状态。最后，对于各方利益的处理和协调应当是历史的、发展的而非一成不变的。随着社会的发展变化，各种利益并不是一成不变的，立法者需要及时地修改法律规范以不断适应社会实践的变迁，并及时根据各种利益的发展变化进行调整。

2. 立法应当维护社会主义法制的统一、尊严和权威

维护社会主义法制统一、尊严和权威是我国立法所要追求的基本形式价值。一国法治的实现需要善治也需要良法，且良法是善治的前提，社会主义法制统一、具有尊严性和权威性是良法的重要体现。

(1)立法首先应当维护社会主义法制的统一

社会主义法制统一主要表现为中国特色社会主义法律体系具有整体的统一性和内在的协调性两个方面。正如恩格斯所指出的："在现代国家中，法不仅必须适应于总的经济状况，不仅必须是它的表现，而且还必须是不因内在矛盾而自相抵触的一种内部和谐一致的表现。"[2]所谓整体的统一性，主要是指我国法律体系在立法指导思想、立法原则、立法技术、法律概念和术语等方面的统一。在一个法制统一的国家，不同的部门法之间所使用的同一概念其含义应当是一致的，在统一的立法指导

---

[1] 参见朱力宇、叶传星主编：《立法学》，中国人民大学出版社2015年版，第61页。

[2] 中共中央马克思恩格斯列宁斯大林著作编译局编译：《马克思恩格斯选集》(第4卷)，人民出版社1995年版，第702页。

思想和立法原则的指引下构建完备的法律体系是一个国家的法制走向统一的重要表征。所谓内在的协调性,主要是指我国一切立法都不得与宪法相抵触,所有与宪法相抵触的立法均无效,而且不同的法律部门之间、不同效力层级的立法之间不应相互冲突、相互矛盾。在我国立法主体多元的情况下,法律规范之间出现冲突、竞合的现象不可避免,为此,2023 年《立法法》专门规定了解决不同法律规范之间冲突、竞合的规则,能够较好地解决法律适用过程当中出现的规则不一致的问题,保证了社会主义法制的统一性。

(2)立法应当维护社会主义法制的尊严和权威

法制是否具有尊严和权威是衡量一国立法质量的重要标尺,我国立法应当要注意维护社会主义法制的尊严和权威。首先,立法工作应当是严肃且谨慎的,各立法主体进行立法前应当广泛听取意见,集思广益,对立法的必要性、可行性等问题进行充分论证,平衡各方主体之间的利益诉求,做好立法规划,保证立法自身的科学性、严谨性和必要性,使立法真正能够解决现实存在的问题,满足人民群众对规则的渴望和需求。一旦立法能够指引人民群众的行为,解决他们面临的纠纷,法制的尊严和权威就可以慢慢树立起来。其次,保持立法的相对稳定是提升法制尊严和权威的重要方式,保持法律规则的相对稳定是提升法制尊严和权威的重要内容。频繁的立改废释活动容易使法律规范处于变动不居的状态,难以使人对法制产生敬畏。如果因人立法、因事释法、因言废法,那么,法制就难以树立权威。最后,立法应当注意保持法的延续性。法律、法规和规章的立改废,应当注意保持与原有法律、法规和规章在内容和效力等方面的衔接。新的法律、法规和规章颁布时,应当设定适当的过渡期,在新法生效前不得随意终止原有法律、法规和规章的效力,在溯及力上,按照从旧兼从轻原则处理过渡时期的纠纷,使得法制的尊严和权威得以彰显。[1]

总之,依法立法原则是我国立法所要遵守的重要原则。该原则要求

---

〔1〕 朱力宇、叶传星主编:《立法学》,中国人民大学出版社 2015 年版,第 62 页。

立法者根据《宪法》和《立法法》的有关规定制定法律、法规和规章等，不得与上位法相冲突，同时要求立法者在法定权限内依照法定程序制定法律、法规和规章等，维护国家整体的利益和社会主义法制的统一、尊严和权威。

二、民主立法原则

所谓民主立法原则，是指立法要坚持人民主体地位，立法的内容应当体现人民的意志，立法的过程应当发扬社会主义民主，保障人民能够通过各种途径参与立法活动。民主立法的核心在于立法要为了人民、依靠人民。民主立法是 2000 年《立法法》确立的重要原则。2015 年《立法法》修正时，对民主立法原则作了补充和修改，主要有：为增强立法的公开性，第 5 条增加了"坚持立法公开"的内容；其他章节的修改有：完善立法论证、听证、法律草案公开征求意见的制度，健全向下级人大征询意见机制，增加吸收专家起草法律草案的规定，发挥代表参与起草和修改法律的作用，健全法律草案公开征求意见和公众意见采纳情况反馈机制。2023 年《立法法》修正时，为贯彻落实党的二十大精神和全过程人民民主重大理念，对民主立法原则作了补充完善，增加规定："立法应当坚持和发展全过程人民民主，尊重和保障人权，保障和促进社会公平正义。"

民主立法原则是由我国的国家性质决定的，体现了人民当家作主，是人民主权宪法原则的立法实定化。在民主国家，立法是表达人民意志的主要方式，这就决定了表达人民意志的立法活动，必须遵守民主立法原则。民主立法原则包含了立法内容民主和立法程序民主两方面的要求。在立法内容上，要求立法为了人民，体现人民的意志，维护人民的利益；在立法程序上，要求立法依靠人民，坚持立法公开，保障人民通过多种途径参与立法活动。正如邓世豹教授所指出的："民主立法具有实质和形式的双重意义：在实质上，它是指立法的内容必须真实地反映和体现公众意志，亦即'人民的意志'；在形式上，它强调立法的过程必须存在多样化的公众参与机制，亦即‘保障人民通过多种途径参与立法活动’。”[1]

（一）立法应当坚持和发展全过程人民民主

全过程人民民主是我国社会主义民主理论和实践的全新概括，充分反映了我国社会主义民主政治的鲜明特色和显著优势，集中体现了社会主义民主现代化的制度成果。2019 年 11 月 2 日，习近平总书记在上海虹桥街道考察全国人大常委会法工委基层立法联系点时，首次提出“人民民主是一种全过程的民主”的重要论断。[2] 全过程人民民主是包括民主选举、民主协商、民主决策、民主管理、民主监督等在内的人民民主，我国的全过程人民民主不仅有完整的制度程序，而且有完整的参与实践。我国全过程人民民主体现为过程民主和成果民主、程序民主和实质民主，是最广泛、最真实、最管用的社会主义民主。

我国的立法工作要贯彻全过程人民民主的理念，首先要坚持党领导立法。如前所述，中国共产党领导是中国特色社会主义最本质的特征。社会主义法治建设的历史经验表明，全面推进依法治国的伟大事业离不开党的坚强领导，党的全面领导是确保这项事业成功的根本政治保证。立法工作关系党和国家事业的发展全局，坚持党对立法工作的全面领导尤为关键。因而，要加强党对立法工作的领导，完善党对立法工作中重大问题决策的程序。凡立法涉及重大体制和重大政策调整的，必须报党中央讨论决定。党中央向全国人大提出宪法修改建议，依照宪法规定的程序进行宪法修改。法律制定和修改的重大问题由全国人大常委会党组向党中央报告。其次要坚持人民的主体地位。我国是工人阶级领导的以工农联盟为基础的人民民主专政的社会主义国家，这决定了在我国享受民主权利的主体是人民。“人民是立法的主人，立法权在根本上属

---

〔1〕 邓世豹主编：《立法学：原理与技术》，中山大学出版社 2016 年版，第 52 页。

〔2〕 参见王晨：《全过程人民民主是社会主义民主政治的本质属性》，载《人民日报》2022 年 11 月 3 日，第 6 版。

于人民,由人民行使。"[1]我国的立法活动要坚持党的领导、人民当家作主、依法治国三者的有机统一,在立法的过程中保证人民的主体地位,进一步完善立法机关主导,有关部门参加,人大代表、专家学者、企业事业单位、团体组织和人民群众共同参与的立法工作机制。在立法前的立法论证、立法中的立法听证、立法后的立法评估都应当建立专门化的公民参与机制,有效保障人民当家作主的民主权利。不断拓宽公民有序参与立法途径,健全法律法规规章草案公开征求意见和公众意见采纳情况反馈机制,广泛凝聚社会共识。最后要坚持人民利益至上。习近平总书记指出:"带领人民创造美好生活,是我们党始终不渝的奋斗目标,必须始终把人民利益摆在至高无上的地位。"[2]立法的过程是一个权衡利弊并作出取舍的过程,在不同的利益之间作出取舍必须始终坚持人民利益至上,这是全过程人民民主理念在立法当中的必然要求。

(二)立法应当体现人民的意志

立法要体现人民的意志,这是由我国社会主义根本制度的本质所决定的,也是由我国人民主权宪法原则所决定的。正如彭真所指出的:"我们是社会主义国家,在我国可以实行社会主义的高度民主和高度集中,因为我国生产资料私有制的社会主义改造已经完成,消灭了剥削制度;全国各族人民根本利益是一致的,无产阶级在旧社会处在被压迫被剥削的最底层,无产阶级只有解放全人类才能彻底解放自己,因此它的先锋队共产党除全心全意为人民服务外,没有自己特殊的利益。这就是我们实行高度民主和高度集中的基础。"[3]我国是工人阶级领导的、以工农联盟为基础的人民民主专政的社会主义国家,国家的一切权力属于人民。人民行使国家权力的机关是全国人大和地方各级人大。人民依照法律规定,通过各种途径和形式,管理国家事务,管理经济和文化事业,

---

〔1〕 周旺生:《立法学教程》,北京大学出版社2006年版,第84页。

〔2〕 习近平:《始终把人民放在心中最高位置》(在十三届全国人大一次会议上的讲话),载《习近平谈治国理政》(第3卷),外文出版社2020年版,第139页。

〔3〕 彭真:《论新中国的政法工作》,中央文献出版社1992年版,第396页。

管理社会事务。人民通过各种途径参与国家立法活动，使法律、法规和规章等真正体现人民的意志，反映最广大人民群众的根本利益和长远利益，是人民当家作主的重要体现。因而，我国的立法活动实质上就是各立法主体代表人民行使立法权的活动。这也决定了我们的立法工作必须体现人民的意志，代表人民的利益。为此，党的十八届四中全会明确提出："要恪守以民为本、立法为民理念，贯彻社会主义核心价值观，使每一项立法都符合宪法精神、反映人民意志、得到人民拥护。"

具体言之，全国人大及其常委会代表全国人民的意志和利益行使国家立法权，其立法活动应当采取多种措施，充分发扬民主，广泛听取人民群众的意见，体现广大人民群众的意志和利益。国务院制定行政法规的活动，地方人大及其常委会制定地方性法规的活动，民族自治地方制定自治条例和单行条例的活动，行政机关制定规章的活动，同样要充分发扬民主，广泛听取人民群众的意见，体现广大人民群众的意志和利益。在此需要说明的是，立法应当体现人民的意志是指立法应当体现大多数人民群众的意志，而不是某一特定群体的特殊意志；立法应当体现经过理性选择提升到国家意志层面的不特定多数人民群众的共同意志，而不是人民意志的简单相加，更不是单单反映人民某一分子的意志。[1]

（三）要保障人民通过多种途径参与立法活动

立法是为国家立规矩、为社会定方圆，是"国之大者"。实现民主立法，必须坚持人民主体地位，贯彻群众路线，充分发扬民主，保证人民通过多种途径有序参与立法，使立法更好地体现民情、汇聚民意、集中民智。一直以来，全国人大及其常委会、国务院、地方人大及其常委会、民族自治地方、行政机关始终坚持民主立法原则，在制定法律、行政法规、地方性法规、自治条例和单行条例、规章等法律规范的过程中，保障人民通过多种途径参与立法活动，广泛听取各方面的意见，将民主立法原则贯穿到立法全过程。可以说，立法活动是我国最公开透明、公众参与最

---

〔1〕 参见邓世豹主编：《立法学：原理与技术》，中山大学出版社2016年版，第52－53页。

多的领域。

保障人民通过多种途径参与立法活动具有重要意义：首先，有利于集民智、聚民慧，提升立法的质量。古人云："智者千虑，必有一失。"立法者虽然掌握更为丰富的法律知识和更为精湛的立法技术，但是也难免存在考虑不周的情况。法律规范是指引和规范人们日常生活的规则，立法要贴近生活、要能够解决实际问题，问计于民能够极大地提升立法的质量，使立法工作和人大工作更好地接地气、察民情、聚民智、惠民生。其次，人民通过多种途径参与立法活动实际上也是普法宣传的一种形式，能够提升社会公众对立法的接受度，有助于社会公众更好地理解和运用相关立法。最后，人民通过多种途径参与立法活动实际上也是他们直接参与国家管理的一种重要形式，有助于增强人民的主人翁意识，提升国家向心力。当前，我国人民参与立法活动的途径主要有：

1. 建立基层立法联系点

在我国的立法实践中，全国人大及其常委会制定法律，通过召开座谈会、论证会、听证会听取各方面意见；书面征求中央国家机关、单位、全国人大代表、地方人大常委会、高校和科研机构的意见；开展立法调研，听取地方意见等，已经形成了较为成熟的做法。2014 年 10 月，党的十八届四中全会首次提出，要建立基层立法联系点制度。2015 年 7 月，全国人大常委会法工委按照常委会工作部署，将上海市虹桥街道办事处、湖北省襄阳市人大常委会、江西省景德镇市人大常委会、甘肃省临洮县人大常委会，设为首批 4 个基层立法联系点试点单位。此后，全国人大常委会法工委又增设了三批 28 个基层立法联系点。目前，全国人大常委会法工委共设立 32 个基层立法联系点（含 1 个立法联系点），覆盖全国 31 个省、自治区、直辖市，辐射带动省级人大常委会设立本级基层立法联系点 509 个、设区的市（自治州）级人大常委会设立本级基层立法联系点 5000 多个，总体形成国家级、省级、设区的市（自治州）级联系点三级联动的工作格局。2015 年以来，基层立法联系点充分发挥国家立法"直通车"、党同人民群众"连心桥"的作用，先后就 152 件次法律草案、立法规划稿征求群众意见建议15,000多条,有2800多条被立法研究吸纳;在现行有效的295部法律中,有125部征求过基层立法联系点的意见,占42%。这极大地提升了立法的质量,为我国立法实现"良法"目标奠定了坚实的基础。[1] 可以说,这些联系点已经成为让基层声音原封不动地抵达国家立法机关的"直通车",极大地推动了基层群众参与国家立法的深度和广度。为此,党的二十大上《高举中国特色社会主义伟大旗帜　为全面建设社会主义现代化国家而奋斗》(以下简称"党的二十大报告")再次强调:"健全吸纳民意、汇集民智工作机制,建设好基层立法联系点。"

2. 公开向社会公众征求立法意见

我国在长期的立法实践中,创造了许多使人民群众广泛参与立法的途径和形式。其中,法律案向社会公布、征求公众意见是民主立法最重要的形式。1954年《宪法》制定、1982年《宪法》修改,都广泛征求和认真研究了各地方、各部门、各方面的意见,还将有关法律草案交付全国各族人民讨论,是民主立法的典范。[2] 2000年《立法法》规定,经委员长会议决定,可以将重要法律草案向社会公布征求意见。此后,法律草案向社会公布征求意见的情况越来越多,特别是随着互联网应用的普及,网上公开征求立法意见已经成为常态。2005年7月《物权法(草案)》首次通过中国人大网征求社会公众意见。2008年4月,第十一届全国人大常委会委员长会议决定,凡是常委会审议的法律草案,原则上都需要在中国人大网网上公布,征求社会公众意见。2013年7月《环境保护法修正案(草案)》二审后再次征求社会公众意见,自此之后,法律草案二审后继续征求社会公众意见成为常态。

通过2015年、2023年两次修正《立法法》,我国公开向社会公众征求立法意见的机制不断健全。例如,2023年修正的《立法法》第40条规

---

〔1〕 罗鑫煌:《健全吸纳民意、汇集民智工作机制,建设好基层立法联系点》,载丽水市人大网,http://lssrd.gov.cn/art/2023/6/2/art_1229413191_35698.html。

〔2〕 朱力宇、叶传星主编:《立法学》,中国人民大学出版社2015年版,第63-64页。

定，列入全国人大常委会会议议程的法律案，应当在全国人大常委会会议后将法律草案及其起草、修改的说明等向社会公布，征求意见，但是经委员长会议决定不公布的除外。向社会公布征求意见的时间一般不少于三十日。征求意见的情况应当向社会通报。2023 年修正的《立法法》第 74 条规定，行政法规在起草过程中，应当广泛听取有关机关、组织、人大代表和社会公众的意见。听取意见可以采取座谈会、论证会、听证会等多种形式。行政法规草案应当向社会公布，征求意见，但是经国务院决定不公布的除外。

3. 加强立法中的公众参与

要有效地避免地方保护主义和部门利益法制化的风险，关键是要加强我国立法中的公众参与，提高立法的民主性。因为“民主立法具有表达和汇集功能，这一方面是民主政治和人民主权的必然要求，另一方面，也是防止立法腐败的内在需要”。[1] 但长期以来，我国立法中的“闭门造车”现象比较严重，公众参与严重不足，公众既难以参与到立法过程中去，也难以对立法发挥实质性的影响。正如李林研究员所指出的：“公众民主参与立法的现状，与我国改革开放 30 年来立法工作突飞猛进的高速发展相比，与立法机关当下所倡导的民主立法、科学立法理念相比，公众对于立法的民主参与，无论在参与的程度、参与的层次、参与的水平还是在参与的质量、参与的效果等方面，都还处于蹒跚学步的‘初级阶段’。”[2] 基于此，党的十八届四中全会明确提出，要加强立法中的公众参与，并要创造多种途径和方式保障公众有效参与立法。根据这一精神和要求，我们要加强立法中的公众参与，主要应从以下几个方面着手：

第一，加强立法中的信息公开工作。掌握充足的立法信息，是公众有效参与立法的前提和基础。“因为公众不是立法信息的直接制造者、掌控者，而是立法信息的消费者、使用者，因为立法信息主要控制在立法

〔1〕 李林主编：《立法过程中的公共参与》，中国社会科学出版社 2009 年版，“代序”第 6 页。

〔2〕 李林主编：《立法过程中的公共参与》，中国社会科学出版社 2009 年版，“代序”第 2 页。

起草者、立法提案者、立法审议者等群体和机构手中，因为立法信息的传播与获得受制于诸多条件和因素，因此，立法信息的有无、真假、多少、主次、早迟等等，都将对公众是否参与立法、怎样参与立法以及参与立法的效果等等情况，产生至关重要的作用。"〔1〕但在过去很长的一段时间内，我国立法信息的不公开、不透明，再加上公开渠道有限、受众有限，导致公众对立法信息掌握甚少，难以有效参与到立法中去，即使提出一些意见和建议，也因缺乏针对性和可操作性，最终难以对立法结果发挥实质性的影响。因而，今后在立法过程中，我们应充分利用包括网络在内的各种渠道，建立立法信息公开机制，加强立法信息公开工作，尽可能多地及时公开相关立法信息和立法资料，对立法目的、立法背景、立法内容、立法争议等作出解释说明，并及时与公众互动，回答公众的各种关切和疑问，以使公众掌握尽可能多的立法信息，为公众参与立法提供坚实的前提与基础。为此，2023年《立法法》明确规定，要坚持立法公开。

第二，加强公众参与立法的程序机制建设。过去，由于缺乏一套健全的程序机制保障，我国立法中的公众参与一直处于一种不规范的状态，随意性较大，导致参与主体不广泛、参与渠道不通畅、利益代表不全面、参与效果不理想等。因此，在今后的立法中，要有效解决这些问题，就必须要加强公众参与立法的程序机制建设，通过制定相关程序规则，对公众参与立法的具体程序，诸如时间、步骤、方式、方法等作出详细规定，还要对公众参与立法的程序性权利和义务作出明确规定，建立一系列程序性制度，如立法公开制度、立法听证制度、立法论证制度等，其中，关键就是健全立法听证制度，"主要应就听证陈述人的选择、听证程序、听证意见的处理等方面作出具体规定，防止实践中一些地方出现的听证陈述人代表性不强，只侧重选择与立法者意见一致的市民来听证；只听不证，缺乏不同观点的辩论和交锋；不尊重听证结果等不正确做法"〔2〕，

〔1〕 李林主编：《立法过程中的公共参与》，中国社会科学出版社2009年版，"代序"第19页。

〔2〕 李正斌：《北京市地方立法中的公众参与》，载李林主编：《立法过程中的公共参与》，中国社会科学出版社2009年版，第94页。

发挥立法听证的积极作用，以便为公众参与立法提供明确的程序依据和保障。为此，2023年《立法法》第39条第1款规定，列入全国人大常委会委员会议议程的法律案，宪法和法律委员会、有关的专门委员会和全国人大常委会工作机构应当听取各方面的意见。听取意见可以采取座谈会、论证会、听证会等多种形式。2023年《立法法》第74条第1款规定，行政法规在起草过程中，应当广泛听取有关机关、组织、人大代表和社会公众的意见。听取意见可以采取座谈会、论证会、听证会等多种形式。

第三，建立健全公众参与立法的反馈机制。公众参与立法的目的，在于公众通过法定的途径和方式，反映自己的诉求或提出自己的意见、建议，发挥对立法的实质性影响，使立法能够更好地反映公众的意志和利益。从实践来看，公众参与立法可以有效地提高立法的民主性和科学性，可以有效地防止地方保护主义和部门利益的法律化。[1] 但是，由于过去缺乏一套有效的反馈机制，公众对于自己的诉求是否被考虑，自己的意见、建议是否被采纳，并无相应的途径知晓，这就使公众感受不到参与立法的作用和效果，严重影响了公众参与立法的积极性，自然不愿投入时间和精力参与立法。正如立法实务界人士所指出的："公众的参与热情不高问题，恐怕难以完全归咎于其法律意识不强、法律素质不高。目前的社会公众参与，基本上还是单向的，不管是公众反映的立法建议，

〔1〕 据立法实务部门负责人介绍，有时候起草部门在草案中写上了对自己有利的东西，政府法制机构又说服不了他们，那就通过论证会、上网公开等形式，让他们听听群众的呼声，促使他们不再坚持。2008年在制定《山东省物业管理条例》时，水、电、暖等自然垄断企业，把他们在小区内（从入小区到居民门前的一段）的设备，转让给开发商，开发商自然要转到房价中，居民（业主）对此反映强烈，坚决要求改。但企业不接受，有的说这是惯例，有的说得北京总部说话，他们无权改。我们配合省人大法工委，把草案登报上网，公开征求意见。社会上的批评对他们形成了很大压力。接着人大法工委召开听证会。在会上，业主代表形象地说："你们就好比是卖肉的，我们是顾客，顾客花钱是买你们的肉，而不会连你们的秤（计量器）、车子一块买着吧？"企业理屈了。经过多次对话沟通，他们终于接受，同意住户以外的设施全由企业负担，从而降低了房价。中央几大媒体评论，"山东向垄断行业开了第一刀"。参见陈公雨：《地方立法十三讲》，中国法制出版社2015年版，第109页。

还是自身遇到的问题，立法机关都是‘只听不说’，没有下文，这在一定程度上挫伤了公众的参与积极性。”[1]因而，要使公众切实感受到参与立法的作用和效果，调动公众参与立法的积极性和主动性，就必须要建立健全公众参与立法的反馈机制，通过各种途径及时将公众参与立法的结果反馈给相关当事人，尤其是将公众所提意见、建议的采纳和吸收情况反馈给相关当事人，并可视情况给予相关当事人一定的奖励，使当事人切实感受到参与立法的效果，从而使公众愿意投入更多的时间和精力参与立法，保证立法的民主性。

4. 开展立法协商

立法协商是协商民主在立法领域的具体运用，是立法领域发展社会主义民主、扩大公民有序政治参与的有效途径和形式，也是推进民主立法的重要改革探索。之所以要开展立法协商，是因为“立法涉及权利利益关系的调整，立法过程也是不同利益群体间的博弈过程，不同部门、行业、群体都会以不同方式参与和影响立法。因此，必须加强立法协调沟通，理顺各部门、各工作环节之间的关系，及时解决立法中的重大分歧”。[2] 党的十八届三中全会首次在党的规范性文件中提出立法协商，并把立法协商与行政协商、民主协商、参政协商和社会协商一起作为协商民主体系建设的重要内容，即“深入开展立法协商、行政协商、民主协商、参政协商、社会协商”。党的十八届四中全会对如何开展立法协商进行了具体部署，即“健全立法机关和社会公众沟通机制，开展立法协商，充分发挥政协委员、民主党派、工商联、无党派人士、人民团体、社会组织在立法协商中的作用，探索建立有关国家机关、社会团体、专家学者等对立法中涉及的重大利益调整论证咨询机制”。2015 年 2 月，中共中央印发的《关于加强社会主义协商民主建设的意见》明确提出，要“深入开展立法工作中的协商”。目前，我国许多地方都出台了立法协商工作办法，

---

〔1〕 青岛市人大常委会法制工作室：《青岛市地方立法中的公众参与》，载李林主编：《立法过程中的公共参与》，中国社会科学出版社 2009 年版，第 139 页。

〔2〕 李适时：《完善立法体制》，载《〈中共中央关于全面推进依法治国若干重大问题的决定〉辅导读本》，人民出版社 2014 年版，第 72 页。

立法协商的规范化、制度化、程序化不断加强。例如,2022 年,江苏省政协印发《立法协商工作办法(试行)》,共设九条,包括制定办法的目的、政协立法协商的含义,开展立法协商的原则、范围、形式和程序等内容。其中,明确开展立法协商的范围是:列入省政府年度立法工作计划,有关部门正在起草或审查的,社会关注度高,与群众切身利益密切相关的法规、规章项目;受有关部门邀请参加编制立法规划、立法计划草案的立法相关活动。[1]

当前,我们应进一步健全立法协商机制,广泛开展立法协商,"要通过各种途径、各种渠道、各种方式在多层次、多主体之间进行广泛的立法协商。从协商的具体做法上,立法协商的方式可以具体划分为提案协商、会议协商、座谈会协商、论证会协商、听证会协商、公示协商、评估协商、咨询协商、网络协商、公开征求意见协商、民意调查协商等协商方式"[2]。充分发挥政协委员、民主党派、工商联、无党派人士、人民团体、社会组织在立法协商中的积极作用,以使各方面的意见和关切得到充分表达,听取各方面的意见,特别是利害关系人的意见,反映各方面的要求,平衡各方面的利益。具体措施包括:一是制定立法规划、立法工作计划,要广泛听取各方面的意见和建议。二是健全法律法规起草协调机制,加强人大专门委员会、工作委员会与相关方面的沟通协商。三是健全立法论证、听证、评估机制,探索建立有关国家机关、社会团体、专家学者等对立法中涉及的重大利益调整论证咨询机制。四是拓宽公民有序参与立法途径,健全法律法规草案公开征求意见和公众意见采纳情况反馈机制。五是对于法律关系复杂、意见分歧较大的法律法规草案,要进行广泛深入的调研、论证、协商,在各方面基本取得共识基础上再依法提请表决。[3]

---

〔1〕 参见《江苏省政协印发立法协商工作办法》,载中国政协网,http://www.cppcc.gov.cn/zxww/2022/07/18/ARTI1658123464541424.shtml? from = groupmessage。

〔2〕 朱力宇、叶传星主编:《立法学》,中国人民大学出版社 2015 年版,第 172 页。

〔3〕 参见《中共中央印发〈关于加强社会主义协商民主建设的意见〉》,载中国政府网,https://www.gov.cn/xinwen/2015-02/09/content_2816784.htm。

三、科学立法原则

所谓科学立法原则，是指立法者应当在科学的立法理念的指引下，运用科学的立法技术制定内容科学的法律规范。科学立法的核心，在于立法要尊重和体现规律。立法者遵循科学立法原则，不仅有助于提升立法的质量和产生良法，还有利于尊重立法规律、克服立法过程中的主观随意性和盲目性，避免和减少错误和失误，降低立法成本，提升立法效益。2000年《立法法》首次以法律的形式确立了科学立法原则。其实，立法本身就是一项科学活动。马克思曾提出一个深刻的论断："立法者应该把自己看作一个自然科学家。他不是在创造法律，不是在发明法律，而仅仅在表述法律。"〔1〕立法是立法者有目的、有意识的主观活动，而法律规范所要调整的社会关系则是客观存在的，要使法律规范能够调整人们的社会生活，那么立法者就必须使自己的主观符合客观，尊重其内在的客观规律。

一般而言，科学立法原则包括科学的立法理念、科学的立法内容和科学的立法技术三个方面的内容。〔2〕为此，2023年《立法法》第7条规定，立法应当从实际出发，适应经济社会发展和全面深化改革的要求，科学合理地规定公民、法人和其他组织的权利与义务、国家机关的权力与责任。法律规范应当明确、具体，具有针对性和可执行性。

（一）科学立法就是要坚持从实际出发的立法理念

立法理念作为贯穿立法活动始终的理论信条和价值观念，其必须符合客观实际且体现立法活动的客观规律。正如习近平总书记所指出的："科学立法的核心，在于立法要尊重和体现客观规律。"〔3〕而尊重和体现客观规律的直接表现形式就是实事求是，一切从实际出发。可以说，立

---

〔1〕《马克思恩格斯全集》（第1卷），人民出版社1956年版，第183页。

〔2〕邓世豹主编：《立法学：原理与技术》，中山大学出版社2016年版，第61页。

〔3〕习近平：《关于〈中共中央关于全面推进依法治国若干重大问题的决定〉说明》，载《人民日报》2014年10月29日，第2版。

法理念是否科学直接决定了立法者制定的法律规范是否科学。因此,立法必须从我国的国情和实际出发,尊重和体现社会发展的客观规律、尊重和体现法律规范所调整的社会关系的客观规律以及法律体系的内在规律。

1. 处于社会主义初级阶段是我国最大的实际

实践是立法的基础,立法是实践经验的总结和升华。任何立法都不是立法者们凭空想象出来的,也不是从其他国家照抄照搬过来的,必须以自己本国的国情和实际为依据,否则就成了无源之水、无本之木。当前,我国正处于并将长期处于社会主义初级阶段,这是我国最大的国情,也是我国最大的实际。正如党的二十大报告所指出的:"我国是一个发展中大国,仍处于社会主义初级阶段。"我国立法工作正是以这一国情和实际为出发点和落脚点,与社会主义初级阶段的国情和实际相适应,以解决社会主义初级阶段的中国问题为目标,集中反映了社会主义初级阶段经济、政治、文化、社会、生态文明等各方面的要求,全面确立社会主义初级阶段经济制度、政治制度、文化制度、社会制度、生态文明制度等各项制度,保障了社会主义初级阶段经济建设、政治建设、文化建设、社会建设、生态文明建设等各项事业的顺利发展。因而,我国的立法工作无论在任何情况下都要牢牢把握社会主义初级阶段这个最大的国情和最大的实际,根据这个国情和实际来制定立法规划,并以这种国情和实际为依据,制定法律规范。

此外,立法工作还应适应当前我国经济社会发展和全面深化改革的要求。立法是社会实践的反映,随着社会实践的发展而发展。每个阶段社会实践的任务不同,对立法的需求也不同,能够提供的立法条件也不同。因而,每一个阶段的法律体系都具有鲜明的时代特征。在我国,"新时期最鲜明的特点是改革开放"。〔1〕 中国特色社会主义法律体系正是伴随着改革开放的历程而逐渐建立起来的,适应了改革开放和社会主义

〔1〕 胡锦涛:《高举中国特色社会主义伟大旗帜 为夺取全面建设小康社会新胜利而奋斗——在中国共产党第十七次全国代表大会上的报告》,载《人民日报》2007年10月25日,第1版。

现代化建设的要求。这一法律体系,以改革开放和社会主义现代化建设的伟大实践为基础,以经济建设为中心任务,一方面,通过法律的形式反映和确认了改革开放的成功实践经验,形成了经济、政治、文化、社会、生态文明等方面的新秩序,为改革开放和社会主义现代化建设提供了法律支持;另一方面,正确把握了改革发展稳定的关系,妥善处理了立法与改革的关系,不断适应了改革开放和社会主义现代化建设的需要,引导和促进了改革开放和社会主义现代化建设的发展。当前,我国经济社会发展已经进入新阶段,改革已经进入攻坚期和深水区,面临的发展机遇和风险挑战前所未有,任务异常艰巨。这就要求我国立法工作适应经济社会发展和全面深化改革的要求,围绕当前我国经济社会发展和全面深化改革的目标任务制定立法规划,区分轻重缓急,突出立法重点,充分发挥立法在引领、推动和保障经济社会发展和全面深化改革方面的重要作用,实现立法和改革决策相衔接,做到重大改革于法有据、立法主动适应改革和经济社会发展需要。实践证明行之有效的,要及时上升为法律。实践条件还不成熟、需要先行先试的,要按照法定程序作出授权。对不适应改革要求的法律法规,要及时修改和废止。[1]

2. 各地需要因地制宜立法

在立法中坚持实事求是,从实际出发,因地制宜立法,是我国立法的基本经验和原则之一。我国幅员辽阔,各地自然环境和条件差异较大,再加上各地经济社会发展严重不平衡,立法基础和立法诉求不一,统一的中央立法根本没有办法解决各地的立法需求问题,所以,立法权不断下放、使各地按照本地实际情况,因地制宜立法,就成为了必需的选择。2015 年《立法法》赋予所有设区的市立法权,目的也正在于使各设区的市能够因地制宜,根据本地的实际情况立法,用立法的手段解决本地的实际问题。正如乔晓阳等所指出的:“管理这样一个人口众多的区域,特别是随着城镇化建设的发展,与其相关的土地、人口、环境、城乡建设与

---

〔1〕 参见《中共中央关于全面推进依法治国若干重大问题的决定》,载《人民日报》2014 年 10 月 29 日,第 1 版。

管理、社会治理等问题日益复杂，当然要靠法治来管理，除了国家的法律法规、省一级的法规，还有一些具有本行政区域特点和特别需要的事项，国家和省级不可能专门立法，所以有必要按照依法治国的要求赋予其（设区的市）地方立法权。"[1]因而，各地在立法的过程中，要在坚持不抵触原则的前提下，根据本行政区域具体情况和实际需要，有针对性地开展立法，确保所立之法"不抵触、有特色、可操作"。正如全国人大常委会法工委原主任李适时所指出的："立法要根据本市的具体情况和实际需要进行。大家不要小看这条要求，这不是虚的，而是实实在在的要求。这实际上是要求地方立法要始终立足本地实际，遵循发展规律，不要搞攀比，不要相互照抄照搬。"[2]

各地根据本行政区域具体情况和实际需要，因地制宜立法，主要应从以下方面着手：一是要从各地实际情况出发，摸清各地不同的立法需求，开展精准立法，而不能从主观愿望和想当然出发，更不能贪图"大而全"，单纯的为立法而立法。马克思曾指出："只有毫无历史知识的人才不知道：君主们在任何时候都不得不服从经济条件，并且从来不能向经济条件发号施令。无论政治的立法或市民的立法，都只是表明和记载经济关系的要求而已。"[3]必须要明确的是，立法并不是越多越好，如果立法并不符合本地实际情况，解决不了本地任何实际问题，就会出现"立法越多、秩序越少"的尴尬局面。对此，王利明教授指出："立法也并非多多益善，繁杂但不实用的法律，不仅耗费大量的立法资源，也可能使有些法律形同虚设，影响法律的权威和人们对法律的信仰，乃至'法令滋彰，盗贼多有'。"[4]二是要保证各地立法有自身特点，是本行政区域实际情况的真实反映，能够解决本行政区域实际问题，而绝不能照搬照抄上位

〔1〕 乔晓阳主编：《〈中华人民共和国立法法〉导读与释义》，中国民主法制出版社2015年版，第240页。

〔2〕 李适时：《在第二十二次全国地方立法研讨会上的小结》，载中国人大网，http://www.npc.gov.cn/zgrdw/npc/lfzt/rlyw/2016-09/18/content_1997525.htm。

〔3〕 《马克思恩格斯全集》（第4卷），人民出版社1958年版，第121-122页。

〔4〕 王利明：《迈向法治——从法律体系到法治体系》，中国人民大学出版社2015年版，第101-102页。

法或其他地方同类法。各地立法必须有自身特色,有自身存在价值,即:“为了充分体现地方性法规的地方性,地方性法规的内容应适应地方的实际情况,解决本行政区域的实际问题,有针对性地立法。哪些方面需要规定就规定哪些方面,不要构筑体系,对法律、行政法规的规定不要作不必要的重复。”[1]但从实践情况来看,在我国过去的地方立法中,照搬照抄上位法或同类法的现象十分严重,许多地方立法大同小异,没有任何自身的特色,自然难以发挥其应有作用,其被束之高阁再正常不过。三是要保证各地立法具有可操作性、针对性,能够得到良好实施。过去,我们的立法之所以实施效果不好,主要原因之一就是立法太过原则、抽象,脱离实际,缺乏可操作性。[2] 正如有学者所指出的:“法之难行,在立法上最突出的原因是:在长期以来所秉持的宜粗不宜细的立法理念之下,产生了大量的宣示性、鼓励性、原则性的法律产品,使得众多的法律规定过于笼统、抽象、模糊,缺乏了必要的可操作性和可执行性,催生了有法难依、违法难究、执法难严现象的丛生。”[3]但与过去立法思路“宜粗不宜细”[4]不同的是,在中国特色社会主义法律体系已经基本形成的

---

〔1〕 乔晓阳主编:《〈中华人民共和国立法法〉导读与释义》,中国民主法制出版社2015年版,第250页。

〔2〕 例如,《船舶进出渔港签证办法》规定,在海上连续作业时间不超过24小时的渔船以及长度在12米以下的小型渔船,可以办理定期签证,其他渔船实行航次签证制度,即每次出海都要签证。这一规定在实践中就不便于操作。按照此规定,实行航次签证的渔业船舶数量太多,渔业部门的工作人员即使全部派去港口签证也签不过来,如果不及时签证就置多数渔民于违法境地。为了解决这一问题,《山东省渔业船舶管理办法》扩大了实行定期签证的范围,规定连续六个月以上在同一港口出海的渔船也可以办理定期签证。把大量渔船由每次一签改为定期签证,使船舶进出港签证变得易操作、好实施,方便了广大渔民。参见陈公雨:《地方立法十三讲》,中国法制出版社2015年版,第24-25页。

〔3〕 梁超:《宜粗不宜细的立法原则应修改》,载《学习时报》2012年2月8日。

〔4〕 邓小平同志针对改革开放初期“无法可依”的现状,提出了“宜粗不宜细”的立法思路,目的就是加快立法进程,早日实现“有法可依”。因而,这一思路在当时是完全正确的,也是切实有效的。他指出:“现在立法的工作量很大,人力很不够,因此法律条文开始可以粗一点,逐步完善。有的法规地方可以先试搞,然后经过总结提高,制定全国通行的法律。修改补充法律,成熟一条就修改补充一条,不要等待‘成套设备’。总之,有比没有好,快搞比慢搞好。”参见《邓小平文选》(第2卷),人民出版社1994年版,第147页。

情况下，现在的立法思路已经转变到了“宜细不宜粗”上来，其目的就在于提高立法的针对性，保证立法的可操作性、可执行性，最终实现良法善治的法治目标。正如张德江所指出的：“要抓住提高立法质量这个关键，遵循和把握立法规律，提升立法精细化水平，让法律切实管用。”[1] 因而，各地在立法过程中，必须要搞好立法前期准备工作，深入了解本行政区域的实际情况，准确把握和体现公众的意愿与诉求，提高立法的精细化水平，使所立之法的每一条都能够“立得住、行得通、管得住”，从而保证立法的可操作性、可执行性，保证立法的顺利实施。

3. 从实际出发首先要搞好调查研究

2023 年，中共中央办公厅印发的《关于在全党大兴调查研究的工作方案》指出：“调查研究是我们党的传家宝。党的十八大以来，以习近平同志为核心的党中央高度重视调查研究工作，习近平总书记强调指出，调查研究是谋事之基、成事之道，没有调查就没有发言权，没有调查就没有决策权；正确的决策离不开调查研究，正确的贯彻落实同样也离不开调查研究；调查研究是获得真知灼见的源头活水，是做好工作的基本功；要在全党大兴调查研究之风。”[2] 立法工作要做到一切从实际出发，尊重和体现客观规律，首先需要搞好调查研究，以深入了解本地的实际情况，抓住本地急需解决的问题，科学分析立法需求，有针对性地选择需要优先立法的事项。“知屋漏者在宇下，知政失者在草野。”地方经济社会发展遇到哪些问题，人民群众有什么期盼，立法者只有深入基层调查研究，才能掌握社情民意，找准地方立法的切入点，抓住立法所要调整的社会关系和解决的根本问题的症结所在，从而立出良法，实现良法善治。[3] 另外，由于我国幅员辽阔，人口众多，情况比较复杂，尤其是在改

---

[1] 《张德江主持召开座谈会听取对全国人大常委会工作报告的意见建议》，载新华网，http://news.xinhuanet.com/politics/2017-02/08/c_1120433576.htm。

[2] 《中共中央办公厅印发〈关于在全党大兴调查研究的工作方案〉》，载《人民日报》2023 年 3 月 20 日，第 1 版。

[3] 徐州市人大常委会：《调查研究是地方立法的一项基本功》，载人大网，http://www.npc.gov.cn/zgrdw/npc/lfzt/rlyw/2016-09/18/content_1997668.htm。

革开放的过程中,各地发展极不平衡,导致利益分化严重,矛盾比较突出,对同一部法律,不同的社会群体有不同的期待和诉求,有时候甚至是截然相反的期待和诉求。如何统筹处理好各个方面的利益关系就成了立法主体的重要职责。因此,立法者立法时必须搞好调查研究,广泛听取社会各方面的意见,特别是听取不同利益主体的意见,兼顾不同群体的利益诉求,在以最大多数人的利益为准的基础上,统筹个人利益和集体利益、局部利益和整体利益、当前利益和长远利益,科学合理地分配利益。

在我国的立法工作中搞好调查研究,一是立法者要树立科学的立法观,养成求真务实的立法作风,深入实际,深入基层,贴近生活,贴近现实,重调查,重研究。二是立法者要坚持党的群众路线,从群众中来、到群众中去,增进同人民群众的感情,真诚倾听群众呼声、真实反映群众愿望、真情关心群众疾苦,自觉向群众学习、向实践学习,从人民的创造性实践中获得关于立法的正确认识,把党的正确主张变为群众的自觉行动。三是立法者要坚持实事求是,坚守党性原则,一切从实际出发,理论联系实际,听真话、察实情,坚持真理、修正错误,有一是一、有二是二,既报喜又报忧,不唯书、不唯上、只唯实。四是立法者要坚持问题导向,增强问题意识,敢于正视问题、善于发现问题,以解决问题为根本目的,真正把情况摸清、把问题找准、把对策提实,不断提出真正解决问题的立法新思路新办法。五是立法者要坚持攻坚克难,发扬斗争精神,增强斗争本领,勇于涉险滩、破难题,知难而进、迎难而上,把调查研究成果转化为推进立法工作、战胜困难的实际成效。六是立法者要坚持系统观念,深入实际、深入基层、深入群众调查了解情况,把握好全局和局部、当前和长远、宏观和微观、主要矛盾和次要矛盾、特殊和一般的关系,前瞻性思考、全局性谋划、整体性推进我国立法工作。[1] 此外,立法者还应当正确处理好调查研究与理论指导之间的关系。立法必须要有理论作为依

---

〔1〕《中共中央办公厅印发〈关于在全党大兴调查研究的工作方案〉》,载《人民日报》2023年3月20日,第1版。

托，脱离理论指导的立法缺乏系统性和前瞻性，脱离实际的立法如同空中楼阁，没有实施的基础，最后只能束之高阁，成为镜花水月。因此，科学立法应当是理论联系实际、理论指导实践、实践反哺理论的立法。

（二）科学立法就是要科学合理地规定权利与义务、权力与责任

科学立法在立法内容上的要求和表现是，科学合理地规定公民、法人和其他组织的权利与义务、国家机关的权力与责任。对于公民、法人和其他组织等私主体而言，立法主要是通过设定权利与义务来调整人的行为和社会关系；对于国家机关等公权力主体而言，立法主要是通过规定权力和责任规范其运行。

1. 科学立法应当科学合理地规定公民、法人和其他组织的权利与义务

"权利—义务"是法学的基本范畴，也是法律规范的核心内容。从法理而言，权利指的是在一定的法律关系中，法律关系的一方对另一方所享有的可以要求作出一定的作为或不作为，并为法律规范所认可的一种资格。义务指的是根据法律规范的规定，一定的主体必须作出某种作为或作出某种不作为的责任。一项标准之所以成为法律规范，原因就在于它授予人们一定权利，告诉人们怎样的主张和行为是正当的、合法的、会受到法律的保护；或者给人们设定某种义务，指示人们怎样的行为是应为的、必为的或禁为的，在一定条件下会由国家权力强制履行或予以取缔。[1] 可以说，法律规范既是保障公民、法人和其他组织权利的有力武器，也是公民、法人和其他组织必须遵守的行为规范。立法作为一项创制调整社会关系行为规则的活动，实际上就是对公民、法人和其他组织的权利和义务进行设定，并以国家强制力保障权利的实现和义务的履行。因而，科学立法必然要求在立法中科学合理地规定公民、法人和其他组织的权利与义务。

那么，立法中应如何科学合理地规定公民、法人和其他组织的权利与义务呢？关键在于正确认识和处理权利与义务的关系。一方面，权利

〔1〕 参见张文显主编：《法理学》，高等教育出版社、北京大学出版社2011年版，第92页。

和义务是相辅相成、互为条件的，没有无义务的权利，也没有无权利的义务。正如马克思所指出的："一个人有责任不仅为自己本人，而且为每一个履行自己义务的人要求人权和公民权。没有无义务的权利，也没有无权利的义务。"[1]我国《宪法》第33条第4款明确规定："任何公民享有宪法和法律规定的权利，同时必须履行宪法和法律规定的义务。"因而，立法在规定公民、法人和其他组织的权利与义务时，必须坚持权利和义务相统一的原则，不允许任何公民、法人和其他组织只享受权利而不履行义务，也不允许存在只履行义务而不享受权利的情形，任何公民、法人和其他组织都没有超越宪法法律的特权。另一方面，权利和义务都有明确的界限，如果权利义务界限确定得适当，符合社会物质社会条件所提供的可能，可以带来社会的稳定和发展；反之，就会引发政治上的动荡、经济迟滞，甚至破坏社会的发展。立法者的基本任务就在于根据政治优选法的原理，正确地划分权利和义务的界限，合理地分配权利和义务。[2] 此外，需要说明的是，权利不是绝对的，为了保障公共利益或者他人的权利，可以对权利进行一定的限制。我国《宪法》第51条明确规定："中华人民共和国公民在行使自由和权利的时候，不得损害国家的、社会的、集体的利益和其他公民的合法的自由和权利。"因而，立法主体可以通过立法的形式对权利进行限制，但这种限制本身也应当受到一定限制，如果立法对权利的限制超出了宪法和法律所允许的限度，就可能构成违宪或违法。特别是对宪法规定的公民基本权利，法律、法规、规章及其他规范性文件不得任意加以限制和剥夺。当然，也不能任意给公民、法人和其他组织设定义务。正如党的十八届四中全会所指出的："没有法律法规依据不得作出减损公民、法人和其他组织合法权益或者增加其义务的决定。"

2. 科学立法应当科学合理地规定国家机关的权力与责任

根据人民主权原则，国家的主权属于人民，人民享有和行使一切国

---

〔1〕《马克思恩格斯全集》(第16卷)，人民出版社1964年版，第16页。

〔2〕参见张文显主编：《法理学》，高等教育出版社、北京大学出版社2011年版，第94－95页。

家权力。因而,国家机关的权力不是其固有的,而是来自人民通过宪法和法律的授予。人民虽然将国家权力授予了国家机关,但人民始终握有"最后的控制权",可以依照宪法和法律规定的途径对国家机关权力的行使进行监督,这包括人民的直接监督和通过人大的间接监督,当其违背人民的意志和利益时,人民就可以依照宪法和法律的规定收回"授权"。正如马克思所指出的:"国民议会本身没有任何权利——人民委托给它的只是维护人民自己的权利。如果它不根据交给它的委托来行动——这一委托就失去效力。到那时,人民就亲自出台,并且根据自己的自主的权力来行动。"[1]所以,与公民、法人和其他组织所拥有的权利不同,国家机关所拥有的权力既是权力也是法定的职责,擅自放弃、不履行其法定职责或违法、不当行使其职权,要承担相应的法律责任。这就要求,国家机关必须在宪法和法律规定的范围内活动,依法履行职责,行使权力,接受监督,并相应承担责任。对此,我国《宪法》第 27 条第 2 款明确规定:"一切国家机关和国家工作人员必须依靠人民的支持,经常保持同人民的密切联系,倾听人民的意见和建议,接受人民的监督,努力为人民服务。"那么,立法者在立法时必须科学合理地规定国家机关的权力与责任。具体言之,立法者在规定国家机关权力时,要同时考虑国家机关应承担的责任,坚持国家机关权力与责任相统一的原则,既不能通过立法使部门利益法制化,也要赋予国家机关必要的权力,满足社会治理的需要。换言之,既要确权又要立责;既要赋予国家机关必要的权力和手段,又要加大监督力度、明晰法定责任,避免逐利避险、争权推责、揽功诿过。[2] 为此,党的十八届四中全会明确提出:"必须以规范和约束公权力为重点,加大监督力度,做到有权必有责、用权受监督、违法必追究,坚决纠正有法不依、执法不严、违法不究行为。"

---

〔1〕《马克思恩格斯全集》(第 6 卷),人民出版社 1961 年版,第 305 页。

〔2〕参见乔晓阳主编:《〈中华人民共和国立法法〉导读与释义》,中国民主法制出版社 2015 年版,第 63 页。

（三）科学立法就是要运用科学立法技术

所谓立法技术，主要是指立法过程中为使法律规范臻于科学化而采用的方法和操作技巧的总称。立法技术一般包括法律规范的结构与形式、规范性文件的结构与形式和立法语言三个方面的内容。由于立法技术水平的高低很大程度上决定了立法质量的好坏，因此各国的立法者普遍重视立法技术的使用和规范。在我国，全国人大常委会法工委分别于2009年和2011年印发了《立法技术规范（试行）（一）》和《立法技术规范（试行）（二）》两个文件，对立法当中所涉及的规范性问题进行了规定，包括法律结构规范、法律表述规范、法律常用词语规范等诸多方面的内容，对立法产生了重要的影响。党的十八大以来，立法机关和有关部门更加重视立法技术的使用，立法技术得到进一步的规范。如《全国人大常委会2014年立法工作计划》提出："开展法律理论研究。继续开展对发挥立法引领和推动作用、完善中国特色社会主义法律体系等重大问题的研究，指导立法实践；继续抓好立法技术规范的研究和补充完善工作。"《全国人大常委会2017年立法工作计划》明确提出，要"研究完善立法技术规范"。2023年《立法法》修正时，在第65条中增加了"全国人民代表大会常务委员会工作机构编制立法技术规范"。这是"立法技术规范"首次载入《立法法》，表明了我们对立法技术的进一步重视。2023年《立法法》第7条第2款"法律规范应当明确、具体，具有针对性和可执行性"，实际上就是对立法技术科学性的要求。因而，科学的立法技术应实现两方面的目标要求：一是法律规范应当明确、具体；二是法律规范应当具有针对性和可执行性。

1. 科学的立法技术能够使法律规范明确、具体

科学的立法技术，首先能够使法律规范当中的法律概念变得明确、具体。由于"丰富的、明确的法律概念可以提高法律的明确化程度和专业性程度，使法律成为专门的工具，使法律工作成为独立的职业"，[1]因

---

[1] 张文显主编：《法理学》，高等教育出版社、北京大学出版社2011年版，第67－68页。

而，我们通过运用科学的立法技术使法律规范当中的法律概念变得明确、具体，有助于提升法律规范的明确化程度和专业性程度，并使法律规范得到良好实施。例如，全国人大常委会法工委印送的《立法技术规范（试行）（一）》就对法律常用词语进行了规范。根据《立法技术规范（一）》的规定，“缴纳”与“交纳”两个词语的含义在立法当中存在区别。“交纳”比“缴纳”的含义更广，涵盖的面更宽。法律中规定当事人自己向法定机关交付款项时，一般使用“交纳”。如《民事诉讼法》第121条规定：“当事人进行民事诉讼，应当按照规定交纳案件受理费。财产案件除交纳案件受理费外，并按照规定交纳其他诉讼费用。当事人交纳诉讼费用确有困难的，可以按照规定向人民法院申请缓交、减交或者免交。收取诉讼费用的办法另行制定。”而“缴纳”则一般在规定包含强制性的意思时使用，如《食品安全法》第147条规定：“违反本法规定，造成人身、财产或者其他损害的，依法承担赔偿责任。生产经营者财产不足以同时承担民事赔偿责任和缴纳罚款、罚金时，先承担民事赔偿责任。”但是，“应当”和“必须”二者的含义并没有实质的区别，只是根据立法技术规范，法律在表述义务性规范时，一般用“应当”，不用“必须”。如《农村土地承包经营纠纷调解仲裁法》第11条规定：“仲裁庭对农村土地承包经营纠纷应当进行调解。调解达成协议的，仲裁庭应当制作调解书；调解不成的，应当及时作出裁决。调解书应当写明仲裁请求和当事人协议的结果。调解书由仲裁员签名，加盖农村土地承包仲裁委员会印章，送达双方当事人。调解书经双方当事人签收后，即发生法律效力。在调解书签收前当事人反悔的，仲裁庭应当及时作出裁决。”此外，《立法技术规范（一）》还规定了“和，以及，或者”“以上，以下，以内，不满，超过”等法律常用词语的含义以及适用的情形。因而，通过立法技术规范的使用，可以使法律规范中的概念变得明确、具体，进而能够使法律规范明确、具体，从而有助于实现立法的科学化、规范化。

2. 科学的立法技术能够使法律规范具有针对性和可执行性

“法治应当包含两重意义：已成立的法律获得普遍的服从，而大家所服从的法律又应该本身是制定得良好的法律。”[1]在当前中国特色社会主义法律体系已经基本形成的情况下,“已成立的法律获得普遍的服从”便成为了我国法治建设的关键。但是,长期以来,我们的立法一直存在比较原则、抽象的弊端,针对性、可执行性并不强,导致整个法律体系实施的效果并不佳。正如王利明教授所指出的:“从立法层面来看,有的法律法规未能全面反映客观规律和人民意愿,针对性、可操作性不强;有的法律法规全面反映客观规律和人民意愿不够,解决实际问题有效性不足;立法工作中部门化倾向、争权诿责现象较为突出。”[2]因而,加强中国特色社会主义法律体系实施工作,首要的一点就是继续加强我国立法工作,提高立法的精细化水平,使所立之法的每一条都能够“立得住、行得通、管得住”。这就需要运用科学的立法技术,从技术层面解决我国立法的针对性和可执行性问题。

科学的立法技术不仅能够使法律规范明确、具体,还能够使法律规范具有针对性和可执行性。例如,科学的立法技术能够使法律规范的内容变得明确、具体,增强法律规范的针对性和可执行性。通常而言,法律规范的结构有“三要素说”和“两要素说”两种。“三要素说”是指法律规范由假定、处理和制裁三部分构成。“两要素说”是指法律规范的结构由行为模式和法律后果两部分组成。[3] 无论是“三要素说”,还是“两要素说”,都要求法律规范中的要素具有明确性和具体性,以保证法律规范适用的普遍性。而科学的立法技术可以使法律规范当中的“三要素”或“两要素”变得明确、具体,增强法律规范的针对性和可执行性。例如,全国人大常委会法工委印送的《立法技术规范(试行)(二)》对罚款规定的表述进行了规范,使罚款的规定变得明确、具体,增强了其针对性和可执行性。具体言之,罚款是行政处罚的一种方式,对当事人有惩戒教育作用。罚款可以是警示性的,也可以是经济性的。设定罚款应当根据违

---

〔1〕［古希腊］亚里士多德:《政治学》,吴寿彭译,商务印书馆1997年版,第199页。

〔2〕王利明:《迈向法治——从法律体系到法治体系》,中国人民大学出版社2015年版,第100页。

〔3〕参见张文显主编:《法理学》,高等教育出版社、北京大学出版社2011年版,第69页。

法行为的主观恶性、造成的损失、社会危害程度确定。一是罚款规定一般应明确罚款的数额或者幅度。二是对违法行为能够以违法数额、违法所得数额、造成的实际损失等作为参考系数确定罚款数额的，可以使用处以该系数的倍数或者比例罚款的表述。如《道路交通安全法》第98条第1款规定："机动车所有人、管理人未按照国家规定投保机动车第三者责任强制保险的，由公安机关交通管理部门扣留车辆至依照规定投保后，并处依照规定投保最低责任限额应缴纳的保险费的二倍罚款。"三是对违法行为难以用违法数额、违法所得数额、造成的实际损失等作为参考系数确定罚款数额的，可以使用确定数额以内或者一定幅度以内罚款的表述。如《治安管理处罚法》第51条第1款规定："冒充国家机关工作人员或者以其他虚假身份招摇撞骗的，处五日以上十日以下拘留，可以并处五百元以下罚款；情节较轻的，处五日以下拘留或者五百元以下罚款。"四是在规定处以一定幅度的数额罚款时，最低数额与最高数额之间差一般不超过十倍。如《食品安全法》第126条规定："违反本法规定，有下列情形之一的，由县级以上人民政府食品安全监督管理部门责令改正，给予警告；拒不改正的，处五千元以上五万元以下罚款；情节严重的，责令停产停业，直至吊销许可证……"五是规定罚款数额上限不规定下限的，表述为：可以处××元以下罚款。规定确定罚款数额或者数额幅度的，"处"之前不加"可以"。如《水土保持法》第51条第1款规定："违反本法规定，采集发菜，或者在水土流失重点预防区和重点治理区铲草皮、挖树兜、滥挖虫草、甘草、麻黄等的，由县级以上地方人民政府水行政主管部门责令停止违法行为，采取补救措施，没收违法所得，并处违法所得一倍以上五倍以下的罚款；没有违法所得的，可以处五万元以下的罚款。"由此可见，通过科学立法技术的运用，可以使法律规范的内容变得明确、具体，增强法律规范的针对性和可执行性，使所立之法的每一条都能够"立得住、行得通、管得住"。

第三章　立法的历史发展

立法是立法主体遵循一定的制度创造法律文本的活动。[1] 立法不是从来就有的，而是社会发展到一定阶段的产物。生产力的发展是立法的根本原因，国家的产生为法律和立法提供了保障，文化的发展为立法产生和发展提供了可能，并且立法经历了一个从认可习惯法到制定成文法的过程。从社会发展类型角度来看，到目前为止，立法的发展一般依次经历奴隶制社会立法、封建制社会立法、资本主义社会立法、社会主义社会立法四个阶段。中国的立法基于与其他国家在人情、风俗、地势、气候、习惯、文化等方面存在差异，在沿着立法发展的一般规律的基础上又形成了具有自己特色的立法文化，经历了古代社会立法、近代社会立法、当代社会立法三个阶段。

第一节　立法的产生

一、立法产生的含义

一般而言，立法就是立法主体遵循一定的制度创造

〔1〕 参见黄文艺主编：《立法学》，高等教育出版社2008年版，第15页。

法律文本的活动。立法活动“本有实质、形式两方面的意义”,“统治者发布命令,含有真理,而又有强制人民遵行之力,此可谓实质上之立法。立法机关之行使立法权以议决一切事件,无论内容如何,均为法律,此可谓形式上立法”。[1] 因此,立法的产生亦有实质立法的产生和形式立法的产生。实质立法的产生,是指有法就有立法,包括两种解释:一是立法始于认可习惯法,“立法的产生就是指法的产生,亦即法的起源;其中既包括人类社会最初认可习惯法的活动,也包括后来才有的制定成文法的活动”;[2] 二是立法始于制定成文法。形式立法产生于近代,即产生于资产阶级代议制机关的设立。正如谢振民先生所言:“就实质上之法律言,则吾国数千年来,已有所谓立法;如就形式上之法律言,则吾国之立法运动,实起源于清之末季。”[3]

我们采用实质意义的立法产生的理解,即立法产生就是法律的产生,始于人类社会最初认可习惯法的活动。立法的发展包括认可习惯法和制定成文法两个阶段。从社会发展类型角度来看,到目前为止,立法的发展一般依次经历奴隶制社会立法、封建制社会立法、资本主义社会立法和社会主义社会立法四个阶段。

二、立法产生的原因

明确了立法产生的含义后,就需要进一步了解立法产生的原因。立法的产生与法的产生有着相同的原因。恩格斯指出:“在社会发展某个很早的阶段,产生了这样一种需要:把每天重复着的产品生产、分配和交换用一个共同规则约束起来,借以使个人服从生产和交换的共同条件。这个规则首先表现为习惯,不久便成了法律。随着法律的产生,就必然产生出以维护法律为职责的机关——公共权力,即国家。随着社会的进一步的发展,法律进一步发展为或多或少广泛的立法。这种立法越复

---

〔1〕 谢振民编著:《中华民国立法史》(上),中国政法大学出版社 2000 年版,第 4 页。

〔2〕 朱力宇、叶传星主编:《立法学》,中国人民大学出版社 2015 年版,第 31 页。

〔3〕 谢振民编著:《中华民国立法史》(上),中国政法大学出版社 2000 年版,第 30 页。

杂,它的表现方式也就越远离社会日常经济生活条件所借以表现的方式。立法就显得好像是一个独立的因素,这个因素似乎不是从经济关系中,而是从自身的内在根据中,可以说,从'意志概念'中,获得它存在的理由和继续发展的根据。人们忘记他们的法起源于他们的经济生活条件,正如他们忘记他们自己起源于动物界一样。随着立法进一步发展为复杂和广泛的整体,出现了新的社会分工的必要性:一个职业法学家阶层形成起来了,同时也就产生了法学。"[1]从恩格斯的这段经典论述中可以得出,法律和立法不是从来就有的,而是社会发展到一定阶段的产物,生产力的发展是其根本原因,国家的产生为法律和立法提供了保障,文化的发展为立法产生和发展提供了可能,并且立法经历了一个从认可习惯法到制定成文法的过程。

首先,社会生产力的发展是立法产生的根本原因。立法的产生归根到底取决于生产力发展的水平,立法本质上是对生产关系的确认。在原始社会末期,随着生产工具的改进,生产力水平的提高,一方面,以家庭或个人为主的个体劳动代替了以氏族为单位的集体共同劳动,个体劳动的出现,要求生产资料和劳动产品归个人所有,私有观念和私有制随之出现。另一方面,生产力的提高,导致了社会分工和交换的发展,在原始社会先后出现了畜牧业和农业的分工、手工业和农业的分工和出现商人阶层三次社会大分工,社会分工又进一步促进了生产力的发展,出现了剩余产品,剩余产品的归属权争夺又导致一部分人占有另一部分人劳动产品的剥削现象和财富集中。剥削现象、财富集中和私有制出现,同一氏族成员分裂成富人与穷人、剥削者与被剥削者两大根本利益对立的阵营,原来维系原始社会的规范已经不能继续调整新的社会关系,在生产资料中占支配地位的人们,为了巩固有利于自己的经济关系,就需要建立国家政权,认可或制定新的规范,这就是立法产生的根本原因。

其次,国家的产生是立法产生的政治原因。法律由国家制定,立法

---

[1] 中共中央马克思恩格斯列宁斯大林著作编译局编译:《马克思恩格斯选集》(第3卷),人民出版社2012年版,第260-261页。

的产生与国家的起源息息相关。随着生产力的提高,剩余产品和私有制的出现,社会分裂成两个对立的阶级,两大对立阶级的冲突和矛盾到了不可调和之时就需要一个权威机关加以控制,这个权威机关就是国家,国家采取的措施和手段之一就是把体现阶级性的习惯认可为全社会成员共同遵守的一般规则,从而维护在生产资料中占支配地位的阶级利益。将习惯认可为一般规则的过程,就是在生产资料上占支配地位的阶级,将反映本阶级共同意志和有利于维护本阶级统治秩序的习惯上升为习惯法的过程,是习惯和国家相结合的过程,是经济基础所决定的政治统治的必然结果和表现形式。

最后,文化的发展为立法的产生提供了可能。法的发展历程是从习惯到习惯法再到制定法的过程,是一个从不成文法到成文法的过程。文字的出现和文化的发展,为成文法的产生和发展提供了可能,立法的产生和发展又为文化的发展提供了研究的资源,随着立法进一步发展为复杂和广泛的整体,出现了职业法学家阶层和法学。法律文化是文化的重要组成部分,立法与包括法律文化在内的文化相辅相成,相互促进,法律文化的发展促进了立法从认可习惯法到或多或少制定成文法的进程。

三、认可习惯法是立法产生的起点

法的出现非一朝一夕之功。法不是突然出现的,是国家产生的同时,长期发展中的原始习惯开始转变为对每一个成员具有强制性的约束力,并对违反习惯的行为和成员采取特殊的强制措施的时候,习惯就变成了习惯法,以维护法律为职责的机关——国家亦产生了。国家最初的立法是对习惯法的认可,包括不成文的习惯法和成文的习惯法,在国家最初的阶段,习惯法在某一时期作为法的唯一渊源,是人类立法必然经历的阶段,也是人类法律文化发展渐进性的表现。

随着社会的进步,立法中除了对习惯的记载外,又发展成对习惯和习惯法的编撰,即各国统治者开始有目的地从习惯或习惯法中抽象出一些共同的规则,按照一定篇章体例结构进行表述,就形成了新的规范。

随着立法进一步发展为复杂和广泛的整体,出现了新的社会分工的必要性:一个职业法学家阶层形成起来了,同时也产生了法学。职业法学家在立法理论和立法技术层面的研究探索为立法实践提供了理论和技术支持,促进了成文法的制定,但这并不影响认可习惯法仍然是立法的主要方式。从世界各国立法来看,大体上分别沿着制定成文法和认可判例法两个方向继续发展。无论是哪个发展方向,均不能否认认可习惯法是立法的起点。

第二节　立法的发展阶段

立法随着国家产生而产生,随着国家的发展而发展。国家发展的社会形态,从低级到高级依次出现了奴隶制国家、封建制国家、资本主义国家和社会主义国家。与此相适应,立法的发展亦依次经历了奴隶制立法、封建制立法、资本主义立法、社会主义立法四个阶段。立法虽然经历了不同的历史发展形态,但其使命都是保护在该社会(生产活动)中处于统治或主导地位的阶级、阶层及其成员的权益,维持社会的生存和发展所必需的被统治阶级的相关利益,镇压敌对势力的反抗,维护整个社会的秩序和稳定,促进社会经济和文化事业的发展。

每个阶段的立法,由于经济、政治和文化发展的内容和水平的差异,而展现出不同的阶段性特征。

一、奴隶制立法

奴隶制立法是人类历史上最早的立法。它是随着原始社会的解体,奴隶制国家的产生而出现的,它的出现标志着立法的产生。奴隶制立法是奴隶制国家的立法主体依照奴隶主阶级共同意志,制定成文法或认可习惯法的过程和结果。

大约在公元前4000年,非洲东北部尼罗河中下游的古埃及就出现了习惯法。[1] 公元前3200年，埃及第一王朝的创始人美尼斯就开始制定成文法。公元前3000年～公元前2500年，西亚两河流域进入奴隶社会，建立了一批城市国家，习惯演变为法律，并从认可习惯法走向制定成文法。其中，比较著名的有乌尔第三王朝国王乌尔纳姆制定的《乌尔纳姆法典》、拉尔萨的《苏美尔法法典》及古巴比伦王国第六代王汉谟拉比制定的《汉谟拉比法典》。其中，《汉谟拉比法典》集两河流域楔形文字法之大成，是迄今为止世界上保存下来的最早的一部法典。中国有"夏有乱政，而作禹刑"的记载。印度地区在公元前15世纪，随着奴隶制国家的兴起出现了习惯法，公元4世纪时制定了《摩奴法典》。

古希腊是欧洲最早产生国家与法的地区。公元前20世纪，该地区的克里特岛出现了早期的城邦奴隶制国家，并开始制定法律。公元前7世纪～公元前4世纪，希腊各城邦国家开始步入成文法的阶段，比较著名的有公元前621年的德拉古立法、公元前594年的梭伦立法、公元前509年的克里斯提尼立法、公元前440年的伯里克利立法等。罗马从公元前8世纪步入阶级社会后，在王政时期主要以习惯法为主，在共和时期和帝制时期逐渐制定成文法，其中著名的有公元前451年制定的《十二铜表法》、6世纪制定的《查士丁尼国法大全》等。《查士丁尼国法大全》的制定是奴隶制立法史上的一大盛事，对后世西方资本主义国家的立法产生了深远的影响。

奴隶制国家的立法既具有共同特点，同时又因其经济发展、政治体制、社会文化、历史传统等差异而存在着不同，以下主要从立法的本质特征、立法制度和立法技术等几个方面加以分析。

(一)奴隶制立法的本质特征

奴隶制立法的本质特征是公开确认和维护奴隶制生产关系和奴隶主阶级统治，体现奴隶主阶级共同意志，维护奴隶主阶级的统治秩序。奴隶制立法通过立法的方式确认了奴隶主财产的神圣性，不仅确认了以

---

[1] 参见何勤华主编：《外国法制史》，法律出版社2016年版，第2页。

土地为主的生产资料奴隶主所有制，而且还确认了奴隶主对奴隶的私有权。在法律上，奴隶是法律关系的客体，而不是法律关系的主体。法律镇压的对象均指向了奴隶，采取非常残暴的惩罚措施惩罚奴隶的反抗及其危害统治秩序的行为以维护奴隶主统治。奴隶制立法，公开确认人与人之间的等级划分与不平等地位，规定不同等级的人享有不同的权利和履行不同的义务。

（二）奴隶制立法制度

奴隶制立法权属于奴隶主君主和贵族，在奴隶社会早期，立法权往往由君主掌握，法是君主制定和废除，君主的命令就是法。立法过程无固定程序或程序比较简单。随着社会发展，东西方的经济发展、政治体制等的差异使得其奴隶制国家的立法制度亦有所差异。

在古代东方，立法权多归属君主一人。而在西方，如雅典和罗马，建立了奴隶制民主共和政体。其中，雅典在立法制度上，设置了国民大会作为全国最高的权力机关，有权制定修改法律，定期召开会议，成年的雅典男性公民都有权参加并提交立法议案，议案通常由五百人会议作出结论，再由国民大会讨论和表决，经表决的立法提案，还需交由500人或1000人组成的临时法庭对其“予以法律审查”，认可后才能成为法律。[1] 这种立法制度为罗马所继承，并对西方资本主义国家的立法制度产生了影响。

（三）奴隶制立法技术

由于奴隶制立法仍处于立法的产生和发展的初期阶段，其立法形式、法律体系、立法语言、体例结构存在着立法初期的特点，多数奴隶制法律体系体现了实体法与程序法合为一体、刑法与民法不分的特点。如《汉谟拉比法典》中包含土地所有权、婚姻家庭继承法、债权法、刑法、诉

---

〔1〕 参见[德]乌维·维瑟尔：《欧洲法律史：从古希腊到〈里斯本条约〉》，刘国良译，中央编译出版社2016年版，第34－36页。

讼法等内容。[1] 奴隶制立法的体系发展亦不平衡，有的侧重刑事方面的立法，如中国奴隶制时期立法；有的侧重于民事立法，如罗马立法，查士丁尼的《法学阶梯》内容包括“人法”“物法”“诉讼法”。

由于立法的发展，一些国家在立法技术上也有了长足的发展，甚至取得重大成就。在法律体系上，罗马把法分为公法和私法、市民法和万民法，这一划分方式对后世的资本主义国家立法影响深远。在体例和立法语言方面有所成就的，当属古巴比伦王国和罗马帝国时期的法典编纂。公元前 18 世纪，巴比伦第六代王汉谟拉比制定的《汉谟拉比法典》，标志着楔形文字法乃至整个古东方法发展到完备阶段。法典的结构体系由序言、正文和结语三部分组成。“文字表达细密而简洁。”[2] 法典序言和结语主要表述了以神的名义阐述了立法的目的，强调了法典的神圣性和永恒性，反映了人们法律的意识和观念。法典的正文部分共 282 条，是关于当时社会关系和经济关系的具体法律规定，“内容已涉及民事、刑事、诉讼等领域的基本问题，其内容之丰富，体系之庞大，在人类早期法中实属罕见”。[3] 古罗马帝国时期的《查士丁尼国法大全》在立法技术史上更占重要地位。查士丁尼时期，任命 10 人法典编纂委员会，对当时有效的历代皇帝敕令，进行整理、汇总和删改，编成《查士丁尼法典》12 卷，收集 40 多位罗马法学家的著述，删去相互矛盾和不合时宜者，编成《学说汇纂》，以盖尤斯同名著作为蓝本进行删改、增修，编成《法学阶梯》，查士丁尼去世后，后人又把查士丁尼时期的敕令编成《查士丁尼新律》，这四部法典，到 12 世纪合称为《查士丁尼国法大全》。《查士丁尼国法大全》代表了当时古罗马的立法水平。由于将立法与法学研究相结合，形成了许多具体的原则和制度，如法人制度、物权制度、契约制度、陪审制度、遗嘱自由原则、私人权利平等原则等。法律概念、术语更加确切，法律用语更加严格、简明，如法律行为、民事责任、代理、

---

[1] 参见何勤华主编：《外国法制史》，法律出版社 2016 年版，第 23－26 页。
[2] 参见朱力宇、叶传星主编：《立法学》，中国人民大学出版社 2015 年版，第 35 页。
[3] 参见何勤华主编：《外国法制史》，法律出版社 2016 年版，第 23 页。

占有、债、不当得利等。由人法、物法、诉讼法构成的罗马私法体系形成。这些均为资本主义立法所继承，对后世产生了深远的影响。

二、封建制立法

封建制立法，是随着封建制国家的产生而出现的。从世界范围来看，封建制国家的发展历程不同，封建制立法也存在着显著差异。一般认为有两种路径：一是随着奴隶制社会的灭亡、封建制国家的产生而出现的，如印度、中国等；二是因为封建制度直接建立在原始社会的基础上，其封建制立法是建立在对原始习惯的认可基础上，如日耳曼法、斯拉夫法等。封建制立法是封建制国家的立法主体依照地主阶级共同意志，制定成文法或认可习惯法的过程和结果。

在东方国家中，中国于公元前 476 年开始进入封建社会，各个诸侯国开始制定封建制法律，从《法经》到《大清律例》，形成了包括律、令、格、式、例、编敕等多种形式的法律体系。印度于 5 世纪进入封建社会，制定《摩奴法典》，是印度的基本法律渊源。日本在 646 年完成了向封建制的转变，先后制定了《大宝律令》《养老律令》《御成败式目》《公事方御定书》等封建制法律。在中亚地区的阿拉伯国家，以穆罕默德发布《古兰经》等法律为核心的伊斯兰教法，为阿拉伯国家封建法律的基础。

在欧洲，封建社会从 5 世纪西罗马灭亡开始，到 17 世纪英国资产阶级革命，前后经历了 1200 多年的发展。其中东罗马帝国在《查士丁尼国法大全》的基础上，制定了适应封建制发展的法律，如《查士丁尼法典选编》《巴西尔法》等。斯拉夫民族在 6 ~ 8 世纪纷纷建立封建制国家，将自己的习惯法编成法典，如《罗斯真理》《斯蒂芬 · 杜尚法典》。在封建制立法中，日耳曼法和教会法占有重要地位。日耳曼法是日耳曼人在原来日耳曼氏族习惯的基础上，吸收罗马法的理论和技术，制定而成的封建法典，其中著名的是法兰克王国的《撒利克法典》。

封建制立法，虽然因各个国家的历史发展过程的不同而存在差异，但是它们又具有相同的特点。

（一）封建制立法的本质特征

封建制立法的本质特征是确认和维护封建制的生产关系和地主阶级统治，体现地主阶级共同意志，维护封建地主阶级的统治秩序。封建制立法在经济上保护地主阶级的土地私有制。在国家和社会生活中确认封建等级制度，维护封建地主阶级的经济、政治、司法等特权。在家庭中，体现家族本位，家族是法律保护的出发点，并且贯彻对父权、夫权保护，男女地位不平等，体现男尊女卑等。封建制立法对反抗封建社会关系和社会秩序的行为规定了严酷的刑罚。

（二）封建制立法制度

封建制立法权必然掌握在地主阶级手中。但是由于各国在经济、政治、文化等方面发展有所不同，在立法制度方面也有所不同。一般而言，在君主专制的中央集权国家，立法权往往掌握在君主手中；在封建割据的国家，立法权往往掌握在诸侯手中。封建制立法一般不设专门的立法机关，也没有严格的立法程序。在西方，封建制经历了封建割据、等级代表制和君主专制的演变，立法制度也随之变化，其中在等级代表制时期存在各等级代表机关的立法制度，即由君主、贵族阶层、僧侣以及工商业者代表参加的立法机关，这个立法机关后来逐渐演变为资本主义社会时期的议会。

（三）封建制立法技术

封建制立法技术比奴隶制立法技术有所发展。但由于封建制国家情况比较复杂，其立法技术在法律渊源、法律体系等方面亦颇为复杂。在法律渊源上，封建社会时期的东方，主要以成文法典为主，兼有比较零散的习惯法。在西方，主要是习惯法、成文法、君主的敕令、教会法等，并且不同时期又有不同侧重，在封建割据时期，以习惯法为主；到等级代表君主制时期，习惯法逐渐被编纂为成文法典；到专制君主制时期，君主的敕令具有最高的效力。教会法在欧洲整个封建社会时期占有重要地位。在法律体系方面，在欧洲封建社会前期，诸法合一，民刑不分，程序法和实体法不分。到了封建社会中后期，随着文艺复兴、罗马法复兴和宗教改革三大运动的发展，民法、刑法的分离，出现了商业法、海商法等部门法，部门法体系开始形成。从 11 世纪开始，英国的立法技术与欧洲大陆有所不同，出现了普通法、衡平法和成文法的法律体系。这为大陆法系和英美法系的产生和形成奠定了基础。另外，在法典编纂和立法语言等方面也积累了许多宝贵的经验。

三、资本主义立法

资本主义立法，是随着资本主义国家的建立而出现的。资本主义立法是资本主义国家的立法主体依照资产阶级的共同意志，制定法律的过程和结果。

世界上最早出现资本主义立法的国家是英国。从 1640 年爆发资产阶级革命，到 1688 年光荣革命，经过长期的斗争，英国建立了君主立宪制国家。英国的统治者，一方面制定新的资产阶级法律，另一方面改造原来的普通法和衡平法，从而建立了比较系统的资本主义法律体系。随着美国取得独立战争的胜利，在结合本国实际情况的基础上，采纳英国法的原则和制度，制定成文法规，如 1787 年美国联邦宪法是世界上第一部成文宪法。1789 年法国资产阶级大革命，使得法国迅速走上了资本主义道路，拿破仑执政后，系统制定了包括民法典、商法典、民事诉讼法典、刑事诉讼法典、刑法典在内的资本主义法律体系。德国于 19 世纪建立了统一的资产阶级国家，先后制定了宪法典、刑法典、法院组织法、民事诉讼法、刑事诉讼法、破产法、民法典、商法典等。随后，日本、意大利、俄国等主要资本主义国家亦先后建立了近代的法律体系。

从 17 世纪到 19 世纪末，二百多年的时间内，各主要资本主义国家先后建立了资本主义法律体系。虽然资本主义立法因各个国家的历史发展过程的不同而存在差异，但是它们又具有相同的特点。

(一)资本主义立法的本质特征

资本主义立法的本质特征是确认和维护资本主义的生产关系和资产阶级统治,体现资产阶级的共同意志,维护资产阶级的统治秩序。资本主义立法保护资产阶级所有权,确立了私有财产神圣不可侵犯原则。资本主义立法确认和维护资产阶级自由、平等和人权的原则。资本主义商品经济的发展,要求商品的等价交换和自由流通,等价交换要求交换双方相应的平等,自由流通要求买卖商品、买卖劳动力的自由,要求契约的自由,进而要求人身自由、政治自由、思想自由和法律面前人人平等,这种平等和自由又被归结为人权,包括生命权、健康权、自由权、平等权、追求幸福权等。而随着社会的发展,人权的内容和范围也在不断地发展变化。资本主义立法还维护资本主义的国家制度,确认每个公民参政的权利,确认按照民主原则产生的议会和其他国家机关,维护代议制民主政治制度。

(二)资本主义立法制度

资本主义社会实行民主型的立法制度。资本主义立法制度,包括立法机关的产生、组成、职权,立法权限和立法事项的划分,立法程序、立法解释,以及立法效力和监督等,都是由宪法和相关法律规定的。资本主义国家的立法权主要掌握在议会手中,或者由议会和政府共同掌握。议会和掌握部分立法权的政府,往往是通过民主选举产生的。资本主义国家建立了一套严格的立法程序,从法案提出,到法案审议、表决以及法的公布,都有严格的规定。许多国家的立法制度中,或存在着行政机关对立法机关立法的制约和牵制,或存在议会两院之间在立法上的牵制和平衡,或存在中央和地方在立法上的牵制。

(三)资本主义立法技术

资本主义立法技术在继承先前立法技术的基础上获得了长足发展。

在法律渊源方面，资本主义时期各国的法律渊源逐渐固定，并且在理论和实践中赋予了这些法律渊源不同的效力。例如宪法，在所有的法律渊源中具有最高的法律效力，其他法律渊源均不得与宪法相抵触。如大陆法系中有法典、单行法规、行政法规和地方性法律法规等法律渊源，并形成了从高到低的效力等级。在英美法系国家中有制定法、判例法等。

在法律部门体系方面，大陆法系的国家继承并发展了罗马法公法私法划分的理论，其中公法方面划分出行政法、刑法、诉讼法等部分，私法方面划分出民法、商法等部分，并制定出相应的法典，从而形成了大陆法系。英美法系国家也有诸如合同法、财产法、家庭法、侵权法等具体部门法。在法典编纂结构、立法语言等方面，普遍存在着结构严谨、用语精当，概念明晰的特点。如《法国民法典》《德国民法典》《瑞士民法典》在立法技术上堪称典范，在世界上产生了广泛影响。

四、社会主义立法

社会主义立法是无产阶级在夺取和建立政权的过程中产生的，是社会主义国家的立法主体依照无产阶级的共同意志制定法律的过程和结果。

1871 年法国的巴黎公社，产生了最早的社会主义立法。1917 年俄国十月革命，建立了第一个社会主义国家，随后苏联制定了宪法、民法、刑法、民事诉讼法、刑事诉讼法、土地法、森林法、行政法等，形成了比较系统的社会主义法律体系。第二次世界大战后，包括中国在内的诸多亚洲、东欧国家相继建立了社会主义国家，出现了一系列社会主义立法。虽然在苏联解体和东欧剧变的冲击下，社会主义的发展遇到了严重挫折，但包括中国在内的一些社会主义国家仍然坚持社会主义信念，结合本国国情，继续探索与发展社会主义立法，取得了举世瞩目的立法成就。虽然各个社会主义国家的立法各有不同的特点，但是它们又具有共同之处。

（一）社会主义立法的本质特征

社会主义立法是人类历史上第一个非剥削阶级类型的立法，其本质特征是确认与维护社会主义的生产关系和无产阶级的国家政权,体现广大人民的共同意志,维护无产阶级的统治秩序。社会主义立法确认和保护以社会主义公有制为核心的经济制度,确定和保障广大人民群众当家作主的地位,是真正维护人民民主的立法。

(二)社会主义立法制度

社会主义立法制度涉及立法机关的产生、组成、职权,立法权限和立法事项的划分,立法程序、立法解释以及立法效力和监督等内容。同资本主义立法一样,社会主义立法制度也是由宪法和相关法律规定的,但由于其政治制度与资本主义国家有本质的不同,故其立法制度与资本主义立法制度有着质的不同。

社会主义立法制度是真正民主的立法制度。在社会主义国家,立法权属于广大人民群众。人民行使立法权的机关主要是人民代表机关、宪法授权或者人民代表机关授权的有关机关。人民代表机关由人民选举产生,对人民负责,受人民监督。社会主义立法民主性的另一个重要体现是,广大人民群众有权对国家立法发表看法,提出建议。在实行中央和地方两级立法体制的国家,中央一级的人民代表机关和地方各级人民代表机关分别行使国家立法权和地方立法权。

(三)社会主义立法技术

社会主义立法技术是在吸收和借鉴资本主义国家的立法成果,尤其是大陆法系国家立法经验的基础上,结合社会主义的具体实践逐步积累和完善起来的。形式上,社会主义法律体系主要包括宪法、行政法、民商法、刑法、经济法、社会法、程序法等部门法,与资本主义法律体系基本一致。但由于社会主义立法是在无产阶级领导下体现人民意志的活动,能够在立法预测、立法决策、立法规划、立法协调等方面有统一的认识和安排,从而形成独特的立法技术。此外,社会主义国家经常大量担负着组织经济、服务社会的功能,比较重视经济法、社会法的制定。

第三节　我国立法的发展

立法的产生和发展，固然有着一般的规律和特征，但是在人类的历史长河中，不同时代、不同国家又有着自己独特的风俗人情、自然环境、政治环境、经济环境，因此立法的产生和发展又各不相同。正如杨幼炯先生所言："盖法律之制定，应以本国固有之人情、风俗、地势、气候、习惯为根据。"[1]中国历史源远流长，在传统文化绵延数千年的发展中，中国的立法亦汲取了中华民族的精神和价值观念，形成了具有自己特色的立法文化。一般认为，中国从夏朝开始建立国家，有4000多年的立法史，为人类社会法律文明的发展做出了重大贡献。1840年鸦片战争后，在西方列强的不断侵略下，中国沦为半殖民地半封建国家，社会变得日益贫穷落后。此后一百多年来，无数志士仁人孜孜以求，探寻中国独立富强之路，在立法方面，学习借鉴西方的立法制度，促进了中国近代立法的转型。1921年后中国共产党领导中国人民浴血奋战，推翻了国内外反动势力的统治，于1949年建立新中国，开启了社会主义立法的新篇章。纵观中国立法的发展历史，经历了古代社会立法、近代社会立法、当代中国的立法三个阶段。

一、我国古代社会的立法

传统上，中国核心地区，位于欧亚大陆的东南部，北边是沙漠和草原，西边是高及天际的高山与高原，东边和南边面对大海。自然地理环境复杂，有沙漠、草原，有高山、丘陵、平原，有海洋、湖泊、河流等不同地形地貌，不同的地区孕育了不同的生产方式和生活方式，孕育了不同的文化，但是细看中国历史，人们通过"一波又一波的移民潮，从东到西、从北到南，不断地彼此混合与彼此影响，终于融合成一个大同小异的中华

[1] 杨幼炯：《近代中国立法史》，中国政法大学出版社2012年版，第4页。

文化”,[1]其中亦包括中国古代法律文化和中国古代立法。中国古代立法的历史主要经历了奴隶社会立法和封建社会立法两个阶段。

公元前21世纪,夏朝建立,我国的立法随之开启。《左传·昭公六年》载“夏有乱政,而作禹刑”“商有乱政,而作汤刑”“周有乱政,而作九刑”,夏商周时期除了以“刑”命名的法律之外,还有对礼的认可和礼的成文化,如周礼,还有夏《甘誓》,商《汤誓》《汤诰》,周《太誓》《牧誓》《大诰》《酒诰》等以诰、誓命名的法律等。

春秋战国时期,各诸侯国纷纷变法,封建制立法逐渐代替奴隶制立法。公元前536年,郑国子产著刑书于鼎,是我国历史上首次公布成文法。战国时期随着诸侯争霸加剧,法家学派代表人物纷纷登上政治舞台,魏国李悝编纂《法经》,这是中国古代最早的封建成文法典。随后商鞅在秦国进行变法,改法为律,为秦国的强大和统一全国奠定了基础。公元前221年,秦王嬴政建立了第一个大一统的封建国家,在立法上,继承和发展了秦国法律体系,除了令外,还有《睡虎地云梦秦简》中记载的《田律》《仓律》《金布律》等二十九种律,以及《封诊式》《牛羊课》《工人程》《法律答问》等诸多法律形式,它们共同组成了秦朝的法律体系。

秦亡汉兴,汉随秦制,在《法经》的基础上,汉高祖刘邦制定《九章律》,随后又制定《傍章律》《越宫律》《朝律》《箠令》《田令》《首匿之科》等,形成了汉初的法律体系。随着汉武帝采纳董仲舒“罢黜百家,独尊儒术”思想,君权独尊成为思想正统,维护封建君主专制开始成为各个封建王朝立法的指导思想。从汉代开始,经过魏晋南北朝的发展,到隋唐时期最终在立法中形成了“礼法合一”“一准乎礼”的礼法融合特点。唐朝《永徽律疏》中的唐律集前代法律之大成,为中华法系的代表作。另外,如《贞观令》《散颁格》《开元水部式》等律、令、格、式等形成了隋唐时期完备的法律体系。宋代在因袭唐的立法的基础上又有所发展,主要制定了《宋刑统》《淳化令式》《天圣令》《元丰令》《海行编敕》《熙宁法寺断

[1]　参见许倬云:《万古江河——中国历史文化的转折与开展》,上海文艺出版社2006年版,第6页。

例》《庆元条法事类》等,在实践中不断创造一些新的法律形式。

元代立法不再遵循唐五代的律令格式的体系,而是略仿宋金随事立名的办法,制定了《至元新格》《大元通制》《风宪宏纲》等法律。

明初朱元璋命大臣制定《大明律》,“其篇目一准于唐”,[1]又制定《大诰》《大明令》《大明集礼》等。之后,明武宗年间制定《大明会典》等常法,同时为了弥补常法不足,先后颁布了《问刑条例》等灵活性的法律形式。清朝基本上沿袭了明朝的立法,有《大清律例》《大清会典》及各种例等。总之,明清时期立法体现了法律的原则性和灵活性的统一。

通过梳理我国古代立法的历史可以发现,与其他国家立法相比,我国古代立法在立法思想、立法制度和立法基础等方面有着自己的特点。

(一)我国古代立法思想

中国古代的立法思想同其他国家一样,建立在相应的经济、政治和社会制度的基础之上,但由于国情不同,中西方在立法思想上也存在着明显的差异。孔子云,“夫礼,先王承天之道,以治人之情”[2],这道出了法律和天理、人情的关系,即立法应当秉承天理和人情,这体现了中国古代立法思想的核心原则。因此,夏商周的统治者都宣称礼与刑是“天”或“上帝”意志的体现。而《尚书·皋陶谟》载:“天叙有典,敕我五典五惇哉!天秩有礼,自我五礼有庸哉!”[3]把礼归结为“天秩”。《尚书·康诰》载“惟乃丕显考文王,克明德慎罚”,在“以德配天”的指导思想下提出了明德慎罚的立法思想。商鞅认为,“故圣人之为国也,观俗立法则治,察国事本则宜,不观时俗,不察国本,则其法立而民乱,事剧而功寡”,[4]他指出了民情与国法之间的关系,是一种立法不能脱离实际的科学认知。经过春秋战国的思想争鸣,凝练出封建正统的法律思想,这种法律思想将神权法与先前儒家、法家、道家、阴阳家等各家思想融为一

[1] 参见谢振民编著:《中华民国立法史》(上),中国政法大学出版社2000年版,第25页。
[2] 参见杨天宇撰:《礼记译注》(上),上海古籍出版社2004年版,第267页。
[3] 参见慕平译注:《尚书》,中华书局2009年版,第37页。
[4] 参见石磊译注:《商君书》,中华书局2016年版,第75页。

炉,成为中国古代立法的指导思想。这一指导思想的基本内容为:王者法天的神权法思想,"德主刑辅"的德刑关系说,礼律融合、法有等差的立法主张,《春秋》决狱的司法主张说,顺天则时的司法时令说〔1〕。这一思想最终形成于汉代,在汉后也有所发展,但其思想主旨从西周开始就一直是古代立法指导思想的核心内容。

(二)我国古代立法制度

中国古代立法从渊源而言,主要指君主是立法的主体,犹如孔子所言,"天下有道,则礼乐征伐自天子出"。〔2〕《管子》曰:"有生法,有守法,有法于法。夫生法者,君也。守法者,臣也。法于法者,民也。君臣上下贵贱皆从法,此谓为大治。"〔3〕这明确君主应负有立法之责。古代君主立法没有现代国家所要求的规范明确的立法程序,一般来说,由君主下令大臣起草法律,大臣起草完成后送主要国家机关讨论,再上书皇帝,是否可行由君主作最终决定。例如,《宋刑统》就是由窦仪、苏晓、奚屿、张希逊等官员"恭承制旨,同罄考详"前代法律,刑部大理法直官陈光乂、冯叔向等"俱效检寻,庶无遗漏"。草定之初,寻送中书、门下"请加斟酌,尽以平章",然后"可否之间,上锡宸鉴"。〔4〕再如,《大清律例》顺治三年《御制序文》中载:"爰敕法司官广集廷议,详译明律,参以国制,增损剂量,期于平允。书成奏进,朕再三覆阅,仍命内院诸臣校订妥确,乃允刊布……"〔5〕有的朝代还设立了专门的法律编修机构,如宋朝的编敕所、清朝的律例馆等,为贯彻君主立法意图服务。

---

〔1〕 参见马小红等编著:《中国法律思想史十讲》,中国人民大学出版社2008年版,第89-91页。

〔2〕 [宋]朱熹撰:《论语集注》,齐鲁书社1992年版,第166页。

〔3〕 [唐]房玄龄注,[明]刘绩补注,刘晓艺校点:《管子》,上海古籍出版社2015年版,第314页。

〔4〕 [宋]窦仪:《进刑统表》,载窦仪等撰,吴翊如点校:《宋刑统》,中华书局1984年版。

〔5〕 田涛、郑秦点校:《大清律例》,法律出版社1999年版,第1页。

（三）我国古代立法技术

中国古代立法技术主要体现在诸多法律形式的立法创造上，因此中国古代的法律体系是由多种法律形式并存结合而构成的。法律形式是"体现和区分法律的产生方式、功能和效力等级的立法形式。历朝为了完善法制，都曾运用多种法律形式，颁布了各类法律、法规、法令，形成了有机结合的法律体系"。[1] 在我国历史发展中，立法技术既有继承又有发展，从先秦到明清，就法律体系中的法律形式而言，夏商西周有礼、刑、誓、诰、命、训等，秦有律、令、程、式、课、廷行事、法律答问等，汉有律、令、科、比等，隋唐有律、令、格、式、典等，宋有刑统、编敕、编例等，元则重视条格和断例，明有律、令、典、例、诰、榜文等，清有律、例、谕旨，等等。学界研究认为，中国古代多样的法律形式之间，主次分明，既有继承发展，又有创造革新。如李玉生认为，中华法系从法律渊源来说，可称为"律令体系，即指中国古代以律令为主要形式的法律体系"。[2] 杨一凡则认为，战国是中国古代法律体系的生成阶段；秦汉是以律令为主的法律体系的初建时期；魏晋至唐宋是以律令为主的法律体系进一步发展和完善的时期，以令典、律典为朝廷大法，规范国家的基本法律制度；元代是律令法律体系向典例法律体系过渡的时期；明朝正德《明会典》的颁行，标志着明朝典例法律体系基本定型。[3] 在诸多法律形式中，偏重于刑事法律的律、刑统和有关职官法的《唐六典》《明会典》《清会典》等基本上已法典化，体现了立法经验的积累和立法技术的进步。

在法典编纂方面，中国古代立法也有自己的特点。以刑法典为例，中国古典刑法典在编纂体例和结构上呈现出以下特点："由总则和分则两部分组成；采用刑事实体法与刑事程序法合一的编纂体例；由低层次

---

〔1〕 杨一凡：《注重法律形式和法律体系研究　全面揭示古代法制的面貌》，载《法学研究》2009 年第 2 期。

〔2〕 李玉生：《魏晋律令分野的几个问题》，载《法学研究》2003 年第 5 期。

〔3〕 参见杨一凡：《明代典例法律体系的确立与令的变迁——"律例法律体系"说、"无令"说修正》，载《华东政法大学学报》2017 年第 1 期。

的'以刑统罪'向高水平的'以罪统刑'的方向转变和发展；分则篇目依据犯罪行为对刑法所保护的社会关系的危害大小，从重到轻进行排列；具有民刑不分、诸法合体的特征；只规定了刑事责任及其刑罚制裁的实现方式。"[1]历朝历代的立法不仅体例结构严谨，而且文字精当、律文简约、疏而不漏，体现了立法技术的高度成熟，为后世立法提供了宝贵的经验参考。

二、我国近代社会的立法

1840年鸦片战争爆发，西方列强开始用坚船利炮打开中国的大门，之后海禁大开，外侮迭乘，于是魏源等人提出了"师夷长技以制夷"的主张，曾国藩、左宗棠、李鸿章、张之洞等，为应对"数千年未有之变局"，倡办洋务，创建新式企业，如江南制造总局、福州船政局等；开办新式学堂，如京师同文馆、天津水师学堂等；训练海军，派遣留学生等举措，以谋求国家富强。但甲午战争中国战败签订屈辱的《马关条约》，举国上下舆论沸腾，康有为、梁启超等掀起变法浪潮。之后孙中山等发动革命运动，虽然均未成功，但影响深远。随后义和团运动发生，八国联军借口镇压，攻陷北京城，光绪皇帝和慈禧太后被迫逃离京师，在西安下诏变法。1905年日俄战争中，立宪之国日本战胜专制沙皇俄国，极大增强了国内持立宪改革主张者的信心。在内外交困之际，"忧时之士，咸谓非取法欧美不足以富强"，[2]为求国之自保，张謇、张之洞、袁世凯等奏请朝廷，主张立宪，并获得清廷认可，1905年清廷下诏派遣载泽、戴鸿慈等五大臣出洋考察。1906年夏，五大臣先后返回，复奏立宪事宜。于是清廷发布上谕，宣示预备立宪，仿行宪政，改革官制，"并将各项法律详慎厘定"，[3]清末立法由此开始。

---

〔1〕宋四辈：《中国古代刑法典的编纂体例和结构特点——兼论中国传统刑法文化的作用和影响》，载《郑州大学学报(哲学社会科学版)》2003年第4期。

〔2〕邱汉平编著：《历代刑法志》，商务印书馆2017年版，第589页。

〔3〕故宫博物院明清档案部编：《清末筹备立宪档案史料》(上)，中华书局1979年版，第44页。

早在1902年，光绪皇帝就下诏沈家本、伍廷芳等考订现行律例。1907年又设立修订法律馆，简派沈家本、俞廉三等为修律大臣，翻译西方法律书籍，兼取中西，修改旧律，制定新法。其中比较有意义的是宪法性文件的制定。宪政编查馆负责宪法起草，再提交资政院议决，于1908年颁布钦定《宪法大纲》，此宪法大纲多仿效日本宪法，根本目的在于维护"君上大权"，带有浓厚的封建色彩。1911年由资政院起草、议决的《宪法重大信条十九条》，由清廷明谕宣示天下，其"与前《宪法大纲》迥异，已非日本之君主立宪制，而似于英国之君主立宪制"。由于清帝逊位，未及实行，"实为我国历史上之第一宪法"，[1]具有一定进步意义。

除宪法外，这一时期先后完成《大清新刑律》《大清现行刑律》《法院编制法》《违警律》《报律》《商人通例》《公司条例》《破产律》《商标试办章程》《商会简明章程》《禁烟条例》等法律的制定并颁行。另外，还编成《民律》《商律》《刑事诉讼律》《民事诉讼律》《国籍法》，只是虽编纂告竣，但未尽核议，尚处于草案阶段。清末修律时间较为短暂，但却改变了中国传统法律体系，"一个仿大陆法系的中国近代法律体系已经基本定型"，[2]开启了立法的近代化转型，并为民国时期立法奠定了基础。

民国时期，虽政权更迭、战乱不止，但立法却保持了延续性，秉承了清末修律的立法趋势，以部门法体系为框架，不断完善各部门法，最终建立了中国近代的"六法体系"。其中，宪法或宪法性文件的制定受到了各个政权的重视，在民国时期先后制定了《中华民国临时约法》《天坛宪草》《曹锟宪法》《袁记约法》《中华民国训政时期约法》"五五宪草"、1947年"中华民国宪法"等。在刑法方面，北洋政府一方面颁布实行对《大清新刑律》稍加修改而成的《中华民国暂行新刑律》，另一方面着手修订1915年刑法第一修正案和1919年刑法第二修正案。南京国民政府在1919年刑法修正案的基础上，制定了1928年刑法和1935年刑法。民国各个时期也制定了一系列的刑事特别法和单行法。在民法方面，经

〔1〕 谢振民编著：《中华民国立法史》(上)，中国政法大学出版社2000年版，第39－40页。
〔2〕 赵晓耕主编：《中国法律史》，高等教育出版社2019年版，第222页。

过北洋政府修订完成民律第二修正案，到南京国民政府时期，实行民商合一的编纂体例结构，于1929、1930年分编编定并颁布《民法总则》《债》《物》《婚姻》《继承》五编，完成了《中华民国民法》，这是中国历史上正式颁布的第一部民法。民国时期还制定了《民事诉讼法》《刑事诉讼法》《法院组织法》以及行政法等，形成了系统完整、门类齐备的六法体系。

纵观近代立法，与古代立法相比，其在立法思想、立法制度和立法技术方面，有显著进步。

（一）我国近代的立法思想

自清末以来，虽政权不同，利益各异，但近代立法思想实现了由"固守成法"向"师夷变法"的转变，始终坚持博稽中外，融会中西。

清廷在《修订法律、改进司法谕》中称："一切现行律例，按照通商交涉情形，参酌各国法律，妥为拟议，务期中外通行，有裨治理。"[1]为了贯彻"务期中外通行"的修律方针，沈家本提出"参考古今，博稽中外，既广译东西各国法律之书，复甄录我国旧文"，认为"当此法治时代，若但征之今而不考于古，但推崇西法而不探讨中法，则法学不全，又安能会而通之以推行于世"。[2]在刑律修订时，沈家本又提出："是编修律大旨，折衷各国大同之良规，兼采近世最新之学说，而仍不戾乎我国历世相沿之礼教民情。"[3]在编纂民律时，沈家本同样强调，一方面借鉴西方各国最新之制度，另一方面保留民族之传统。俞廉三在《奏编辑民律前三编草案告成缮册呈览折》中详细陈述了民律的编辑之旨，指出约为四端，"一、注重世界最普通之法则"，"二、原本后出最精之法理"，"三、求最适合中国民情之法则"，"四、期于改进上最有益之法则"。[4]在财产法方

---

〔1〕　邱汉平编：《历代刑法志》，商务印书馆2017年版，第589页。

〔2〕　沈家本：《寄簃文存》，商务印书馆2015年版，第180、193页。

〔3〕　怀效锋主编：《清末法制变革史料》（下卷），中国政法大学出版社2010年版，第110页。

〔4〕　故宫博物院明清档案部编：《清末筹备立宪档案史料》（下），中华书局1979年版，第912－913页。

面，以继受德、日、瑞士民法为多，大多采用当时通行最新之制度，在身份法上，在形式上采取新的法律体系，在内容上侧重考虑中国固有的礼教民情风俗。清末其他立法亦是如此。

民国时期法律家以董康思想转变为标志，体现了“主动有意识拓展新知与借鉴传统法制”，并能将一致的外国法与本国旧制相融合，构筑一个有机地适应中国现实需要的法律体系。[1] 民国时期起草《民律草案》的负责人黄右昌，融合中西思想，将“固有法中的‘典’解读为限制物权……利用大陆法系中的物权理论将固有的‘典’，纳入民法体系中，并作为独立一章规定在《民律草案》中”。[2] 南京国民政府立法机构委员兼法制委员长吴经熊的法学观点也是融汇中西，并在立法中贯彻这一思想，他在分析中国立法采取西方法律制度时说：“我们采取他们的法典碰巧同时也就是我们自己的文艺复兴中重要的一幕，也就是发挥我们的民族性！胡汉民先生曾说过新《民法》为我们民族性中根深蒂固的王道精神的表现。”[3] 正因为在近代立法中，融汇中西法律文化，使得“新法对于旧律的内容，有抛弃了的地方，有增加了的成分，也有保存了的因子，……中国法律历史自己的发展，并没有弃旧律如敝屣，更不是张冠李戴”，[4] 始终坚持保存中国的，吸收西方的，汲取精华，自己创造。这一立法观念值得后人深思。

（二）我国近代立法制度

近代以来，开始设立专门的立法机关，清末在议院未能成立之时，设立资政院为过渡机关，具有制定和修改除宪法之外法律的立法权，即：“应行议决事件……三、税法及公债事件，四、新定法典及嗣后修改事件，但宪法不在此限。”具体程序，各项立法提案“由军机大臣或各部行政大臣先期拟订具奏”或“资政院亦得自行草具议案”，“请旨于开会时交

---

〔1〕 参见赵晓耕主编：《中国法律史》，高等教育出版社 2019 年版，第 255 页。

〔2〕 赵晓耕主编：《中国法律史》，高等教育出版社 2019 年版，第 256 页。

〔3〕 吴经熊：《法律哲学研究》，清华大学出版社 2005 年版，第 176 页。

〔4〕 蔡枢衡：《中国法理自觉的发展》，清华大学出版社 2005 年版，第 78－79 页。

议”,议决后,由资政院“总裁、副总裁分别会同军机大臣或各部行政大臣具奏,请旨裁夺”。[1] 不过,虽然设立了代行立法权的资政院,但最终立法权仍属于皇帝。

中华民国时期,仿效西方三权分立,确立了民主共和的政治体制,不同时期的政权建立了名称各异的立法机关,如参议院、国会、立法院等,均有议决法律案之职权。南京国民政府时期,立法院是依照孙中山先生权能分治中的治权之一,为一般立法机关;宪法的制定,则是由立法院议决草案,再由专门召集的制宪国民大会来制定、通过。立法院在训政时期受国民党中央政治会议限制。立法院作为这一时期立法机关,议决法律案,通常有一定的程序,虽各个时期存在差异,但“大约为法律案之提出,立法原则之决定,法律案之审议,两院之协议,法律案之复议”,[2] 最后是法律的公布。南京国民政府时期还先后制定了《立法程序法》《立法程序纲领》等,这一时期立法在形式上“法自君出”的情形不复存在了。

(三)我国近代立法技术

近代以来,变革了传统的律令、典例的法律体系,以模仿西方立法为宗旨,到南京国民政府时期在法律体系上建立了宪法、刑法、民法、民事诉讼法、刑事诉讼法、行政法六大类法律为主体的六法体系。南京国民政府时期专门制定了《立法程序法》《法规制定标准法》,规范法的名称,注意到法律渊源体系的协调,“凡法律案,由立法院三读会之程序通过,经国民政府公布者,定名为‘法’”,[3]“国民政府为执行法律或基于法律之委任,得制定施行法律之规则。前项规则概称‘条例’”,[4]“‘条

[1] 故宫博物院明清档案部编:《清末筹备立宪档案史料》(下),中华书局1979年版,第632页。

[2] 谢振民编著:《中华民国立法史》(上),中国政法大学出版社2010年版,第7页。

[3] 国民政府公布《法规制定标准法》(1929年5月14日),载中国第二历史档案馆编:《国民党政府政治制度档案史料》(上),安徽教育出版社1994年版,第255页。

[4] 中央政治会议第129次会议通过《立法程序法》(1928年2月22日),载中国第二历史档案馆编:《国民党政府政治制度档案史料》(上),安徽教育出版社1994年版,第254页。

例’仅次于法，政府其余各机关所制定者，分别性质，只限称‘规程’‘规则’‘细则’、(‘办法’)四者”，[1]并规定“凡条例、章程或者规则等之制定，应根据法律”，“条例、章程、规则等，不得违反或抵触法律”。[2] 民国时期，在立法中关注立法渊源体系的协调和法律部门体系的系统化，是这一时期立法技术的进步。

三、当代中国的立法

以1949年中华人民共和国的诞生为标志，中国立法开始进入一个历史发展的新时代。“中国历史上第一次出现可以将人民利益作为依归的新型立法。”[3]中国立法“走过了一条从建立、加强到削弱、取消再到恢复、发展和繁荣的马蹄形前进道路，整体而言其历程可分为改革开放前中华人民共和国立法的初创与曲折及改革开放之后中国特色社会主义法律体系的形成与完善两个时期”。[4]

(一)当代中国立法的初创与曲折

1.当代中国立法的萌芽时期(1927～1949年)

当代中国的立法，在初创时期主要吸收和借鉴了新民主主义革命时期根据地的立法经验和立法成果，可以说是当代中国立法的萌芽，[5]是中国法律制度的前身和渊源。

1927年，国民党先后在南京、武汉等地发动反革命政变，镇压共产党人，破坏第一次国共合作，旨在反帝、反封建的大革命以失败告终。为

[1] 根据上下文推出原文应当遗漏“办法”两字，故补上并用括号表示。参见钱端升等：《民国政制史》(上册)，上海人民出版社2011年版，第244页。

[2] 国民政府公布《法规制定标准法》(1929年5月14日)，载中国第二历史档案馆编：《国民党政府政治制度档案史料》(上)，安徽教育出版社1994年版，第256页。

[3] 周旺生：《立法学》，法律出版社2009年版，第118页。

[4] 张生主编：《中华人民共和国立法史》(1949—2019年)，法律出版社2020年版，第1页。

[5] 参见杨一凡、陈寒枫、张群主编：《中华人民共和国法制史》，社会科学文献出版社2010年版，第2页。

了完成未竟的革命事业，中国共产党领导人民武装开始在国民党政权统治薄弱的地方开辟革命根据地，建立人民民主政权，这些根据地政权依次经历了苏维埃时期、抗日战争时期和解放战争时期。各个时期的革命政权，为了完成新民主主义革命时期的任务，开始以马克思主义的国家观和法律观为指导，制定各个根据地的法律法规。

1931 年 11 月，中华苏维埃共和国成立，先后召开两次中华苏维埃全国工农兵代表大会，制定了《中华苏维埃共和国宪法大纲》《中华苏维埃共和国中央苏维埃组织法》《中华苏维埃共和国土地法》《中华苏维埃共和国劳动法》《中华苏维埃共和国婚姻法》《中华苏维埃共和国惩治反革命条例》等法律法规和单行法规。这些立法体现了苏维埃政权的反帝反封建性质，保障了人民民主权利。

抗战时期，鉴于民族矛盾激化，国共两党再次合作，各个根据地的各级参议会和政府根据新的抗战形势，总结苏区法制建设的经验教训，制定了大量的法律法规。如宪法性质的法律有《陕甘宁边区施政纲领》《晋察冀边区目前施政纲领》《晋冀鲁豫边区政府施政纲领》《山东省战时施政纲领》等，其他立法还有《陕甘宁边区土地条例》《晋察冀边区减租减息单行条例》《陕甘宁边区婚姻条例》《晋察冀边区婚姻条例》《晋冀鲁豫边区劳工保护暂行条例》《陕甘宁边区抗战时期惩治汉奸条例》《晋察冀边区破坏坚壁财物惩治办法》等法律法规，对抗战的胜利和各个根据地政治、经济、文化教育、社会等方面的建设起到积极的作用。

解放战争时期，随着解放区的不断扩大，各个解放区的法制建设进一步发展，继承、修改和发展了抗战时期的立法成果，同时又制定了一系列新的法令、条例和决定。如陕甘宁边区制定了《陕甘宁边区宪法原则》、华北人民政府制定了《华北人民政府施政方针》等宪法性质的文件。1947 年 7 月，全国土地会议通过《中国土地法大纲》，这一法律的颁布，废除了长达几千年的封建半封建剥削土地制度，实现了中国人民耕者有其田的梦想。1949 年 4 月 1 日，华北人民政府代行国家最高政权机关的职权发布《废除国民党的六法全书及一切反动法律的训令》，从法律上宣布终止国民党一切反动法律的效力。[1]

2. 当代中国立法的初创和奠基时期(1949～1957年)

在中华人民共和国的诞生过程中,开启了当代中国的立法进程。1949年9月29日,中国人民政治协商会议第一届全体会议通过临时宪法性质的《中国人民政治协商会议共同纲领》和《中央人民政府组织法》。《中国人民政治协商会议共同纲领》第17条规定:"废除国民党反动政府一切压迫人民的法律、法令和司法制度,制定保护人民的法律、法令,建立人民司法制度。"这是对新民主主义革命时期民主政权法制建设的经验总结,以立法的形式宣告了中国立法的诞生。1950年3月3日,我国颁布了《婚姻法》,随后颁布了《土地改革法》《工会法》《惩治反革命条例》《惩治贪污条例》等一系列法律、法令,为建立和巩固新生政权提供了法律保障,保障了抗美援朝战争、"三反""五反"运动的顺利进行。1954年9月,第一届全国人大第一次会议在北京召开,通过了我国第一部《宪法》,这也是中国立宪史上的第一部社会主义宪法。同时还制定了《全国人民代表大会组织法》《国务院组织法》《地方各级人民代表大会及地方各级人民委员会组织法》《人民法院组织法》《人民检察院组织法》等一系列重要的法律,新中国法制建设开始奠基。[2]

据统计,从1949年到1957年,制定法律和有关法律问题的决定共96件。[3] 这一时期的立法体制以1954年为分界,由相对分权体制向相对集权体制转变。在1954年第一届全国人大召开之前,中国的立法体制基本上是中央与地方相对分权的体制。中国人民政治协商会议第一届全体会议通过的《中国人民政治协商会议共同纲领》《中央人民政府组织法》等法律,基本上奠定了当代中国立法体制的雏形。《中央人民政府组织法》第二章规定,中央人民政府委员会依据《中国人民政治协

---

[1] 参见《中国法制史》编写组主编:《中国法制史》,高等教育出版社2019年版,第292页。

[2] 参见赵晓耕主编:《中国法律史》,高等教育出版社2019年版,第338页。

[3] 参见朱景文主编:《中国人民大学中国法律发展报告2010:中国立法60年——体制、机构、立法者、立法数量》,中国人民大学出版社2011年版,第3页。

商会议共同纲领》,行使制定并解释国家的法律,颁布法令,并监督其执行的职权。虽法律中没有规定原政务院享有立法权,但是为了贯彻执行《中国人民政治协商会议共同纲领》和国家法律法令和执行人民政府的施政方针,原政务院制定和颁布的规范性文件在事实上被当作法,如《大行政区人民政府委员会组织通则》《民族区域自治实施纲要》等规定了地方立法权限等问题,并且还批准了许多地方性法令、条例和法规。在地方,大行政区、省、市、县的政府拟订与地方政务有关的暂行法令和条例;在民族自治区,依据自治权限,得制定本自治区单行法规。1954 年 9 月,第一届全国人大第一次会议召开和首部宪法的通过,中国立法转变为相对集中的立法体制。1954 年《宪法》第 22 条规定,全国人大是行使国家立法权的唯一机关。第 27 条规定,全国人大有权修改宪法、制定法律。第 31 条规定,全国人大常委会有权解释法律、制定法令,撤销国务院的同宪法、法律和法令相抵触的决议和命令,改变或者撤销省、自治区、直辖市国家权力机关的不适当的决议。第 40 条规定,中华人民共和国主席根据全国人大的决定和全国人大常委会的决定,公布法律和法令。从宪法规定上看,我国立法制度和立法程序进一步完善,立法权相对集中。但为了加快立法工作,1955 年 7 月 30 日,第一届全国人大第二次会议通过了《关于授权常务委员会制定单行法规的决议》,授权常务委员会依照宪法的精神,根据实际需要,适时地制定部分性质的法律,即单行法规。实际上,国务院发布的决议和命令被视为国家法规。但对于在民族区域自治地方的立法,《宪法》第 70 条第 4 款规定,自治区、自治州、自治县的自治机关可以依照当地民族的政治、经济和文化的特点,制定自治条例和单行条例。这些措施,使得我国的立法体制由相对分权向相对集中的立法体制转变。

3. 当代中国立法的曲折发展时期(1957～1978 年)

从 1957 年春夏之交到改革开放前夕,是当代中国立法的曲折发展时期。从 1957 年到 1966 年十年间,立法工作有所削弱,甚至一度停滞,但立法工作仍取得一定发展,全国人大及其常委会通过或原则通过了

《国家建设征用土地办法》《户口登记条例》《农业税条例》《地方经济建设公债条例》等。据统计，这一时期我国共制定了法律、法规、法规性文件675件。[1] 由于“反右”斗争扩大化，党和国家在指导方针上有过严重的错误，经历了曲折的发展过程。[2] 法律虚无主义思潮日益泛滥。全国人大及其常务委员会的立法职能未能得到有效发挥，一些本来应当制定出来的基本法律没有制定出来。如《刑法》，从1950年到1963年间先后写成了33稿，未能公布。刑事诉讼法、民法、民事诉讼法的起草工作也停滞不前，处于草案阶段。很多已经制定的法律和形成的制度得不到执行。

从1966年5月16日“文化大革命”开始，到1978年12月党的十一届三中全会召开这一期间，1954年以来所建立的法律秩序遭到严重破坏，我国的立法工作遭到重大挫折。全国人大及其常务委员会立法工作几乎停滞。标志性的立法是1975年1月召开第四届全国人大第一次会议对宪法的修改，通过了新的《宪法》；以及1978年第五届全国代表大会第一次会议再次修改宪法，通过新的《宪法》。据统计，这一时期中国制定法律和有关法律问题决定的数量为9件，其中1975年2件，1978年7件[3]。

这一时期的立法体制延续了相对集中的体制，尤其是在“文化大革命”期间，中央和地方的立法几乎废止，享有唯一立法权的全国人大，除了修改通过1975年《宪法》和1978年《宪法》外，再也没有制定其他法律。民族自治地方的立法实际上也被搁置。

（二）中国特色社会主义法律体系的形成和完善

1. 中国特色社会主义法律体系的形成（1978～2010年）

1978年12月，党的十一届三中全会深刻总结了历史上的经验教训，

---

[1] 参见杨一凡、陈寒枫、张群主编：《中华人民共和国法制史》，社会科学文献出版社2010年版，第15页。

[2] 参见《关于建国以来党的若干历史问题的决议》（1981年6月27日中国共产党第十一届中央委员会第六次全体会议一致通过），载《人民日报》1981年7月1日，第1版。

[3] 参见朱景文主编：《中国人民大学中国法律发展报告2010：中国立法60年——体制、机构、立法者、立法数量》，中国人民大学出版社2010年版，第5页。

提出了加强社会主义法制，使民主制度化、法律化，提出“应当把立法工作摆到全国人民代表大会及其常委会的重要议程上来”，[1]从此中国立法进入了一个新的阶段。

1978～1989年，立法工作的重心主要围绕着有关国家制度和改革开放两个方面的法律主线展开。一是有关宪法的修订和有关国家制度、刑法、民法等基本法律的制定。1979年7月，第五届全国人大第二次会议通过了《关于修正〈中华人民共和国宪法〉若干规定的决议》和《全国人民代表大会和地方各级人民代表大会选举法》《地方各级人民代表大会和地方各级人民政府组织法》《人民法院组织法》《人民检察院组织法》《刑法》《刑事诉讼法》《中外合资经营企业法》（已废止）等7部法律，拉开了改革开放以来大规模立法的序幕。1982年12月，第五届全国人大第五次会议通过了新的《宪法》，确立了国家的根本制度、根本任务和国家生活的基本原则。1984年制定了《民族区域自治法》，1986年制定了《民法通则》，1982年和1989年先后通过了《民事诉讼法（试行）》和《行政诉讼法》，加上之前的《刑事诉讼法》，三大诉讼法得以建立。1989年通过了《环境保护法》。这一时期还制定了《婚姻法》（已废止）、《经济合同法》（已废止）、《商标法》、《专利法》、《义务教育法》等，为重建国家、社会秩序，促进经济社会发展提供了强有力的法律支撑。二是有关改革开放方面的法律。在1979年通过了《中外合资经营企业法》之后，于1986、1988年相继制定了《外资企业法》（已废止）、《中外合作经营企业法》，构建起比较全面的对外开放法律框架，为实施对外开放战略提供了重要法律保障。

1990～2002年，立法工作的重点在于大力加强经济领域的立法。1992年春，邓小平视察武昌、珠海、深圳等地并发表“南方谈话”，之后，中共十四大作出建立社会主义市场经济体制的战略决策，中国改革开放和社会主义现代化建设进入一个新的发展阶段。学习用法律手段管理

[1] 参见《中国共产党第十一届中央委员会第三次全体会议公报》（1978年12月22日通过），载《人民日报》1978年12月24日，第1版。

经济是社会主义市场经济体制建立和完善的需求，加强立法，尤其是经济领域的立法成为这一时期的重点。1993 年第八届全国人大第一次会议通过的《宪法修正案》规定："国家实行社会主义市场经济。""国家加强经济立法，完善宏观调控。"此后，全国人大及其常务委员会根据建立和完善社会主义市场经济体制的需求，在规范市场主体，确立市场规则、维护市场秩序、完善宏观调控、促进改革开放等方面逐步加强经济立法，制定了《公司法》、《合同法》（已废止）、《担保法》、《合伙企业法》、《反不正当竞争法》、《证券法》、《商业银行法》、《对外贸易法》、《海商法》、《商业银行法》、《消费者权益保护法》、《票据法》、《劳动法》、《工会法》等法律。同时，制定《行政处罚法》《行政复议法》《行政监察法》《国家赔偿法》《法官法》《检察官法》等规范和监督权力的法律。为了实现"一国两制"，1990、1993 年全国人大相继制定了《香港特别行政区基本法》《澳门特别行政区基本法》。重新修订《刑事诉讼法》《民事诉讼法》等一系列法律，尤其是 1997 年对《刑法》的全面修订，形成了一部较为统一、相对完备的刑法典。

1997 年 9 月，党的十五大确立"依法治国，建设社会主义法治国家"的基本方略，明确提出了"加强立法工作，提高立法质量，到二〇一〇年形成有中国特色社会主义法律体系"的目标和任务。1999 年 3 月 5 日通过的《宪法修正案》规定："中华人民共和国实行依法治国，建设社会主义法治国家。"2000 年 3 月全国人大通过了《立法法》，对中国的立法体制作出了全面规范和进一步完善，推动我国立法活动进一步有序发展。

2002 年在党的十六大上所作的《全面建设小康社会，开创中国特色社会主义事业新局面》报告提出了在 21 世纪头 20 年全面建设小康社会的奋斗目标，其中加强社会主义法制建设是其目标之一，报告再次强调"适应社会主义市场经济发展、社会全面进步和加入世贸组织的新形势，加强立法工作，提高立法质量，到二〇一〇年形成有中国特色社会主义法律体系”[1]的目标与任务。全国人大及其常务委员会坚持从国情和实际出发,坚持科学立法、民主立法,以提高立法质量为重点,“抓紧制定在中国特色社会主义法律体系中起支架作用、现实生活迫切需要、立法条件成熟的法律”。[2] 2004 年通过了《宪法修正案》,出台了《各级人民代表大会常务委员会监督法》、《反分裂国家法》、《行政许可法》、《行政强制法》、《物权法》(已废止)、《侵权责任法》(已废止)、《企业所得税法》、《企业破产法》等一批法律。为保障和改善民生,制定了《劳动合同法》《就业促进法》《人民调解法》《劳动争议调解仲裁法》《食品安全法》等社会领域的法律。为保护环境,出台了《环境影响评价法》等法律。与此同时,修改了《公司法》《证券法》《义务教育法》《妇女权益保障法》《未成年人保护法》等。与全国人大及其常委会制定各项法律相适应,国务院和各级地方人大及其常委会还制定了大量的行政法规和地方性法规。到 2010 年年底,“涵盖社会关系各个方面的法律部门已经齐全,各法律部门中最基本的、主要的法律已经制定,相应的行政法规和地方性法规比较完备,法律体系内部总体做到科学统一。在党中央领导下,经过各方面长期共同努力,一个立足中国国情和实际、适应改革开放和社会主义现代化建设需要、集中体现党和人民意志、以宪法为统帅,以宪法相关法、民法商法、行政法、经济法、社会法、刑法、诉讼和非诉讼程序法等多个法律部门的法律为主干,由法律、行政法规、地方性法规三个层次的法律规范构成的中国特色社会主义法律体系如期形成,社会主义经济建设、政治建设、文化建设、社会建设、生态文明建设实现有法可依”。[3]

2. 中国特色社会主义法律体系的完善(2011 年至今)

2012 年党的十八大上所作《坚定不移沿着中国特色社会主义道路

[1] 中共中央文献研究室编:《十六大以来重要文献选编》(上),中央文献出版社 2011 年版,第 25 - 26 页。

[2] 全国人大常务委员会法制工作委员会研究室编:《我国改革开放 40 年立法成就概述》,法律出版社 2019 年版,第 29 页。

[3] 吴邦国:《全国人民代表大会常务委员会工作报告——2013 年 3 月 8 日在第十二届全国人民代表大会第一次会议上》,载《人民日报》2013 年 3 月 21 日,第 1 版。

前进　为全面建成小康社会而奋斗》报告中提出全面推进依法治国，强调："法治是治国理政的基本方式。要推进科学立法、严格执法、公正司法、全民守法，坚持法律面前人人平等，保证有法必依、执法必严、违法必究。完善中国特色社会主义法律体系，加强重点领域立法，拓展人民有序参与立法途径。"[1]法律体系形成后，全国人大常委会分析我国法治建设面临的新形势新任务，强调中国特色社会主义法律体系是动态的、开放的、发展的，"我国立法任务依然艰巨而繁重，立法工作只能加强不能削弱；强调要在新的起点上继续加强和改进立法工作，把更多的精力放在法律的修改完善上，放在推动法律配套法规的制定和修改上，同时为适应经济社会发展需要制定一些新的法律，不断完善中国特色社会主义法律体系"。[2]

党的十八大以来的立法工作，主要是加强重点领域立法，完善以宪法为核心的中国特色社会主义法律体系。

一是完善宪法和健全保证宪法实施的法律制度。2018 年 3 月通过了《宪法修正案》，进一步完善宪法。2014 年 11 月，设立宪法宣誓制度，2015 年和 2019 年实施宪法规定的特赦制度。2015 年出台《国家勋章和国家荣誉称号法》，落实宪法规定的国家功勋荣誉表彰制度。2017 年出台《国歌法》和 2020 年修正《国徽法》《国旗法》共同维护宪法确立的国家重要象征和标志的尊严。2021 年修正《全国人民代表大会组织法》《全国人民代表大会议事规则》，2022 年修正《地方各级人民代表大会和地方各级人民政府组织法》，完善了人大制度。2015 年和 2023 年两次修正了《立法法》，进一步完善立法制度。

二是加强重点领域立法，加强形成完备的法律体系。这一时期的立法重心从经济立法为主转向经济、社会等各领域立法的均衡发展。[3]

---

〔1〕 中共中央文献研究室编：《十八大以来重要文献选编》（上），中央文献出版社 2014 年版，第 21－22 页。

〔2〕 中共中央文献研究室编：《十八大以来重要文献选编》（上），中央文献出版社 2014 年版，第 196 页。

〔3〕 参见张生主编：《中华人民共和国立法史》（1949—2019 年），法律出版社 2020 年版，第 11 页。

加强国家安全立法，出台《国家安全法》《反间谍法》《反恐怖主义法》《网络安全法》《国防交通法》《核安全法》《生物安全法》《出口管制法》《香港特别行政区维护国家安全法》等法律，修改了《档案法》，强化了档案安全管理机制；制定民事法律，出台《民法总则》（已废止）、《个人信息保护法》等，尤其是2020年出台的《民法典》，开启民权保护新时代；加强市场经济立法，出台《环境保护税法》《烟叶税法》《船舶吨税法》《耕地占用税法》《车辆购置税法》《旅游法》《资产评估法》《外商投资法》《电子商务法》《海南自由贸易港法》《印花税法》《期货和衍生品法》等法律，修改了《企业所得税法》《个人所得税法》《反不正当竞争法》《商标法》《广告法》《公司法》《农村土地承包法》《专利法》《著作权法》《反垄断法》等法律；加快生态文明建设立法，出台《土壤污染防治法》《长江保护法》《黄河保护法》等法律，全面修订了《环境保护法》，修改了《大气污染防治法》、《水污染防治法》、《海洋环境保护法》、《环境噪声污染防治法》（已废止）、《环境影响评价法》、《固体废物污染环境防治法》等法律；完善社会和民生领域的立法，出台了《慈善法》《中医药法》《反家庭暴力法》《公共文化服务保障法》《公共图书馆法》《疫苗管理法》《乡村振兴促进法》《黑土地保护法》等法律，修改了《食品安全法》《安全生产法》《消费者权益保护法》《社会保险法》《动物防疫法》《野生动物保护法》《农产品质量安全法》《畜牧法》等；加强规范和监督权力运行的立法，出台了《监察法》《公职人员政务处分法》《监察官法》等法律，修改了《行政处罚法》等；在国防立法方面，出台了《退役军人保障法》《海警法》《军人地位和权益保障法》等法律，修订了《人民武装警察法》《国防法》《兵役法》。此外，还修订了《刑法》《未成年人保护法》《预防未成年人犯罪法》《妇女权益保障法》等。中国特色社会主义法律体系正在随着建设中国特色社会主义的历史进程而不断推进，持续完善。

3. 中国特色社会主义法律体系形成和完善时期的立法体制

1979年颁布的《地方各级人民代表大会和地方各级人民政府组织法》规定了省级人大及其常委会享有地方性法规的制定权，以后多次修订地方组织法，尤其是 1982 年《宪法》的修正、2000 年制定后期两次修正的《立法法》，基本上确立了我国现行统一而又分层次的立法体制。《宪法》和《立法法》等法律规定，全国人大及其常委会行使国家立法权；国务院根据宪法和法律，制定行政法规；省级和较大的市地方人大及其常委会享有地方性法规的制定权；省级人民政府、较大的市人民政府享有规章的制定权；自治区、自治州、自治县的人大有权依照当地民族的政治、经济和文化的特点，制定自治条例和单行条例并经批准生效；经济特区所在地的省、市的人大及其常委会根据全国人大的授权决定，可以制定经济特区法规，在经济特区范围内实施；国务院各部委员会、中国人民银行、审计署和具有行政管理职能的直属机构，可以根据法律和国务院的行政法规、决定、命令，在本部门的权限范围内，制定规章。2015 年修正的《立法法》和 2018 年通过的《宪法修正案》增加了有关设区的市制定地方性法规的规定，明确设区的市人大及其常委会在不同宪法、法律、行政法规和本省、自治区的地方性法规相抵触的前提下，可以对城乡建设与管理、环境保护、历史文化保护等方面的事项制定地方性法规，报省、自治区人大常委会批准后施行。2023 年 3 月 13 日《立法法》第二次修正通过，完善了立法的指导思想和原则，明确合宪性审查相关要求，完善立法决策与改革决策相衔接、相统一的制度机制，完善全国人大及其常委会的立法权限、立法程序和工作机制，适应监察体制改革需要补充相关内容，完善地方性法规、规章的权限和程序，完善备案审查制度等内容。《立法法》的制定和修改，使专门的“管立法的法”在总结实践经验基础上，更加适应建设中国特色社会主义法治体系的需要，有利于我国立法体制的进一步发展与完善。

第四章　立法体制

立法体制，是指一个政权中立法权限划分的体系与制度。受多种因素的影响，不同国家的立法体制呈现不同的形态。具体而言，通常由一国的宪法或宪法性文件来规定立法权的主体及其各自的权限范围。根据宪法的相关规定，我国《立法法》确立了我国现行的立法体制，明确了中央和地方权力机关以及中央和地方行政机关的立法边界，为建设中国特色社会主义法治体系和实现全面依法治国提供了制度保障。科学且合理的立法体制，对于妥善处理中央与地方之间的关系，维护国家法律体系内部的和谐与统一，具有重要意义。进一步完善我国的立法体制是建设法治中国的必然要求。

第一节　立法体制概述

“作为宪法制度的重要组成部分，立法体制是历史的产物，其形式和内涵会随时代的变迁而变化。”[1]法治国家中，一切权力的来源、范围及行使的程序等都受到法律的调整和规范，立法权也必然要受到限制和约束。在一个国家内部划分立法权的界限和范围，就形成

〔1〕 姜孝贤：《论我国立法体制的优化》，载《法制与社会发展》2021年第5期。

了该国家的立法体制。

一、立法体制的含义及主要内容

在我国法学界，学者们对立法体制的概念并没有达成一致共识。产生此种情况的原因主要有以下两个方面：

一方面，人们对于立法的概念在理解上就存在着差异，进而会产生对“立法体制”的理解差异。“从‘立法’这一术语在当今所具有的最为重要的意义来看，它意指政府机关经由审慎思考而进行的创制法律律令的活动。”〔1〕这种机关是专门为立法活动而设立的，并且以相关的法律规定为依据。立法机关由于具有以上特性，进而可以和习惯法区别开来，后者是共同体成员在社会实践中自觉遵守而显示其存在的，并且不需要国家强制力的保障。本书中的立法一般指法的制定，由此，本书关于立法体制中的“立法”以及“立法权限”，都是在法的制定的层面上使用的。另一方面，“体制”这一词具有多义性。类似于“经济体制”和“政治体制”等词汇，人们经常将“立法”和“体制”两个概念进行简单叠加，形成了这种“立法体制”的中国独有的概念。事实上，“体制是渗透某种意识形态或价值观念，在相关领域或组织间形成的一种基本的整体关系框架”。〔2〕 在理论和实践中，经常混淆“体制”和“机制”的概念。两者最大的区别在于，体制是静态的，是规范层面上的；而机制则是动态的，是实证层面上的。机制的创新和作用空间，整体上是由体制决定的，但是机制也并非完全处于被动的局面，机制在一定程度上也可以填补体制的缺憾。从这个角度来看，二者是许多实践问题的一体两面。

本书所探讨的立法体制，是指一个政权中立法权限划分的体系与制度，即法的制定权限划分层面上的立法体制。立法体制主要是为了解决两方面的问题：其一，在一个国家内是哪些立法主体在行使立法权？这

〔1〕［美］博登海默：《法理学——法律哲学与法律方法》，邓正来译，中国政法大学出版社2017年版，第431－432页。

〔2〕李松林：《体制与机制：概念、比较及其对改革的意义——兼论与制度的关系》，载《领导科学》2019年第6期。

些立法主体所行使的立法权的性质、范围大小与层次高低如何。其二,同一国家的各种不同的立法主体行使的立法权之间的关系。

二、立法权的含义和基本特征

(一)立法权的含义

什么是立法权?对于这一被古今中外众多学者和政治家所经常使用的概念,需要从内涵和外延两方面去考虑。立法权最初被创制出来,主要是为了对政府的功能进行必要的区分,包括法律的创制、法律的执行和法律的适用三个方面,这种创制法律的权力便是立法权。立法权源于分权的思想,洛克将政府的权力分成立法权、行政权和对外权三种,孟德斯鸠更进一步发展了这种分权的思想,将政府的权力划分为立法权、行政权和司法权三种,分别由不同的国家机关来行使,三种权力在行使的过程中形成一种相互制约、彼此牵制的对抗平衡状态。[1] 因此,立法权概念的产生是以区分政府的职能和促进政府良性运行的需求为前提的。

对于立法权,学界存在不同角度的概念界定,主要是广义和狭义两个角度。广义的立法权,是指一切立法主体依法行使创制、认可、修改或废止法规范的权力;而狭义的立法权则专指立法机关依法行使创制、认可、修改或废止法规范的权利。[2] 正确理解立法权的广义和狭义的概念具有重要的意义:首先,明晰立法权主体同其他立法权主体之间的界限。立法权是国家权力的重要组成部分,不同于行政权、司法权等国家权力。明确立法权主体又是影响立法权行使的重要因素,有利于划清各种立法主体(包括中央和地方的立法主体)之间的权力界限,分清彼此之间的关系,从而使立法权不至于被滥用或者落空。其次,反映了人民主权原则的权利思想。通过广义立法权和狭义立法权之间的关系可以

---

[1] 参见[法]孟德斯鸠:《论法的精神》(上册),张雁深译,商务印书馆1982年版,第154-165页。

[2] 参见戚渊:《立法权概论》,载《政法论坛》2000年第6期。

看出，立法权在根本上需要通过议会或者代议机关来行使。议会和代议机关是通过选举的方式（包括直接选举和间接选举）产生的，它们的权力直接来源于人民的授权或委托。只有拥有人民的授权或委托，所谓的立法机关及其立法权的行使才是正确且正义的，这是人民主权原则的主要内容。最后，进一步完善了分权思想。立法权、司法权和行政权之间的分立与制衡是分权思想的核心内容。国家立法权理应由立法机关来行使，但是随着社会的发展，以及分权理论在现实社会中的不断深化，亦需要在不同程度地由司法机关和行政机关来行使部分国家立法权。

我们认为，立法权是指一国内主权者所独有的，由特定机关行使的，在政权体系中占据特殊地位的，以创制、认可、修改或废止法规范为目的的综合性权力体系。

（二）立法权的基本特征

立法权的基本特征是其含义所体现的本质属性，是立法权的规定性。

1. 就一国的主权而言，立法权具有独立性。

立法权是一国主权者所独立拥有的一项基本权利，是其独立属性的集中体现。主权（Sovereignty）是一个国家的最高统治权，这意味着一个国家的事务应该由本国的国民最终决定，也就是国家事务的最高决定权必须要由本国的国民或者国民授权和委托的国家机关来掌握。实质上，就是国家权力的最终归宿。在国际法意义上，主权是指一国的国内事务一概不受其他国家的干涉和控制。换言之，一国可以在国际事务中，遵照国家自己的意志，独立自主地在国际事务中代表国家行使权利、承担义务。整体上而言，就是一国与他国之间的平等权，是一国在国际事务中自身所具有的自主权。[1] 主权在一国内主要可以分为立法权、司法权和行政权三部分，立法权显然是其中基础且重要的一部分，当然也应

---

〔1〕 参见魏宏：《关于国家立法权的内涵、性质和设置的探讨——兼论立法权与主权和治权的关系》，载《长白学刊》2003年第2期。

具备主权所具有的独立性特征。

2. 就一国自身的内部关系而言，立法权具有多元性。

立法权在一国内通常由不同的立法主体来行使，这体现了立法权的多元性特征。需要明确的是，如前所述，立法权首先具备的是独立性，也就是说一个国家如何制定自己的法律是一个国家的内政问题，不容许其他国家或组织的干涉和控制。但是，根据一国的实际情况，其立法权完全存在由多种主体来分别行使的可能。举例而言，无论是单一制国家还是联邦制国家，都会面临中央与地方的分权问题，如果权力划分合理则会促进社会的发展、国家的和谐，如果权力划分不合理则会造成社会的动荡、国家失去和平。具体到立法权方面，由中央和地方不同的国家机关来分别行使立法权是平衡中央与地方关系的现实需求。[1] 行使立法权的主体并非完全单一的，从不同现代国家法治的发展历史来看，大多数情况下立法权是由多元的主体来行使的。至于具体由哪个或者哪些主体来行使立法权，是由具体的国情和特定的历史时期所决定的。因此，人类的历史上出现了各种不同形式的立法体制，可以预见，随着人类社会的不断发展，未来还会出现其他种类的立法体制。

3. 就立法权本身是一个权力共同体而言，立法权具有综合性。

与司法权和行政权一样，立法权也是由一系列子权力形成的权力共同体。立法权的子权力共同体主要可以分为实体的子权力共同体和程序的子权力共同体：其一，实体的子权力共同体包括制定权、修改权、废止权、批准权、认可权、变更权、解释权、撤销权、裁定权和否决权等；其二，程序的子权力共同体至少包括立法提案权、审议权、表决权和公布权四种。这一系列的子权力共同体集中地体现了立法权的综合性。

三、立法体制的影响因素

一个国家采用什么样的立法体制，受到该国的国体、政体、民族组成情况、历史传统等多种客观因素的影响。任何一个国家采取的具体的立

---

[1] 参见谭尚闻、臧颖：《设区市立法权行使的困境与对策》，载《知与行》2016 年第 10 期。

法体制，都不能脱离这个国家的实际国情和历史。换言之，立法体制需要适应这个国家的经济、社会、文化、政治、科技发展的现实需求。当然，不可否认，国家立法体制的建立同时也会受到这个国家立法者对立法体制问题的主观认识的影响。由此可见，一国的立法体制受到客观因素和主观因素两方面的影响，也正是这两方面因素的结合统一，最终形成了一国的立法体制。立法体制是国家政治体制和立法制度的重要组成部分，因此大部分国家都将国家的立法体制规定在宪法之中。[1]

在影响一国立法体制的众多因素之中，国家形式起到决定性影响作用。一国的本质决定了立法权应属于掌握统治权的阶级。国家形式（国家管理形式和国家结构形式）则在形式上决定了具体由哪些国家机关来行使立法权。

政体（国家政权的组织形式），便是国家管理形式。政体和国体的关系是，国体决定政体，而政体体现国体。具体到立法体制，国家机构体系中哪些国家机关来行使立法权及其权力的界限是由政体直接决定的。政体是在横向上划分国家的立法权限，也就是立法、司法和行政三机关所拥有的立法权限是由政体来决定的。对于不同的政体来说，这种立法权限的横向划分也是不同的。在当今世界，主要有两种政体，即资本主义国家的议会制和社会主义国家的人民代表大会制。这两种政权组织形式，在立法权限的横向划分的理论基础和制度实践方面，既存在一定程度上的形式共通性，也存在本质上的区别和具体运行上的差异。

国家结构形式则是一国的整体与其组成的各部分之间的相互关系，也涉及具体的行政区划划分问题。具体到立法体制，国家结构形式决定中央政权和地方政权的立法权限的问题，也即相对于横向立法权限划分而言的纵向立法权限划分。具体而言，不同的国家形式，划分给中央政权和地方政权的立法权限也不同，即纵向立法权限划分不同。总的来说，当今世界主要有单一制和联邦制两种国家结构形式。这两种国家结

---

〔1〕 参见刘永红、刘文怡：《科学立法对于法治现代化的意义及路径》，载《西华师范大学学报（哲学社会科学版）》2019年第3期。

构形式的具体的纵向立法权限划分也存在较大差异。[1] 举例而言，在单一制国家中，地方政权的立法权主要是中央政权授予的，其本身并不具有立法权，因此地方政权的立法权限相较于中央政权的立法权限是较小的，甚至可能是没有的。但是，对于联邦制国家，在组建联邦国家的过程中，地方政权将一部分立法权让渡给联邦政权，地方政权保留了部分的立法权，这种地方政权的立法权是相对较大的。

总之，这种多种影响因素交织的情况，影响并最终决定了一国的立法体制。其中，根据马克思主义的观点，经济基础起到了最终的决定性作用。但是政治、文化、民族状况和历史传统对一国立法体制的影响也不容小觑。国家形式集中反映了上述影响因素对国家立法体制的影响。

第二节 立法体制的分类

由于受到不同因素的影响，各国的立法体制几乎各不相同。正如上文所提到的，一国的立法体制也只能在国家的国体和政体的框架之内，而不能突破国家的国体和政体。与此同时，立法体制也必然要集中体现一国的国家主权和人民意志。因此，我们主要从国家形式的角度，对立法体制进行分类。

一、基于国家管理形式的分类

（一）单一的立法体制与复合的立法体制

根据国家立法权是否单独由同一类别的国家机关行使，立法体制可以分为单一的立法体制与复合的立法体制两种。单一的立法体制，是指由同一类别的国家机关来行使国家立法权的立法体制；复合的立法体制，是指可以由两个或两个以上的国家机关来行使国家立法权的立法体制。当今世界上，大多数国家实际上采用的都是单一的立法体制，即由

[1] 参见法言：《符合中国国情和实际的立法体制——话说中国特色社会主义法律体系的形成（六）》，载《中国人大》2011 年第 16 期。

最高国家权力机关或者国会来行使国家立法权。也有小部分国家采用复合的立法体制,即由国会和国家元首以及行政机关共同行使国家立法权。法国和美国便采用复合的立法体制。

(二)专制的立法体制与民主的立法体制

根据国家立法权的行使是否符合民主的原则,可以将立法体制分为专制的立法体制与民主的立法体制。专制的立法体制,一般是指在实行君主制的国家中适用的立法体制;民主的立法体制,一般是指在共和制国家适用的立法体制。专制的立法体制一般将国家立法权集中于一人或者少数人的手中,民主的立法体制将国家立法权集中在议会或者立法机关。在当代世界,无论是社会主义国家还是资本主义国家,虽然它们所采用民主具有本质区别,但是二者在立法体制的形式上都属于民主的立法体制。

(三)独立的立法体制与制衡的立法体制

根据国家立法权的行使是否受到其他国家机关的制衡,可以将立法体制分为独立的立法体制与制衡的立法体制。独立的立法体制,是指一国的国家机关在行使国家立法权时不受其他国家机关制衡的立法体制;制衡的立法体制,是指一国的国家机关在行使国家立法权时受到其他国家机关的制衡的立法体制。在当代世界,采用一院制的国家,一般可以归属于独立的立法体制,而实行两院制的国家则可归属于制衡的立法体制。此外,需要注意的是,在一些国家中,除了国会其他国家机关也可能制约立法机关行使立法权,如美国总统可以对国会的立法行使否决权。

二、基于国家结构形式的分类

(一)一级立法体制与二级立法体制

根据中央政权和地方政权行使国家立法权的情况,可以将立法体制分为一级立法体制和二级立法体制。一级立法体制,是指国家立法权只能由中央政权的议会或者最高国家权力机关来行使的立法体制;二级立法体制,是指国家立法权由中央政权和地方政权共同行使的立法体制。根据这一划分标准,单一制国家一般属于一级立法体制,联邦制国家一般属于二级立法体制。

(二)中央集权立法体制与中央地方分权的立法体制

根据中央政权和地方政权行使国家立法权的情况,还可以将立法体制分成中央集权立法体制和中央地方分权的立法体制两种。这种分类方式和一级立法体制与二级立法体制的分类方式本质上是一致的,只是其更能反映集权和分权的程度。

三、关于立法体制分类的补充说明

首先,立法体制分类方式多种多样,并不仅限于上述几种。同时需要注意的是,一国的立法除狭义的国家立法外,还有行政立法、地方立法和授权立法等。这些立法权限的划分,也会对立法体制的构成产生影响,所以也要对这些立法及权限进行必要的分析研究。但是需要明确的是,国家立法权几乎总括了一国全部的重大立法事项,其他立法权的产生也要以国家立法权作为依据。

其次,一国采取何种立法体制的影响因素是极其复杂多样的。经济、政治、文化、民族状况和历史传统等都会对一国的立法体制产生一定的影响。在具体的表现形式上,这些复杂多样的影响因素主要通过影响一国的政体和国家结构形式,进而对立法体制产生影响。例如,一国的民族状况和历史传统往往是其采用复合制或是单一制的主要原因。一个国家的领土面积大小和人口的众寡一般是其进行中央政权和地方政权立法权限划分的重要考量条件。

最后,立法体制的分类并不是绝对的,大多数国家只能大致地归入某个立法体制的分类之中,并且即使在同一类型的国家,其具体的立法体制也可能存在着差异。正是由于这些差异,当今世界不同国家的立法体制才呈现出百花齐放、各有特色的状态。因此，我国的立法体制也不能照抄西方的模式，而应该充分考虑自身的历史和文化等现实因素。

第三节　立法主体

立法权通过立法主体的活动转化为现实的法律，立法主体对于立法权具有重大影响，立法主体是立法权的载体。世界各国的立法主体既有相同之处，又有不同的特点。在所有的立法主体中，立法机关是最重要的一类立法主体。对于立法机关的功能要准确地把握，特别是我国立法机关在国家的地位、所实行的原则和所拥有的立法权。

一、立法主体概述

（一）立法主体的含义

在现代国家政治生活中，立法活动是一项极其重要且复杂的系统工程。一般来讲，立法活动无法由个人或者单个机关、组织孤立地进行，而需要在以一个机关为核心的基础上，多个机关、组织和个人共同参与来完成。因此，立法主体的变现形态呈现出多样化的特点，人们对于立法主体的定义也是千差万别。我们认为，首先，立法活动实质上是国家政权意志的体现，是一定的政权机关依照法定的职权和程序所进行的活动。这就要求立法主体，需要具有宪法和法律所赋予的立法权。可见，立法主体和立法权的关系是非常紧密的。只有这样，立法主体才能主导一国的立法，才能最终决定赋予或者否定一项法律规范文件的法律效力。当然在现代国家中，除了法定的立法主体外，其他的相关主体也或多或少地对立法结果产生影响，其中一些主体的影响甚至是实质性的，如执政党对立法结果的影响。但是，这些主体终究不是法定的立法主体，它们对立法的影响也必须通过合法的渠道，即以法定的立法主体的名义、依据法定的程序来完成。基于上述讨论，可以看出，立法主体首先要具备法定性。

其次,立法主体行使的立法权实质上是国家权力。立法权既包括制定权、修改权、解释权等一系列实体性子权力,也包括提案权、审议权、表决权等一系列程序子权力。作为立法主体,有权行使全部的实体性子权力和程序性子权力。如果某一主体不能完全行使上述全部子权力,或者说只能行使其中的一部分子权力,则可以判断该主体是立法的参与主体,并不是完整的、独立的立法主体。有些行为主体也具有一定的参与立法权力,但是并不能行使完整的立法权,因此它们也不属于立法主体的范畴。

因此,我们可以将立法主体定义为:根据宪法和法律的规定,有权制定、修改、补充、废止各种规范性文件以及法律规范的国家机关、社会组织、团体和个人。其中有两点需要注意:其一,立法主体实际上主要是国家机关。立法活动是国家专有的活动,是由国家机关进行的具有法律意义的活动,其他任何社会组织、团体和个人非经宪法或法律的授权,不能进行这种活动。其二,并非全部的政权机关都是立法主体,只有经过宪法或法律赋予立法权的国家机关才是立法主体。

(二)立法主体的范围和种类

依据不同的标准,我们可以将立法主体分为不同的种类。

1. 按照立法主体的性质,可以将立法主体划分为:(1)具有代表性质的代议机关,即议会或国会;(2)具有管理职能的行政机关,即政府;(3)具有创制司法判例职能的司法机关,即法院;(4)具有代表国家职权的国家机关,如国家元首;(5)由宪法和法律或者国家机关授权的社会组织或团体。

2. 按照立法主体行使立法权力的来源的不同,可以将立法主体分为法定的立法主体和授权的立法主体。法定的立法主体,是指通过宪法或者法律明文规定获得立法权的立法主体。大部分立法机关都是法定的立法主体。授权的立法主体,是指通过其他立法主体(主要是立法机关)的授权获得立法权的立法主体。例如,在美国,行政机关制定规章需要获得议会的授权。

3. 按照立法主体的级别,可以将立法主体划分为:(1)中央立法主体。在单一制国家中,中央立法主体是指以国家政权名义进行立法活动的立法机关。在联邦制国家,则是指联邦的立法机关。(2)地方立法主体。在单一制国家中,地方立法主体是指以地方政权名义进行立法活动的立法机关。在联邦制国家,地方立法主体则是指地方各州或各成员国的立法机关。

4. 按照立法主体是否经常存在其他任务,可以将立法主体分为:(1)普通立法主体,是指经常存在的,制定普通法律的立法主体。如孟加拉国的国民议会。(2)特殊立法机关,是指临时存在的,制定宪法或者特别重要的法律的立法主体。如孟加拉国的制宪会议。

二、立法机关

(一)立法机关的缘起和沿革

对于立法活动这项重要的国家政治活动来说,立法机关是所有立法主体中最重要的一类立法主体,同时是立法学研究的重点。在进一步展开之前,我们有必要对"立法机关"的概念加以阐述。本书中的立法机关,是相对于行政机关和司法机关而言的,一般指具有代表性质的权力机关。虽然权力机关和行政机关以及欧美法系的司法机关都可以进行广义上的立法活动,都属于立法机关,但是由于立法是权力机关的主要职责,行政执法是行政机关的主要职责,司法是司法机关的主要职责,因此经常将权力机关称为立法机关。

立法机关及其相关制度最早可追溯到古希腊、古罗马时期。例如,公元前5世纪到公元前4世纪的古希腊雅典城邦共和国,民众大会即是由年满20岁的全体男性公民组成的。民众大会是最高的权力机关,具有通过或否决法律、选拔官员的权力。民众大会对于雅典城邦具有重要的作用,在形式方面,战争、和平、财政、司法审判和对外政策等问题,都可以在大会上提出进行讨论。又如,公元前6世纪到公元前1世纪古罗马共和国的元老院，虽然元老院并非立法机关，但是它具有向地方行政官提出建议的权力，对共和国的对内和对外政策都有重大的影响，还有批准民众大会的法案的权力。公元前1世纪到公元前3世纪罗马帝国的元老院，不仅拥有之前就具备的建议的职权，还进一步获得了立法权。到公元前200年时，元老院所作出的决议已经完全被视为法律了。我们可以看到，民众大会与元老院已经具备了立法机关的一些特征。但是由于它们并不属于民主政体，因此它们尚不是现代意义上的立法机关。众所周知，古希腊民众大会是不包括妇女和奴隶的，而欲成为古罗马元老院的成员则需要具备一定的门第和财力，到罗马帝国时期元老院成为世袭制。在这个层面上，它们也不是现代意义上的立法机关。

一般认为，现代意义上的立法机关和相关体制的真正构建，起源于中世纪的欧洲，至今已有700多年的历史变迁，直到资本主义革命胜利之后才逐渐完善成型。中世纪的欧洲各国主要是由专制君主独立地进行统治，在这些国家里，还有贵族和僧侣等其他有权阶级。为了使国家政策得到有效的施行，当时的专制君主经常召集这些阶级的人士共同商讨国家大事。欧洲历史上的这种"国是会议"，便是今天国会的前身，在巩固国家政权和推行国家政策方面起到了重要的作用。随着欧洲资产阶级革命的不断深入，各国不同称谓的"国是会议"逐渐向议会转变，至此，现代意义上的立法机关才正式出现。例如，在17世纪资产阶级革命成功后，英国封建时期的议会逐渐成为国家的中心，开启了"议会主权"的时代。之后，伴随着资产阶级革命的全面胜利以及欧洲各国向全世界范围的殖民扩张，现代立法机关和相关制度也被世界上大部分国家所认可，并得以建立和形成。

由上述阐述和分析可知，立法机关的形成与完善，经历了如下变化：

首先，立法的参与者发生了变化。在封建社会，能够参与并主导立法主要是社会的上流人士，他们具有较好的出身，有一定的土地和财产，并且大多可以世袭。到了资本主义时期，参与立法的个人呈现出多样化的特点，他们是通过直接或间接方式选举出来的，并且具有一定的任期。

其次，立法机关地位的变化。在封建社会，欧洲各国的国会多是封建君主的咨询和顾问机构。到了资本主义时期，立法机关逐渐演变成国家的中心，不仅对行政机关和司法机关的人事任免具有发言权甚至决定权，对国家的重大决策也有影响，同时对行政机关具有监督权。换言之，立法机关、司法机关与行政机关三者的这种制约与互动关系，成为现代国家政治生活的主要方面。

最后，立法机关和相关制度的规范化。在封建社会，欧洲各国的国会几乎没有法律上的规定。从资本主义社会开始，逐渐通过宪法和法律规定的形式，确立了立法机关的地位、组成、程序和职权，形成了比较完备的立法制度。

社会主义国家自成立起就确立了由直接选举或者间接选举等方式产生的国家权力机关和地方各级国家权力机关，并且通过宪法和法律的规定，赋予这些机关以决定和执行国家与地方重大事务的权力。这些机关的建立和活动，反映出对资本主义国家所谓的民主与法治的超越。

（二）立法机关的功能

立法机关的功能，是指立法机关对于国家和社会生活所产生的作用和效用。学界对于立法机关的功能存在多种认识，结合我国的实际情况，对立法机关的功能论述如下：

1. 代表不同利益，反映全体民意。

在现实的意义上，认识、分配和协调不同主体之间的利益是立法的核心问题。就历史的发展角度而言，法的产生和变化正是由利益的分化所导致的，利益从根本上影响着法的存在和发展。法可以通过使其具备合法性的方式，保护、促进和实现一定的利益；也可以通过使其不具有或失去合法性的方式，阻碍和抑制一定的利益。可见，一定利益的认识、分配、取舍和协调是一切立法活动展开的基础。从本质上讲，立法活动产生和发展都有利益原因。具体而言，立法就是立法主体对包括本阶级利益在内的各种利益的认识，并以此为依据将自身的阶级的共同意志转化为法律上的要求，然后依照法定的职权和程序，在法律规范中将有关利益体现出来的活动。立法机关的成员来自国家和社会的不同阶层、团体、地方等，代表着不同的利益方参与立法活动，在民主社会里，如果立法机关的成员不能反映其所属的阶级、团体、地方等的利益，则可能在以后的选举中落选。立法机关从最开始有权人士聚集的场所，逐渐发展成有代表性人士构成的机关，所以它代表着各种阶级和群体的利益合体，影响力超越了机关的个别成员，这也是行政机关和司法机关必须予以重视的。

2. 讨论国家大事，进行重大决策。

如前所述，讨论国家大事是立法机关本来就具有的一项功能。到了资本主义时期，已经通过直接选举和间接选举的方式形成立法机关，因而此时的立法机关最能体现各阶层的民意。此时，各国的立法机关不单是讨论国家大事，实际上还拥有进行重大决策的权力。当然，各国的立法机关的这项功能在实际的政治生活中是不相同的。但是至少在形式上，立法机关可以就国家大事和重大决策产生一定影响力。

3. 发表意见，沟通联系，达成共识。

立法机关从其产生时就具备作为国是问题论坛的功能。在这个意义上，立法机关具有了不同的利益群体发表自己的意见、沟通联系其他利益群体、最终达成共识的场所的功能。尽管部分利益群体的利益最终未能上升为法律，但是在立法机关看来，这些利益群体还是可以通过辩论、发表意见、听证、质询等方式将自己的意见表达出来。更重要的是，立法机关的成员是由选民选举出来的，必须代表选民、对选民负责，所以他们成了选民和政府之间的桥梁。不仅如此，立法机关还可以在不同的利益群体之间进行沟通联系。这种沟通和联系，有利于民众与民众之间、民众与政府之间达成一系列的共识。

4. 对司法机关和行政机关施加影响。

由于各国的国体和政体都不尽相同，立法机关对司法机关和行政机关产生的影响也不相同。一些国家的立法机关可以监督司法机关和行政机关,甚至有些国家的立法机关可以选举产生或领导司法机关和行政机关。例如,英国的内阁是由议会的下院选举产生的,“议会至上”是其政体运行的最重要的原则之一,即:制定或者不制定法律的权力是属于议会的,不允许任何组织或个人有超越议会制定法律的权限。各国的立法机关对司法机关和行政机关施加的影响可能有所不同,但是此种影响是存在的。对于实行人民代表大会制度的社会主义国家,立法机关是权力机关,不仅选举产生同级的司法机关和行政机关,还要领导和监督后者的工作,在法律意义上讲,其施加的影响更大一些。

5. 制定法律。

由上述分析可以看出,立法机关的功能并不是单纯地制定法律,还具有代表不同利益,反映全体民意、讨论国家大事,进行重大决策、发表意见,沟通联系,达成共识,对司法机关和行政机关施加影响等功能。但是,需要明确的是,这些功能往往都要通过制定法律的方式来实现。因此,制定法律的功能是立法机关最基础、最重要的功能,也是“立法机关”这一名称的由来。

具体而言,立法机关通过立法活动来协调不同群体的利益和处理社会冲突,通过制定法律表决对国家重大事务的态度,通过对法律案的审议、辩论、听证和质询等发表意见的方式来沟通各方联系、促成共识,通过行使立法权来对司法机关和行政机关施加影响。

三、我国的立法主体

我国《宪法》第 2 条规定:“中华人民共和国的一切权力属于人民。人民行使国家权力的机关是全国人民代表大会和地方各级人民代表大会。人民依照法律规定,通过各种途径和形式,管理国家事务,管理经济和文化事业,管理社会事务。”人民至上,一切权力属于人民,是我国国家制度的核心内容和根本准则。我国根据自身的历史和国情,选择了人民代表大会制度。我国社会主义革命和建设的光辉历史和现实雄辩地证明:人民代表大会制度直接地、系统地反映了我国国家的本质,表明了各阶级、阶层和各族人民在国家生活中的地位。人民代表大会制度规定了我国立法主体的构成,人民群众通过这些立法主体,在民主集中制的基础上,保障自己的利益和意志能够体现在立法之中。

(一)我国的立法主体种类

根据我国《宪法》和《立法法》的相关规定,我国立法主体包括国家权力机关和国家行政机关中的某些机关,国家检察机关和国家审判机关不属于立法主体。

国家权力机关中的立法主体有四类:其一,全国人民代表大会和全国人民代表大会常务委员会;其二,省、自治区、直辖市的人民代表大会及其常务委员会;其三,设区的市、自治州的人民代表大会及其常务委员会;其四,其他民族自治地方的人民代表大会。

国家行政机关中的立法主体有四类:其一,国务院;其二,国务院各部、委员会、中国人民银行、审计署和具有行政管理职能的直属机构;其三,省、自治区、直辖市的人民政府;其四,设区的市、自治州的人民政府。

国家军事机关中的立法主体有五类:其一,中央军事委员会;其二,中央军事委员会各总部;其三,各军兵种;其四,各军区;其五,中国人民武装警察部队。

需要明确的是,人民群众在我国虽然不是法律规定的立法主体,但是其对于所有的立法活动都有最终的决定性的作用。主要原因是我国的一切权力属于人民。人民有权依照法律规定,通过各种形式和途径参与立法活动,从而对国家事务、经济和文化事业、社会事务进行管理。

(二)我国的专门立法机关

在我国,各级人民代表大会是人民行使国家权力、管理国家事务的最基本的组织形式,是具有广泛的群众性、代表性的国家机关,也是我国最主要的立法主体。

1. 立法机关在我国国家机关体系中的地位

我国《宪法》第 3 条第 3 款规定："国家行政机关、监察机关、审判机关、检察机关都由人民代表大会产生，对它负责，受它监督。"《宪法》第 57 条和第 96 条第 1 款还分别规定，全国人大是最高国家权力机关，地方各级人大是地方国家权力机关。由《宪法》的上述规定可知，我国实行的是民主集中制度基础上的"议行合一"制。"议行合一"，是指决定和执行国家重大事务的权力由国家权力机关统一行使的制度。这种制度的好处在于，既保证和发扬了民主，又提高了国家机关的工作效率。其一，人民代表大会既是议事机关，又是工作机关。人民代表大会集中了人民的意志，并以此制定法律，同时，组织人民政府作为自己的行政机关，组织人民法院和人民检察院作为自己的审判机关和检察机关。其二，人民代表在行使自己的职权的同时，也要履行自己的职责，既议事，又参与自己制定的法律的实施。

"议行合一"制表明，我国的立法机关在国家机关体系中处于核心的地位，主要体现在：其一，人民代表大会统一集中行使属于人民的国家权力。我国的全国一切重大问题的决定权属于全国人大，我国地方本地区的重大问题的决定权属于地方各级人大。由此，各级人大作为我国的国家权力机关，在我国的国家机关体系中处于核心地位。司法机关和行政机关是在它的基础上产生的，并且司法机关和行政机关是由它领导、受它监督的。其二，在各级人民代表大会的统一领导之下，各级的国家机关分工负责、协调一致地进行工作。国家和地方的人民代表大会分别行使着国家权力和地方权力，但这并不是说所有的事务都集中到立法机关。根据宪法的规定，国家机构的设置和职责权限的规定，要体现各国家机关之间分工负责的精神。在法律法规制定和重大问题的决策上，必须由国家权力机关，即全国人大和地方各级人大充分讨论，民主决定，以求能够真正集中反映和代表人民的意志和利益。在贯彻执行上，则必须执行严格的责任制，以求达到提高工作效率的目的。此种责任制对于保证人民行使国家权力，发展社会主义全过程民主，是不可缺少的。人民的意志通过国家权力机关的决定的形式得到集中,只有这些决定得到司法机关和行政机关迅速有效的执行,人民的意志才能最终得到实现。其三,我国的人民代表大会制度与西方资本主义国家的三权分立制度有着本质的区别。人民代表大会与同级人民政府、人民法院、人民检察院之间,并不是平级的分权制衡的关系。由于社会制度、国情不同,我国国家机关决定和执行重大事务的具体运作方式也同资本主义国家有着一定区别。

2. 我国立法机关的立法权

宪法明确规定了我国全国人大及其常委会和地方各级人大及其常委会的任务和职权。人大和人大常委会是我国的国家权力机关,审议、决定国家根本的、长远的、重大的问题是它们的任务。立法是国家的重大事务之一,是全国人大及其常委会的重要职权之一,也是其经常性的工作之一。根据《宪法》和《立法法》的相关规定,全国人大和全国人大常委会行使国家立法权。全国人大制定和修改刑事、民事、国家机构和其他的基本法律。全国人大常委会制定和修改除应由全国人大制定的法律以外的其他法律;在全国人大闭会期间,对全国人大制定的法律进行部分补充和修改,但是不得同该法律的基本原则相抵触。我国的立法机关不仅具有和其他国家同样的立法机关的功能,而且在我国国家体系中处于核心和至上的地位。这样的制度安排可以有效地避免资本主义国家立法机关存在的弊端。

(三)我国立法机关实行民主集中制

民主集中制是马克思主义认识论和群众原则在当代中国政治制度建设中的具体运用。[1] 我国《宪法》第 3 条第 1 款规定:“中华人民共和国的国家机构实行民主集中制的原则。”我国各种立法主体组织和活动都要坚持民主集中制原则。马克思、恩格斯针对无产阶级政党组织的建设提出了民主集中制。随后,列宁对民主集中制进行了大幅的调整,使

[1] 参见牟成文:《论民主集中制的制度哲学意蕴》,载《党政研究》2022 年第 5 期。

之得到了极大地丰富和完善，在十月革命之后，他又将这一原则应用于苏联的国家制度之中。我国国家机构的民主集中制就是在社会主义政治制度下，遵守少数服从多数的原则，经由民主程序决定少数人代表多数人行使国家权力和地方权力，并且对权力的行使实行严格监督的集中制，即所谓的民主基础上的集中。我国的国家性质决定了我国的立法机关必须实行民主集中制，这一原则使我们对于国家重大事务能够作出科学正确的决策，包括立法决策。

我国立法机关实行的民主集中制，不同于司法机关和行政机关这两类国家机关实行的民主集中制，前者是高度民主基础上高度集中的民主集中制。例如，人大及其常委会是集体行使权力、决定问题的，而审判机关实行的是合议制，行政机关实行的是首长负责制。立法机关的民主集中制不是个人行使权力，是在民主基础上的集中，集体作决定。全国人大及其常委会和地方人大及其常委会行使权力，主要表现在集体制定法律和地方性法规、作出决定等法定权限。

由宪法和法律的有关规定可知，我国立法机关实行民主集中制原则，主要体现在如下几个方面：其一，在人民与国家权力机关的关系上，各级人大都是经过民主选举产生的，对人民负责，受人民监督，对于不称职的代表，选民和选举单位有权罢免；其二，在国家权力机关与其他国家机关的关系上，各级国家审判机关、检察机关、行政机关都由同级人大产生，对它负责，受它监督；其三，在中央与地方的关系上，中央和地方的国家机构的职权划分，遵循在中央的统一领导下，充分发挥地方的积极性、主动性的原则；其四，在各级组织的关系上，严格遵守少数服从多数、下级服从上级、地方服从中央的原则。

第四节　授权立法

一、授权立法的含义

授权立法，又称委托立法或委任立法，是指在《宪法》《立法法》以及相关组织法的授权规范下，由授权主体将自己权力域中的可处分立法权，通过严格的程序授权给具有一定立法能力并能承担责任的被授权主体，授权主体按照法定的程序制定规范性法律文件，接受授权主体监督的过程。[1] 授权立法又具体分为法条授权立法和专门授权立法。所谓法条授权立法，是指享有国家立法权的国家机关在其制定的规范性文件中，以规定的形式授权其他国家机关制定执行性的规范文件。所谓专门授权立法，是指享有国家立法权的国家机关通过专门的决定，将本属于自己的立法事项授权其他国家机进行先行立法。

授权立法这一形式，实际上会导致一国的立法权限划分发生改变，即使在原有的政体和国家结构形式整体上不发生变化的基础上，立法权限也会在一定程度上重新划分，发生改变。因此，授权立法同样会对一国的立法体制产生重大影响，需要对其进行必要的研究和论述。

二、授权立法的产生原因

一般认为，授权立法产生于20世纪初的资本主义国家。按照资本主义早期的主流观点，国家的权力严格区分为立法权、司法权和行政权三部分。也就是说，立法权并不属于行政机关的权力范围，行政机关无权涉及。后来，随着资本主义国家的不断发展和实践，不但出现了法条授权立法，还出现了专门授权立法，行政机关可以在有限的范围内行使部分立法权。其原因主要是：

1. 经济原因

在资本主义发展的早期，主要指自有资本主义时期，政府对于属于私人领域的经济活动并不过问，正所谓“管得最少的政府，就是管得最好的政府”。但是随着资本主义逐渐发展到垄断资本主义时期，垄断的出现以及经济危机的周期性发生等因素的存在，致使政府不得不采取手段进行干预。政府的干预即宏观调控需要法律的支撑，为了促进政府放手

---

〔1〕 参见刘俊敏、蒋鼎峰：《论我国授权立法制度之重构》，载《社会科学家》2013年第10期。

进行宏观调控，立法机关应当进行适当的授权立法。

2. 社会原因

19 世纪末，随着资本主义的蓬勃发展，经济和科学技术也不断改变着当时人们的社会生活，特别是社会分工越来越细化，社会关系呈现复杂化趋势，金融、证券、交通、航海、航空、环保等领域日趋专业化，失业、福利、医疗等社会问题逐渐突出。这些新出现的情况都需要由国家法律进行调控。但是存在的一个现实问题是，在立法机关中并没有足够的专业人员，这就导致了立法机关对这些新出现的专业化问题的处理比较生疏。与之对应的是，行政机关中有大量的专业人员，可以更好地处理这些新的专业化问题。这也是立法机关不得不将部分立法权授予行政机关的重要原因之一。

3. 思想观念原因

在自由资本主义时期，西方国家对自由的崇拜日渐高涨，政府的职能主要是保障人们的健康、生命、人身和财产安全普遍被人们所接受。为了防止政府独裁和专断，分权理论应运而生，政治家们在改革或者革命之后，将这种分权的理论用于构建自己国家的政治生态，并取得了重大的成功，在促进资本主义繁荣的同时，保障了人们的自由。但是，随着资本主义的发展，三权分立的制度更加完善，人们逐渐地不再担心政府的专权，反而期待政府能够成为一个“万能政府”，进而有效防止无政府状态的发生以及限制资本垄断。因此，尽管授权立法在一定程度上是政府对立法权领域的扩张，但是也随着社会的发展为人们所容忍。

4. 立法机关自身的原因

立法机关受自身诸多因素的限制，不得不进行授权立法。首先，立法机关的专业技术人员不足，这使得立法机关对于某些专业技术要求较高的立法问题难以胜任。其次，各国的议会都存在一定的会期，并不是随时都可以召开。但是现代社会存在大量的问题，需要及时予以解决，这就需要通过授权立法来处理这个矛盾。最后，立法机关行使国家立法权需要经过各种程序，过程极其烦琐复杂，并且存在党派之争，往往无法及时地解决现实问题。行政机关由于其自身所具备的灵活性和应变能力，能够弥补立法机关在应对现代社会方面存在的不足，这也为授权立法争得了生存空间。

总之，基于以上种种原因，授权立法产生并逐渐制度化。授权立法的出现，虽然在一定程度上改变了一国立法权限的分配，但是并没有动摇国家权力分工的制度基础，并且授权立法所带来的这种改变使立法更好地适应了社会、经济、文化等诸方面现代化发展的需要。

三、授权立法在我国的发展

中华人民共和国成立之后，我国不仅一直存在法条授权立法，还多次进行专门的授权立法。1954 年《宪法》规定，“全国人民代表大会是行使国家立法权的唯一机关”，负责“修改宪法”和“制定法律”；全国人大常委会负责“解释法律”和“制定法令”。可见，当时我国立法权相对比较集中，主要由全国人大来行使。全国人大会议每年只举行一次，会期又很短，显然无法适应繁重的立法任务。为此，1955 年 7 月，第一届全国人大第二次会议“授权常务委员会依照宪法的精神、根据实际的需要，适时地制定部分性质的法律，即单行法规”。1959 年，第二届全国人大第一次会议又进一步确定：“为了适应社会主义改造和社会主义建设事业发展的需要，大会授权常务委员会，在全国人民代表大会闭会期间，根据情况的发展和工作需要，对现行法律中一些已经不适用的条文，适时地加以修改，作出新的规定。”1979 年《地方各级人民代表大会和地方各级人民政府组织法》赋予省、自治区、直辖市人大及其常委会制定地方性法规的权限。1982 年《宪法》明确赋予全国人大常委会立法权，并赋予国务院行政法规制定权。1986 年修改《地方各级人民代表大会和地方各级人民政府组织法》，赋予省、自治区的人民政府所在地的市和国务院批准的较大的市享有地方立法权。2000 年通过的《立法法》，是我国立法制度发展的里程碑，对我国的立法体制作了全面规定和进一步完善，同时赋予经济特区所在地的市以较大的市地方立法权。2015 年修正《立法法》,将享有地方立法权的城市由49个较大的市,扩大到所有设区的市,并对地方立法权限范围作出明确规定。2018年3月,第十三届全国人大第一次会议通过的《宪法修正案》增加设区的市制定地方性法规的规定,以根本法的形式确认了设区的市地方立法权。

第五节　我国现行的立法体制

一、《立法法》对我国立法体制的规定

我国《立法法》是在2000年颁布施行的,在规范我国各领域的立法活动,推进建设中国特色社会主义法治体系,推动社会主义法治建设的过程中起到了重要的作用。但是在2000年之后,国内社会经济发展突飞猛进,改革更加深化,广大人民群众对立法工作也提出了新要求、新期望,立法工作也面临新问题、新情况,为适应这种新发展亟须修改《立法法》。第十二届全国人民代表大会第三次会议于2015年3月15日通过《全国人民代表大会关于修改〈中华人民共和国立法法〉的决定》,修改了《立法法》的很多内容,适应了社会经济的发展以及改革不断深化的要求,回应了人民群众的新要求和新期盼,并交上了一份令人满意的答卷,具有特别重要的时代价值和意义。[1]

2023年3月13日,第十四届全国人大第一次会议高票通过了《全国人民代表大会关于修改〈中华人民共和国立法法〉的决定》,这是2000年制定《立法法》以来的第二次修改。此次修改贯彻落实了党的二十大精神、中央人大工作会议精神和党中央决策部署,总结了新时代立法工作的新成果新经验,完善了立法的指导思想和原则,健全了宪法实施监督制度,完善了立法权限、立法程序和备案审查制度。《立法法》修改过程中,全国人大常委会两次审议,两次向党中央请示报告,两次向社会公开征求意见,采取多种方式征求各方面意见,大会召开前组织代表研读

---

[1] 参见陈俊:《〈立法法〉修改后中国立法体制的发展展望》,载《中国社会科学院研究生院学报》2015年第6期。

讨论,大会期间代表们两次小组讨论,实现了坚持党的领导、人民当家作主、依法治国有机统一,体现了全过程人民民主的重大理念,贯彻了科学立法、民主立法、依法立法的精神。

(一)最高国家权力机关的立法权限和立法事项

全国人大和全国人大常委会行使国家立法权。全国人大制定和修改刑事、民事、国家机构的和其他的基本法律。全国人大常委会制定和修改除应当由全国人大制定的法律以外的其他法律。在全国人大闭会期间,全国人大常委会对全国人大制定的法律进行部分补充和修改,但是不得同该法律的基本原则相抵触。同时,《立法法》第 11 条还规定:“下列事项只能制定法律:(一)国家主权的事项;(二)各级人民代表大会、人民政府、监察委员会、人民法院和人民检察院的产生、组织和职权;(三)民族区域自治制度、特别行政区制度、基层群众自治制度;(四)犯罪和刑罚;(五)对公民政治权利的剥夺、限制人身自由的强制措施和处罚;(六)税种的设立、税率的确定和税收征收管理等税收基本制度;(七)对非国有财产的征收、征用;(八)民事基本制度;(九)基本经济制度以及财政、海关、金融和外贸的基本制度;(十)诉讼制度和仲裁基本制度;(十一)必须由全国人民代表大会及其常务委员会制定法律的其他事项。”

(二)国务院的立法权限和立法事项

国务院是最高国家行政机关,国务院根据宪法和法律,制定行政法规。同时,《立法法》第 72 条第 2 款规定:“行政法规可以就下列事项作出规定:(一)为执行法律的规定需要制定行政法规的事项;(二)宪法第八十九条规定的国务院行政管理职权的事项。”

(三)国务院职能部门的立法权限和立法事项

《立法法》第 91 条第 1 款规定:“国务院各部、委员会、中国人民银行、审计署和具有行政管理职能的直属机构以及法律规定的机构,可以根据法律和国务院的行政法规、决定、命令,在本部门的权限范围内,制定规章。"这些机构所制定的规章被称为部门规章。该条第 2 款还规定:"部门规章规定的事项应当属于执行法律或者国务院的行政法规、决定、命令的事项。没有法律或者国务院的行政法规、决定、命令的依据,部门规章不得设定减损公民、法人和其他组织权利或者增加其义务的规范,不得增加本部门的权力或者减少本部门的法定职责。"同时,《立法法》第 92 条还规定:"涉及两个以上国务院部门职权范围的事项,应当提请国务院制定行政法规或者由国务院有关部门联合制定规章。"

(四)省、自治区、直辖市和设区的市、自治州的权力机关的立法权限和立法事项

省、自治区、直辖市的人大及其常委会根据本行政区域的具体情况和实际需要,在不同宪法、法律、行政法规相抵触的前提下,可以制定地方性法规。设区的市的人大及其常委会根据本市的具体情况和实际需要,在不同宪法、法律、行政法规和本省、自治区的地方性法规相抵触的前提下,可以对城乡建设与管理、生态文明建设、历史文化保护、基层治理等方面的事项制定地方性法规,法律对设区的市制定地方性法规的事项另有规定的,从其规定。设区的市的地方性法规须报省、自治区人大常委会批准后施行。同时,《立法法》第 82 条第 1、2 款还规定:"地方性法规可以就下列事项作出规定:(一)为执行法律、行政法规的规定,需要根据本行政区域的实际情况作具体规定的事项;(二)属于地方性事务需要制定地方性法规的事项。除本法第十一条规定的事项外,其他事项国家尚未制定法律或者行政法规的,省、自治区、直辖市和设区的市、自治州根据本地方的具体情况和实际需要,可以先制定地方性法规。在国家制定的法律或者行政法规生效后,地方性法规同法律或者行政法规相抵触的规定无效,制定机关应当及时予以修改或者废止。"自治州的人大及其常委会可以行使与设区的市一样的制定地方性法规的职权。自

治州的立法事项同样是“城乡建设与管理、生态文明建设、历史文化保护、基层治理等方面的事项”。

(五)省、自治区、直辖市和设区的市的行政机关的立法权限和立法事项

《立法法》第 93 条第 1 款规定:“省、自治区、直辖市和设区的市、自治州的人民政府,可以根据法律、行政法规和本省、自治区、直辖市的地方性法规,制定规章。”上述地方人民政府制定的规章通常被称为地方政府规章。该条第 2、3 款规定:“地方政府规章可以就下列事项作出规定:(一)为执行法律、行政法规、地方性法规的规定需要制定规章的事项;(二)属于本行政区域的具体行政管理事项。设区的市、自治州的人民政府根据本条第一款、第二款制定地方政府规章,限于城乡建设与管理、生态文明建设、历史文化保护、基层治理等方面的事项。已经制定的地方政府规章,涉及上述事项范围以外的,继续有效。”

(六)民族自治地方的权力机关的立法权限和立法事项

民族自治地方的人大有权依照当地民族的政治、经济和文化特点,制定自治条例和单行条例。同时,《立法法》第 85 条第 2 款规定:“自治条例和单行条例可以依照当地民族的特点,对法律和行政法规的规定作出变通规定,但不得违背法律或者行政法规的基本原则,不得对宪法和民族区域自治法的规定以及其他有关法律、行政法规专门就民族自治地方所作的规定作出变通规定。”

(七)《立法法》对专门授权立法的规定

2023 年修正的《立法法》对有关授权立法的基本问题作出了更为明确的规定,这涉及诸如对授权主体、授权范围、被授权主体、授权事项、授权决定内容、授权期限、被授权机关实施授权决定应遵循的原则、被授权机关的报告义务、继续授权、授权的终止等问题。《立法法》第 12 条规

定:“本法第十一条规定的事项尚未制定法律的,全国人民代表大会及其常务委员会有权作出决定,授权国务院可以根据实际需要,对其中的部分事项先制定行政法规,但是有关犯罪和刑罚、对公民政治权利的剥夺和限制人身自由的强制措施和处罚、司法制度等事项除外。”《立法法》第72条第3款规定:“应当由全国人民代表大会及其常务委员会制定法律的事项,国务院根据全国人民代表大会及其常务委员会的授权决定先制定的行政法规,经过实践检验,制定法律的条件成熟时,国务院应当及时提请全国人民代表大会及其常务委员会制定法律。”《立法法》第13条规定:“授权决定应当明确授权的目的、事项、范围、期限以及被授权机关实施授权决定应当遵循的原则等。授权的期限不得超过五年,但是授权决定另有规定的除外。被授权机关应当在授权期限届满的六个月以前,向授权机关报告授权决定实施的情况,并提出是否需要制定有关法律的意见;需要继续授权的,可以提出相关意见,由全国人民代表大会及其常务委员会决定。”《立法法》第14条规定:“授权立法事项,经过实践检验,制定法律的条件成熟时,由全国人民代表大会及其常务委员会及时制定法律。法律制定后,相应立法事项的授权终止。”第15条规定:“被授权机关应当严格按照授权决定行使被授予的权力。被授权机关不得将被授予的权力转授给其他机关。”同时,《立法法》第84条第1款还规定:“经济特区所在地的省、市的人民代表大会及其常务委员会根据全国人民代表大会的授权决定,制定法规,在经济特区范围内实施。”

2015年修正的《立法法》还增加了一项特殊形式的授权,这就是关于暂时调整或暂时停止法律部分适用的授权,即:“全国人民代表大会及其常务委员会可以根据改革发展的需要,决定就行政管理等领域的特定事项授权在一定期限内在部分地方暂时调整或者暂时停止适用法律的部分规定。”2023年修正的《立法法》对这一特殊形式的授权进行了补充规定,《立法法》第16条第2款规定:“暂时调整或者暂时停止适用法律的部分规定的事项,实践证明可行的,由全国人民代表大会及其常务委员会及时修改有关法律;修改法律的条件尚不成熟的,可以延长授权的期限,或者恢复施行有关法律规定。”

(八)《立法法》对军事立法的规定

《立法法》第117条规定:“中央军事委员会根据宪法和法律,制定军事法规。中国人民解放军各战区、军兵种和中国人民武装警察部队,可以根据法律和中央军事委员会的军事法规、决定、命令,在其权限范围内,制定军事规章。军事法规、军事规章在武装力量内部实施。军事法规、军事规章的制定、修改和废止办法,由中央军事委员会依照本法规定的原则规定。”

二、我国现行立法体制的特点

(一)中央和地方、集权和分权相结合

按照现行法律的规定,我国最高国家权力机关和最高行政机关在立法体制方面具有几乎涵盖了所有重要的立法事项的立法权限。与此同时,国家又赋予了地方一定的立法权限,这样,地方不仅可以将中央的立法具体化,还能够在自身的立法权限内,根据本地方的实际情况,进行主动且有针对性的立法。可以说,我国的立法体制很好地解决了中央和地方的关系,具有同时调动中央和地方的积极性的制度优势。

集权是指国家的立法权都集中于最高国家权力机关和它的常设机关,其他的国家机关均无此权力。即使是最高国家权力机关及其常设机关将某些属于国家立法权范围的事项授权给其他国家机关立法,也要采取“一事一授权”的方式。这与民主法治的要求是一致的。分权是指除最高国家权力机关及其常设机关外,其他国家机关也享有一定的从属立法权,即在宪法和法律规定的权限范围内,它们可以对自己管辖的事项进行立法。我国现行立法体制是集权和分权相结合的典范,较好地解决了集中和分散的问题。

我国幅员辽阔、人口众多、地区发展不平衡,在贯彻实施宪法和法律时,需要对其中的一些原则规定进行具体化和地方化,才能达到适合和

掌握地方具体和实际情况的效果。如此,则需要容许其他国家机关享有一定范围的立法权限。这些国家机关在立法权限范围内制定的法律规范,具有从属性质。这些规范大致可以分为三类:其一,执行性的法律规范文件,以贯彻执行基本法律或法律为目的而制定的法律规范文件;其二,补充和变通性的法律规范文件,以补充和变通基本法律或法律为目的而制定的法律规范文件;其三,自主性的法律规范文件,是按照宪法和法律所赋予的职权,依照法定的程序,在管辖范围内制定的法律规范文件。制定这些从属性的法律规范,要遵循一定的规则:其一,必须有宪法和法律的依据;其二,不能与宪法和法律的原则相抵触;其三,不能越权。

(二)具有某些二级立法体制特点的一级立法体制

国家立法权划分的不同是一级立法体制和二级立法体制在本义上的区别。一级立法体制,是指国家立法权完全由中央行使的立法体制;二级立法体制,是指国家立法权由中央和地方共同行使的立法体制。就这个角度而言,单一制国家都是一级立法体制,联邦制国家都是二级立法体制。因此,按照此种理解,我国的立法体制属于一级立法体制。但是,应该看到的是,我国一定程度上又存在二级立法体制的特点。具体表现为,我国在赋予中央几乎全部的重要立法事项的国家立法权外,也赋予了地方一定的立法权,尤其是民族区域自治地方和特别行政区,二者都具有相对较大的立法权限。

(三)明确列举中央专属立法权的事项

立法权是我国国家权力机关最重要的职权,作为权力机关的执行机关的行政机关主要执行权力机关所作出的决策。与同级别的行政机关相比较,权力机关可以涉及所有的立法事项。在我国,地方立法权是中央授予的,地方自身不存在固有的、中央不能涉及的立法事项。对于专属于中央的立法事项,无论中央是否立法,地方均不能进行立法。对于中央立法权限范围以外的立法事项,中央未进行立法的,地方可以先行立法,但是当中央进行立法之后,地方的立法不能够与中央的立法冲突。《立法法》列举了中央专属的事项,包含国家主权、公民基本权利、基本政治制度、经济制度和司法制度,这些重大问题都是由中央进行统一立法,这样做有利于国家统一。《立法法》比较概括地规定了地方立法的事项,这样做既给予地方一定的立法空间,同时贯彻了"中央优先"的原则。

(四)"一国两制"框架下的立法体制

"一国两制",即"一个国家,两种制度",是中国政府为实现国家和平统一而提出的基本国策。按照邓小平的论述,"一国两制"是指在一个中国的前提下,国家的主体坚持社会主义制度,香港特别行政区、澳门特别行政区、台湾地区保持原有的资本主义制度长期不变。"一国两制"是邓小平同志提出的具有中国特色社会主义理论之一,是为解决台湾问题,恢复对香港特别行政区、澳门特别行政区行使主权,实现祖国和平统一而提出的重大战略决策和科学构想。"一国两制"是共产党人的一项伟大的创造,是我国的一项基本国策。

2022 年 10 月 16 日,习近平总书记在党的二十大报告中强调,"一国两制"是中国特色社会主义的伟大创举,是香港、澳门回归后保持长期繁荣稳定的最佳制度安排,必须长期坚持。他指出,全面准确、坚定不移贯彻"一国两制"、"港人治港"、"澳人治澳"、高度自治的方针,坚持依法治港治澳,维护宪法和基本法确定的特别行政区宪制秩序。坚持和完善"一国两制"制度体系,落实中央全面管治权,落实"爱国者治港"、"爱国者治澳"原则,落实特别行政区维护国家安全的法律制度和执行机制。坚持中央全面管治权和保障特别行政区高度自治权相统一,坚持行政主导,支持行政长官和特别行政区政府依法施政,提升全面治理能力和管治水平,完善特别行政区司法制度和法律体系,保持香港特别行政区、澳门特别行政区资本主义制度和生活方式长期不变,促进香港特别行政区、澳门特别行政区长期繁荣稳定。他指出,"和平统一、一国两制"方针是实现两岸统一的最佳方式,对两岸同胞和中华民族最有利。我们坚持一个中国原则和“九二共识”,在此基础上,推进同台湾地区各党派、各界别、各阶层人士就两岸关系和国家统一开展广泛深入协商,共同推动两岸关系和平发展、推进祖国和平统一进程。

实行“一国两制”后,我国的主体部分的中国法即内地的法,继续保持社会主义性质不变,而非主体部分的法,即回归后的香港特别行政区和澳门特别行政区的法,可以仍然保持其原有的资本主义性质不变。“一国两制”的提出和实践,为我国的立法体制带来了新的发展变化。我国已经于1997年7月对香港恢复行使主权,于1999年12月对澳门恢复行使主权。香港特别行政区和澳门特别行政区设立之后,与《香港特别行政区基本法》《澳门特别行政区基本法》不相冲突的法律可以继续施行。并且,香港特别行政区和澳门特别行政区还享有独立的立法权,可以根据实际需求,在政治、经济、文化等领域制定法律。

第五章　中央立法

中央立法是具有立法权限的中央国家机构依照法定的职权和程序所进行的立法活动。本章首先对中央立法的含义、特征等进行整体介绍；在此基础上，对具有中央立法权限的不同中央国家机构的立法权限及立法范围进行介绍，包括全国人大、全国人大常委会、国务院、国务院各部门等；最后，对中央立法的运行现状进行分析并提出完善的建议。

第一节　中央立法概述

一、中央立法的含义

中央立法，是指具有立法权限的中央国家机构在其权限范围内，按照法定程序，制定、修改和废止规范性法律文件的活动。可以从以下几个层面理解中央立法的含义：

1. 中央立法是指中央国家机构的立法活动。

中央国家机构是与地方国家机构相对应的概念。在我国，根据《宪法》第三章的规定，中央国家机构包括：人大及其常委会、国家主席、国务院、中央军事委员会、国家监察委员会、最高人民法院、最高人民检察院等。

2. 中央立法是指具有立法权限的中央国家机构的

立法活动,并不是所有中央国家机构都具有立法权限。

在我国,根据《立法法》的规定,具有立法权限的中央国家机构,包括人大及其常委会、国务院及其组成部门和直属机构、国家监察委员会、中央军事委员会等,但并不包括国家主席、最高人民法院、最高人民检察院等。

《立法法》第10条第1款规定,全国人大和全国人大常委会根据宪法规定行使国家立法权。根据《立法法》第72条第1款、第91条第1款规定,国务院根据宪法和法律,制定行政法规。国务院各部、委员会、中国人民银行、审计署和具有行政管理职能的直属机构以及法律规定的机构,可以根据法律和国务院的行政法规、决定、命令,在本部门的权限范围内,制定规章。《立法法》第117条第1、2款规定,中央军事委员会根据宪法和法律,制定军事法规。中国人民解放军各战区、军兵种和中国人民武装警察部队,可以根据法律和中央军事委员会的军事法规、决定、命令,在其权限范围内,制定军事规章。《立法法》第118条规定,国家监察委员会根据宪法和法律、全国人大常委会的有关决定,制定监察法规,报全国人大常委会备案。《宪法》及《立法法》等规范性文件未赋予国家主席、最高人民法院、最高人民检察院相应的立法权限,因此,国家主席、最高人民法院、最高人民检察院制定相关规则的活动,并不属于中央立法。就国家主席签署主席令公布人大及其常委会通过的法律的活动,严格而言,属于人大及其常委会立法活动的组成部分,本身并不构成立法活动。就最高人民法院及最高人民检察院发布"解释""规定""规则""批复""决定"等各类司法解释的行为,根据《立法法》第119条第1款的规定,其性质属于对具体法律、法令应用规则的解释,亦不属于立法活动。

与中央立法非常相似的一个概念为国家立法,两者既有区别,又有联系。根据《立法法》第10条第1款的规定,全国人大和全国人大常委会根据宪法规定行使国家立法权。因此,从狭义上而言,国家立法特指全国人大和全国人大常委会制定、修改和废止规范性法律文件的活动,为中央立法的重要组成部分。

3. 中央立法是指中央国家机构在其权限范围内，按照法定程序进行的立法活动。

首先，《立法法》第 5 条已经明确规定，立法应当符合宪法的规定、原则和精神，依照法定的权限和程序，从国家整体利益出发，维护社会主义法制的统一、尊严、权威。

其次，根据《宪法》及《立法法》的规定，立法应当在法定的权限范围内进行。《宪法》规定了全国人大及其常委会、国务院有关立法的职权。如《宪法》第 62 条规定了全国人大行使修改宪法及制定和修改刑事、民事、国家机构的和其他的基本法律的职责；第 67 条规定了全国人大常委会行使制定和修改除应当由全国人大制定的法律以外的其他法律以及在全国人大闭会期间，对全国人大制定的法律进行部分补充和修改的职责；第 89 条规定了国务院行使根据宪法和法律，规定行政措施，制定行政法规，发布决定和命令的职责。此外，《立法法》在相关章节分别规定了人大及其常委会、国务院及国务院各部、委员会、中国人民银行、审计署和具有行政管理职能的直属机构的立法权限，如《立法法》第 11 条规定："下列事项只能制定法律：（一）国家主权的事项；（二）各级人民代表大会、人民政府、监察委员会、人民法院和人民检察院的产生、组织和职权；（三）民族区域自治制度、特别行政区制度、基层群众自治制度；（四）犯罪和刑罚；（五）对公民政治权利的剥夺、限制人身自由的强制措施和处罚；（六）税种的设立、税率的确定和税收征收管理等税收基本制度；（七）对非国有财产的征收、征用；（八）民事基本制度；（九）基本经济制度以及财政、海关、金融和外贸的基本制度；（十）诉讼制度和仲裁基本制度；（十一）必须由全国人民代表大会及其常务委员会制定法律的其他事项。"因此，中央立法是指中央国家机构在其权限范围内进行的立法活动。

最后，根据《宪法》及《立法法》的规定，立法应当依照法定的程序进行。《立法法》分别就法律、行政法规、规章的立法程序进行了规定。如

第17～28条，就全国人大制定法律的程序进行了规定，故中央立法是指中央国家机构按照法定程序进行的立法活动。

4. 中央立法是指中央国家机构进行的制定、修改和废止规范性法律文件的活动。

《立法法》第2条规定："法律、行政法规、地方性法规、自治条例和单行条例的制定、修改和废止，适用本法。国务院部门规章和地方政府规章的制定、修改和废止，依照本法的有关规定执行。"因此，就广义而言，立法活动包括规范性文件的制定、修改和废止等活动，中央立法即指中央国家机构进行的制定、修改和废止规范性法律文件的活动。

二、中央立法的特征

与中央立法相对应的为地方立法，即具有立法权限的地方国家机构在其权限范围内，按照法定程序，制定、修改和废止规范性法律文件的活动。与地方立法相比，中央立法具有以下几个基本特征：

1. 中央立法通常具有更高的效力等级

根据《宪法》《立法法》等规定，通过中央立法，可以对宪法进行修改，并可以制定、修改、废止法律、行政法规等；而通过地方立法，只能制定、修改、废止地方性法规、地方政府规章、自治条例和单行条例。

中央所立之法通常具有更高的效力等级，这主要表现在两方面。首先，地方立法通常不得与中央立法相抵触。如《立法法》第98条规定："宪法具有最高的法律效力，一切法律、行政法规、地方性法规、自治条例和单行条例、规章都不得同宪法相抵触。"第99条规定："法律的效力高于行政法规、地方性法规、规章。行政法规的效力高于地方性法规、规章。"其次，地方立法违反中央立法的，则通常会被修改或撤销。如根据《立法法》第107条规定，如果法律、行政法规、地方性法规、自治条例和单行条例、规章存在下位法违反上位法规定等情形之一的，则由有关机关依照《立法法》规定的权限予以改变或者撤销。因此，中央立法通常具有更高的效力等级。

需要说明的是，不能简单地认为中央立法的效力等级必然高于地方立法。如《立法法》第 85 条规定："民族自治地方的人民代表大会有权依照当地民族的政治、经济和文化的特点，制定自治条例和单行条例。自治区的自治条例和单行条例，报全国人民代表大会常务委员会批准后生效。自治州、自治县的自治条例和单行条例，报省、自治区、直辖市的人民代表大会常务委员会批准后生效。自治条例和单行条例可以依照当地民族的特点，对法律和行政法规的规定作出变通规定，但不得违背法律或者行政法规的基本原则，不得对宪法和民族区域自治法的规定以及其他有关法律、行政法规专门就民族自治地方所作的规定作出变通规定。"另如《立法法》第 102 条规定："部门规章之间、部门规章与地方政府规章之间具有同等效力，在各自的权限范围内施行。"因此，地方立法中的自治条例和单行条例中的变通条款的效力等级高于中央立法所制定的法律、行政法规中的相应条款，当然也高于中央立法所制定的规章中的相应条款；同时，地方立法中的地方政府规章与中央立法中的部门规章具有同等效力，故不能简单地认为中央立法效力必然高于地方立法。

2. 中央立法的调整范围相对更大，内容相对更为重要

中央立法可以修改宪法，制定法律、行政法规、部门规章等，根据《宪法》及《立法法》第 11 条等规定，中央立法中的法律可以调整国家的根本政治制度、公民的基本权利和义务、国家机构等事宜，国家主权的事项，犯罪和刑罚，税收基本制度，民事基本制度，基本经济制度、财政、海关、金融和外贸的基本制度，诉讼制度和仲裁基本制度等基本的政治、经济、法制、文化、外交，以及其他各个社会关系领域的基本事项。而地方立法不能调整上述事项，通常只能调整本行政区域内的城乡建设与管理、生态文明建设、历史文化保护、基层治理，或依照当地民族的特点，对法律和行政法规的规定作出变通规定。因此，中央立法调整的法律关系范围相对更大，内容相对更为重要。

3. 中央立法的适用范围通常更广

根据《宪法》及《立法法》第 11 条等规定，中央立法调整的事项，通

常会涉及整个国家的基本制度或普遍性事项，因此，中央立法的效力等级相对较高，通常可以适用于全国。而地方立法通常只能调整本行政区域内的事项，只能在本行政区域内施行。

需要说明的是，虽然中央立法是中央国家机构实施的立法活动，但中央立法并不必然可以在全国施行。例如，全国人大及其常委会的立法，除了法律等规范性文件外，还包括其作出的有规范性的各类决定、决议等。决议泛指国家机关、政党、社会团体等经一定会议讨论通过、要求贯彻执行、表示会议共同意见的文件。国家权力机关和它的常设机关依法通过和发布的具有法律约束力的规范性决议，是法的渊源之一。[1] 决定泛指国家机关、政党、社会团体、企事业组织等讨论重大问题和行动并作出安排而形成的文件。国家权力机关依法发布的具有规范性的决定，属于法的渊源范围。[2] 人大及其常委会可能会就特定行政区域的特定事项，作出规范性的决定或决议，此类决定或决议的适用范围，应仅限于特定行政区域，而非全国。如全国人大常委会于2020年11月11日通过的《关于香港特别行政区立法会议员资格问题的决定》，该决定的适用范围，应当仅限于香港特别行政区。就全国人民代表大会制定的《香港特别行政区基本法》和《澳门特别行政区基本法》的效力范围是否及于全国，学者间存有争议。但无论如何，需要注意中央立法并不必然可以在全国施行。

第二节　全国人民代表大会立法

一、全国人民代表大会立法的含义和特征

（一）全国人民代表大会立法的含义

全国人民代表大会立法指全国人大在其权限范围内，按照法定程

---

〔1〕 参见刘政、边森龄、程湘清等主编：《人民代表大会制度词典》，中国检察出版社1992年版，第56页。

〔2〕 参见刘政、边森龄、程湘清等主编：《人民代表大会制度词典》，中国检察出版社1992年版，第57页。

序，制定、修改和废止规范性法律文件的活动。全国人大是我国的最高国家权力机关，其制定的规范性法律文件法律效力等级最高，并通常可以适用于全国范围内。

根据《立法法》第 10 条第 1 款的规定，全国人大根据宪法规定行使国家立法权，其按照法定程序，制定、修改和废止规范性法律文件的活动，是我国的国家立法，为我国中央立法的首要组成部分。

（二）全国人民代表大会立法的特征

与其他国家机构的中央立法相比，全国人大及其常委会立法具有以下特征：

1. 全国人民代表大会的立法地位最高

根据《宪法》第 57 条、第 62 条、第 63 条等规定，全国人大是我国最高国家权力机关，有权选举或根据提名决定、罢免下列人员：(1) 中华人民共和国主席、副主席；(2) 国务院总理、副总理、国务委员、各部部长、各委员会主任、审计长、秘书长；(3) 中央军事委员会主席和中央军事委员会其他组成人员；(4) 国家监察委员会主任；(5) 最高人民法院院长；(6) 最高人民检察院检察长。因此，各中央国家机构主要领导均由全国人大产生和罢免。同时，根据《宪法》第 69 条、第 92 条、第 94 条、第 126 条、第 133 条、第 138 条等规定，全国人大常委会、国务院、中央军事委员会主席、国家监察委员会、最高人民法院、最高人民检察院等中央国家机构均对全国人民代表大会负责。此外，根据《立法法》第 10 条第 1 款、第 108 条等规定，全国人大和全国人大常委会根据宪法规定行使国家立法权，全国人大有权改变或者撤销它的常委会制定的不适当的法律，有权撤销全国人大常委会批准的违背《宪法》和《立法法》第 85 条第 2 款规定的自治条例和单行条例，而没有其他国家机构有权撤销全国人大制定的法律。因此，在整个立法体系中，全国人大地位最高。

2. 全国人民代表大会的立法具有最高的效力等级

根据《宪法》《立法法》等规定，全国人大的立法活动，可以对宪法进行修改，并可以制定、修改、废止法律。根据《立法法》第98条、第99条第1款、第85条第2款等规定，全国人大修改的《宪法》具有最高的法律效力，全国人大制定的法律的效力高于行政法规、地方性法规、规章。即使是地方立法中的自治条例和单行条例，也只能对法律和行政法规的规定作出变通规定，亦不得违背法律或者行政法规的基本原则；自治条例和单行条例违反上述规定的，全国人大有权予以改变或撤销。因此，全国人大的立法具有最高的效力等级。

3. 全国人民代表大会立法的调整范围最大，内容最重要

根据《宪法》及《立法法》第11条等规定，全国人大立法可以调整国家的根本政治制度、公民的基本权利和义务、国家机构等事宜，国家主权的事项，犯罪和刑罚，税收基本制度，民事基本制度，基本经济制度、财政、海关、金融和外贸的基本制度，诉讼制度和仲裁基本制度等基本的政治、经济、法制、文化、外交，以及其他各个社会关系领域的基本事项。相对于其他中央机构立法可调整的事项，以及地方立法可调整的事项，全国人大立法调整的范围最大，内容最重要。

4. 全国人民代表大会的立法适用范围最广

根据《宪法》及《立法法》第10条、第11条等规定，全国人大行使国家立法权，其立法调整的事项，涉及整个国家的基本制度或普遍性事项。因此，全国人大可以就全国范围内或特定区域的基本制度进行立法，其所立之法，通常可以适用于全国。

例如，全国人大制定的《民法典》《刑法》《刑事诉讼法》可以在除香港特别行政区、澳门特别行政区、台湾地区的全国地区施行。另如，全国人大可以制定在香港特别行政区及澳门特别行政区施行的《香港特别行政区基本法》及《澳门特别行政区基本法》，而根据《香港特别行政区基本法》第18条、《澳门特别行政区基本法》第18条等规定，在通常情况下，国务院或地方国家机构无权制定在香港特别行政区及澳门特别行政区施行的规范性文件。

二、全国人民代表大会的立法权

根据《宪法》和《立法法》等规定，全国人大的立法权主要包括制定、修改、废止宪法的权力，制定、修改、废止法律的权力，以及其他立法权等。

（一）制定、修改、废止宪法

《宪法》规定了国家的根本制度和根本任务，是国家的根本法，具有最高的法律效力，其内容涉及国家根本性、全局性的问题，制定、修改、废止宪法的权力理应归属于最高国家权力机关。在我国，该权力应归属于全国人民代表大会。根据《宪法》第 62 条规定，全国人民代表大会有权修改宪法。

《宪法》除在第 62 条规定全国人大有权修改宪法外，并未规定全国人大有权制定宪法。但由中华人民共和国第一部宪法的制定过程可知，全国人大有权制定宪法。1954 年 9 月 9 日，中央人民政府委员会会议讨论通过了《中华人民共和国宪法草案》，并决定提交全国人大审议通过。1954 年 9 月 15～28 日，我国第一届全国人大于北京举行了第一次会议。1954 年 9 月 20 日，第一届全国人大审议通过了宪法，并发布全国人大公告予以公布。

同时，《宪法》亦未规定全国人大有权废止宪法。在第一届全国人大于 1954 年 9 月 20 日表决通过的《宪法》中，亦仅规定宪法的修改由全国人大以全体代表的三分之二的多数通过，未规定全国人大有权废止宪法。此后《宪法》经历了多次修改，但均未规定全国人大有权废止宪法。在宪法已经制定的情况下，如国家政权未被颠覆、宪法仍合法有效，则无需废止现行宪法，重新制定新宪法，在必要情况下，对《宪法》进行修改即可。

基于上述因素，在《宪法》中，无须另行规定全国人大有权制定、废止宪法，但全国人大享有上述权力是不言而喻的。

在制定出1954年《宪法》之后，全国人大对《宪法》进行了多次修改。修改的方式包括对《宪法》整体进行重大的修改、对《宪法》具体条款进行修改以及对《宪法》进行修正等三种方式。例如，1975年1月17日，因国家的政治、经济、文化和国际关系都发生了重大变化，第四届全国人大第一次会议全体代表一致通过了修改后的《宪法》。1978年3月5日，粉碎“四人帮”后，在吸取“文化大革命”教训的基础上，第五届全国人大第一次会议通过了修改后的《宪法》。1979年7月1日，第五届全国人大第二次会议通过了《关于修正〈中华人民共和国宪法〉若干规定的决议》。1980年9月10日，第五届全国人大第三次会议通过了《关于修改〈中华人民共和国宪法〉第45条的决议》。1982年12月4日，因1978年宪法已不适应当前政治经济生活和现代化建设的需要，第五届全国人大第五次会议通过了修改后的《宪法》。此后，1988年4月12日第七届全国人大第一次会议、1993年3月29日第八届全国人大第一次会议、1999年3月15日第九届全国人大第二次会议、2004年3月14日第十届全国人大第二次会议、2018年3月11日第十三届全国人大第一次会议分别通过了《宪法修正案》，对1982年《宪法》进行了五次修正。

（二）制定、修改、废止法律

在我国现行法律体系中，法律的效力位阶低于宪法；同时，除了自治条例、单行条例中的变通条款外，法律的效力位阶高于其他规范性法律文件。制定、修改、废止法律的权力，由享有国家立法权的国家机构行使，包括全国人大及其常委会。

根据《宪法》第62条、第63条以及《立法法》第11条规定，全国人大有权制定、修改和废止的法律，调整的通常是涉及国家、社会和公民重大意义的基本的法律关系，如各级人大、人民政府、监察委员会、人民法院和人民检察院的产生、组织和职权，民族区域自治制度、特别行政区制度、基层群众自治制度、刑事法律关系、民事法律关系、诉讼法律关系等。根据上述《宪法》及《立法法》的规定，全国人大制定了《国务院组织法》、

《人民检察院组织法》、《人民法院组织法》、《地方各级人民代表大会和地方各级人民政府组织法》、《民族区域自治法》、《刑法》、《物权法》(已废止)、《民法典》、《民事诉讼法》及其他基本法律,并可依法修改或废止上述基本法律。

需要注意的是,根据《宪法》第67条、《立法法》第10条第3款的规定,全国人大常委会有权在全国人大闭会期间,对全国人大制定的法律进行部分补充和修改,因此,上述由全国人大制定的基本法律,全国人大常委会也有权进行修改。如就《地方各级人民代表大会和地方各级人民政府组织法》,在1979年7月1日第五届全国人大第二次会议通过后,经历了六次修正。其中,由全国人大进行的修正有两次,由全国人大常委会进行的修正有四次。

虽然在《宪法》及《立法法》中,没有明确规定全国人大废止法律的权力,但《立法法》第63条第1款规定,法律的修改和废止程序,适用法律制定程序的有关规定。由此可知,作为制定法律的机构,全国人大可以废止其制定的基本法律。除此之外,全国人大亦有权废止全国人大常委会制定的法律。例如,在《合同法》施行后,全国人大制定的原《经济合同法》、全国人大常委会制定的原《涉外经济合同法》、全国人大常委会制定的原《技术合同法》就同时被全国人大废止。又如,在全国人大制定的《民法典》施行后,全国人大常委会制定的原《婚姻法》、原《收养法》、原《担保法》、原《侵权责任法》,以及全国人大制定的原《继承法》、原《民法通则》、原《合同法》、原《物权法》、原《民法总则》均同时废止。

(三)改变或撤销规范性文件

根据《立法法》第107条及第108条规定,全国人大有权改变或撤销以下规范性文件:

(1)全国人大常委会超越权限制定的法律。全国人大常委会也依法享有国家立法权,根据《宪法》第67条第2项规定,其有权制定和修改除应当由全国人大制定的法律以外的其他法律。因此，全国人大常委会制定的法律通常调整的是国家基本法律关系以外的国家、社会和公民生活中的某一方面的法律关系，如劳动合同法律关系、对外贸易关系、担保法律关系等。但如果全国人大常委会超越了上述权限，制定了涉及国家基本法律关系的法律，则全国人大有权予以改变或撤销。

（2）全国人大常委会制定的违反《宪法》规定的法律。《宪法》以法律的形式确认了中国各族人民奋斗的成果，规定了国家的根本制度和根本任务，是国家的根本法，具有最高的法律效力。全国各族人民、一切国家机关和武装力量、各政党和各社会团体、各企业事业组织，都必须以《宪法》为根本的活动准则，并且负有维护宪法尊严、保证宪法实施的职责。因此，如果全国人大常委会制定的法律违反《宪法》的规定，则全国人大有权予以改变或撤销。

（3）全国人大常委会批准的违背宪法、法律或者行政法规的基本原则的自治条例和单行条例。虽然民族自治地方的人大有权依照当地民族的政治、经济和文化的特点，制定自治条例和单行条例，对法律和行政法规的规定作出变通规定，但根据《立法法》第 85 条第 2 款的规定，自治条例和单行条例的变通规定，不得违背法律或者行政法规的基本原则。此类自治条例和单行条例，即使已按规定由人大常委会批准，全国人大仍有权予以改变或撤销。

（4）全国人大及其常委会批准的对宪法和民族区域自治法的规定以及其他有关法律、行政法规专门就民族自治地方所作的规定作出变通规定的自治条例和单行条例。根据《立法法》第 85 条第 2 款规定，自治条例和单行条例，不得对宪法和民族区域自治法的规定以及其他有关法律、行政法规专门就民族自治地方所作的规定作出变通规定。此类自治条例和单行条例，即使已按规定由全国人民代表大会常务委员会批准，全国人民代表大会仍有权予以改变或撤销。

除上述情形外，根据《立法法》第 108 条规定，全国人大作为授权机关，还有权撤销被授权机关制定的超越授权范围或者违背授权目的的法规,必要时可以撤销授权。

(四)其他立法权

根据《宪法》第 62 条规定,全国人民代表大会还有权行使“应当由最高国家权力机关行使的其他职权”。在制定、修改、废止宪法、法律之外,全国人民代表大会还可能通过作出决定或决议的形式,制定规范性文件。如 1988 年 4 月 13 日第七届全国人民代表大会第一次会议通过了《关于设立海南省的决定》,1993 年 3 月 22 日第八届全国人民代表大会第一次会议通过了《关于国务院机构改革方案的决定》,等等。

(五)授权立法

根据《宪法》第 67 条第 22 项的规定,全国人民代表大会常务委员会可行使全国人民代表大会授予的其他职权。同时,《立法法》第 10 条第 4 款规定,全国人民代表大会可以授权全国人民代表大会常务委员会制定相关法律,因此,全国人民代表大会可以授权全国人民代表大会常务委员会进行立法。

同时,根据《立法法》第 11 条、第 12 条的规定,对于《立法法》第 11 条规定的只能制定法律的事项,如尚未制定法律的,全国人民代表大会及其常务委员会有权作出决定,授权国务院可以根据实际需要,对其中有关犯罪和刑罚、对公民政治权利的剥夺和限制人身自由的强制措施和处罚、司法制度等事项之外的部分事项先制定行政法规。

此外,根据《立法法》第 84 条第 1 款的规定,全国人民代表大会可以授权经济特区所在地的省、市的人民代表大会及其常务委员会,制定法规,在经济特区范围内实施。

三、全国人民代表大会的立法范围

立法范围,是指立法主体可以通过立法进行调整、规范的事项,主要体现为所立之法的内容。全国人民代表大会的立法范围,是指全国人民代表大会可以通过制定、修改、废止宪法、法律及其他规范性文件进行调整、规范的事项。

(一)通过制定、修改、废止宪法规范的事项

法律是统治阶级意志的体现,应维护统治阶级的利益,尤其是统治阶级整体的、长远的和根本的利益。为维护其统治及利益,国家需通过法律调整涉及其各个方面利益的各类事项。而宪法是国家的根本大法,是其他规范性文件的基础及依据。因此,宪法调整的事项系国家的根本性事项,如国家政权的性质、国家的基本经济制度、基本政治制度、基本法律制度、国家的基本方针、政策、公民的基本权利和义务、国家机构的设置、职权和活动原则等。

虽然各国宪法调整的事项为该国的根本性事项,但各国宪法的具体调整范围以及行使该权力的方式,可能因其国情或其他原因而有所区别。就我国而言,系由全国人民代表大会通过制定、修改、废止宪法,对国家的上述根本性事项进行规范。

(二)通过制定、修改、废止法律规范的事项

根据《立法法》第11条规定,下列事项只能由法律进行规范:(1)国家主权的事项;(2)各级人民代表大会、人民政府、监察委员会、人民法院和人民检察院的产生、组织和职权;(3)民族区域自治制度、特别行政区制度、基层群众自治制度;(4)犯罪和刑罚;(5)对公民政治权利的剥夺、限制人身自由的强制措施和处罚;(6)税种的设立、税率的确定和税收征收管理等税收基本制度;(7)对非国有财产的征收、征用;(8)民事基本制度;(9)基本经济制度以及财政、海关、金融和外贸的基本制度;(10)诉讼制度和仲裁基本制度;(11)必须由全国人民代表大会及其常务委员会制定法律的其他事项。

全国人民代表大会制定和修改刑事、民事、国家机构的和其他的基

本法律。全国人民代表大会常务委员会制定和修改除应当由全国人民代表大会制定的法律以外的其他法律；在全国人民代表大会闭会期间，对全国人民代表大会制定的法律进行部分补充和修改，但是不得同该法律的基本原则相抵触。上述必须由法律进行规范的事项，均属于涉及“刑事、民事、国家机构的和其他的基本事项”，应由“刑事、民事、国家机构的和其他的基本法律”进行规范，因此，上述事项应由全国人民代表大会制定法律进行规范；同时，可由全国人民代表大会及全国人民代表大会常务委员会通过修改法律的方式进行规范。

国家立法权由全国人民代表大会及全国人民代表大会常务委员会共同行使，除上述事项外，对于不是必须制定法律进行规范的事项，全国人民代表大会亦有权根据社会发展状况以及现实的需要依法制定法律进行规范。

（三）通过行使其他立法权规范的事项

因全国人民代表大会有权撤销全国人民代表大会常务委员会批准的违背宪法、法律或者行政法规的基本原则的自治条例和单行条例，以及对宪法和民族区域自治法的规定及其他有关法律、行政法规专门就民族自治地方所作的规定作出变通规定的自治条例和单行条例，故全国人民代表大会有权通过行使改变或撤销自治条例和单行条例的方式，对民族自治地方的特定事项进行规范。

此外，根据《宪法》第 62 条规定，全国人民代表大会可通过决议或决定的形式对以下事项进行规范：审查和批准国民经济和社会发展计划和计划执行情况的报告，审查和批准国家的预算和预算执行情况的报告，批准省、自治区和直辖市的建置，决定特别行政区的设立及其制度，决定战争和和平的问题，以及应当由最高国家权力机关行使的其他职权。

第三节　全国人民代表大会常务委员会立法

一、全国人民代表大会常务委员会立法的含义和特征

（一）全国人民代表大会常务委员会立法的含义

全国人民代表大会常务委员会立法，是指全国人民代表大会常务委员会在其权限范围内，按照法定程序，制定、修改和废止规范性法律文件的活动。全国人民代表大会常务委员会是我国最高国家权力机关的常设机关，全国人民代表大会常务委员会与全国人民代表大会共同行使国家立法权，是我国中央立法的重要的组成部分。

（二）全国人民代表大会常务委员会立法的特征

与其他国家机构的中央立法或地方立法相比，全国人民代表大会常委会立法具有以下特征：

1. 全国人民代表大会常务委员会的立法地位处于仅次于全国人民代表大会

根据《宪法》第 57 条、第 67 条等规定，全国人民代表大会常务委员会是最高国家权力机关——全国人民代表大会的常设机关，可行使下列职权：(1) 在全国人民代表大会闭会期间，根据国务院总理的提名，决定部长、委员会主任、审计长、秘书长的人选；(2) 在全国人民代表大会闭会期间，根据中央军事委员会主席的提名，决定中央军事委员会其他组成人员的人选；(3) 根据国家监察委员会主任的提请，任免国家监察委员会副主任、委员；(4) 根据最高人民法院院长的提请，任免最高人民法院副院长、审判员、审判委员会委员和军事法院院长；(5) 根据最高人民检察院检察长的提请，任免最高人民检察院副检察长、检察员、检察委员会委员和军事检察院检察长，并且批准省、自治区、直辖市的人民检察院检察长的任免；(6) 决定驻外全权代表的任免。因此，各中央国家机构亦须经全国人民代表大会常务委员会产生。同时，根据《宪法》第 92 条、

第94条、第126条、第133条、第138条等规定，全国人民代表大会常务委员会、国务院、中央军事委员会主席、国家监察委员会、最高人民法院、最高人民检察院等中央国家机构亦须对全国人民代表大会常务委员会负责。此外，根据《宪法》第67条和《立法法》第10条、第108条等规定，全国人民代表大会常务委员会和全国人民代表大会行使国家立法权，全国人民代表大会常务委员会有权撤销国务院制定的同宪法、法律相抵触的行政法规、决定和命令，有权撤销省、自治区、直辖市国家权力机关制定的同宪法、法律和行政法规相抵触的地方性法规和决议，有权撤销省、自治区、直辖市的人民代表大会常务委员会批准的违背《宪法》和《立法法》第85条第2款规定的自治条例和单行条例。因此，在整体立法体系中，全国人民代表大会常务委员会的立法地位处于最高一级，仅次于全国人民代表大会。

2. 全国人民代表大会常务委员会的立法效力等级相对较高

根据《宪法》《立法法》等规定，全国人民代表大会常务委员会的立法活动，可以对宪法进行解释，并可以制定、修改、废止法律。根据《立法法》第85条、第98条、第99条、第108条等规定，全国人民代表大会常务委员会制定的法律的效力仅低于宪法，高于行政法规、地方性法规、规章，行政法规、地方性法规、规章不得与宪法、法律相抵触。即使是地方立法中的自治条例和单行条例，也只能对法律和行政法规的规定作出变通规定，亦不得违背法律或者行政法规的基本原则。如行政法规、地方性法规、规章以及自治条例和单行条例违反上述规定的，全国人民代表大会常务委员会有权予以改变或撤销。因此，全国人民代表大会常委会的立法具有相对较高的效力等级。

3. 全国人民代表大会常务委员会立法调整的事项相对具体、广泛

根据《宪法》及《立法法》第10条、第11条等规定，国家立法权由全国人民代表大会及全国人民代表大会常务委员会共同行使，全国人民代表大会通过制定和修改法律可调整的事项为“刑事、民事、国家机构的和其他的基本”事项，而全国人民代表大会常务委员会可通过制定和修改

法律，调整“除应当由全国人民代表大会制定的法律以外的其他”事项，同时，在全国人民代表大会闭会期间，全国人民代表大会常务委员会可通过对全国人民代表大会制定的法律进行部分补充和修改的方式，对“刑事、民事、国家机构的和其他的基本”事项进行调整。

因此，除国家的根本政治制度、公民的基本权利和义务、国家机构等事项外，全国人民代表大会常务委员会的立法，可以对国家主权的事项，犯罪和刑罚，税收基本制度，民事基本制度，基本经济制度、财政、海关、金融和外贸的基本制度，诉讼和仲裁制度等基本的政治、经济、法制、军事、文化、外交，以及其他各个社会关系领域的基本事项和具体事项进行调整。相对于全国人民代表大会及其他主体可立法调整的事项，常务委员会立法调整的事项相对具体、广泛。

4. 全国人民代表大会常务委员会立法的适用范围亦最广

根据《宪法》及《立法法》第 10 条、第 11 条等规定，全国人民代表大会常务委员会行使国家立法权，其立法调整的事项，是涉及整个国家的基本制度的具体事项。因此，全国人民代表大会常务委员会可以就全国范围内或特定区域的基本制度的具体事项进行立法，其所立之法，与全国人民代表大会所立之法一样，通常可以适用于全国。

如全国人民代表大会常务委员会制定的《对外贸易法》，以及其对《刑法》《刑事诉讼法》等全国人民代表大会制定的法律的修改，亦可以在除香港、澳门、台湾地区的全国地区施行。此外，根据《香港特别行政区基本法》第 18 条、《澳门特别行政区基本法》第 18 条等规定，全国人民代表大会常务委员会可对列于基本法附件三的法律作出增减，列于附件三的全国性法律，可在香港特别行政区或澳门特别行政区实施，由香港特别行政区或澳门特别行政区在当地公布或立法实施。因此，与全国人民代表大会立法的适用范围一样，全国人民代表大会常务委员会立法的适用范围亦最广。

二、全国人民代表大会常务委员会的立法权

（一）制定、修改、废止法律

全国人民代表大会常务委员会制定、修改、废止法律的权力主要包括制定、修改和废除法律以及部分补充和修改法律的权力。

首先，全国人民代表大会常务委员会有权制定、修改和废除应当由全国人民代表大会制定的法律以外的其他法律。根据《宪法》第 62 条、第 67 条和《立法法》第 10 条第 2 款、第 3 款、第 11 条等规定，国家立法权由全国人民代表大会及全国人民代表大会常务委员会共同行使。全国人民代表大会有权制定和修改刑事、民事、国家机构的和其他的基本法律，全国人民代表大会常务委员会有权制定和修改除应当由全国人民代表大会制定的法律以外的其他法律。

其次，全国人民代表大会常务委员会有权对全国人民代表大会制定的法律进行部分补充和修改的权力。根据《宪法》第 67 条第 3 项、《立法法》第 10 条第 3 款等规定，全国人民代表大会常务委员会有权对全国人民代表大会制定的法律进行部分补充和修改。但全国人民代表大会常务委员会行使上述权力有三个限制：一是只能在全国人民代表大会闭会期间行使；二是只能对全国人民代表大会制定的法律进行部分补充和修改，不能进行全面的修改；三是修改不得同被部分补充和修改的法律的基本原则相抵触。

近几十年来，由于中国经济迅速发展，社会关系时刻发生着巨大的变化，对法律的适应性提出了极高的要求，需要立法机关适应形势需要及时制定、修改法律。而人民代表大会通常一年召开一次，面对迅速变化的社会关系，难以及时制定、修改相应的法律，使法律制度符合社会发展要求，并在每个个别场合实现公平正义。因此，由全国人民代表大会常务委员会作为全国人民代表大会的常设机构，承担制定、修改具体法律的主要责任，可以有效地满足目前的实际需求。在实践中，全国人民代表大会常务委员会也制定了大量的法律，如《国旗法》《种子法》等，并

修改了大量的全国人民代表大会制定的基本法律,如《民事诉讼法》《刑法》等。

(二)解释宪法和法律

根据《宪法》第67条第1项、第4项规定,全国人民代表大会常务委员会行使解释宪法和法律的职权。根据《立法法》第48条第2款规定,当法律的规定需要进一步明确具体含义的,或法律制定后出现新的情况,需要明确适用法律依据的,则由全国人民代表大会常务委员会解释。同时,根据《立法法》第49条规定,国务院、中央军事委员会、国家监察委员会、最高人民法院、最高人民检察院、全国人民代表大会各专门委员会,以及省、自治区、直辖市的人民代表大会常务委员会可以向全国人民代表大会常务委员会提出法律解释要求。

解释宪法和法律的原因,主要是由于宪法和法律原含义不明,或对原有问题未作出明确规定,解释的主要目的是明确宪法和法律规定的含义,使人更容易理解,或明确适用的依据,以便更好地实施宪法和法律。这一解释的过程,不可避免地会产生宪法和法律的新规则。因此,宪法和法律的解释活动实质就是一项立法活动,通过解释宪法和法律产生的文件,均属于有强制效力的规范性文件,是宪法和法律的组成部分。对宪法和法律的解释,应符合宪法和法律的立法原意及基本原则。

1981年6月10日,全国人民代表大会常务委员会作出了《关于加强法律解释工作的决议》,对各立法及司法机构对法律规范的解释权进行了明确,即:凡关于法律、法令条文本身需要进一步明确界限或作补充规定的,由全国人民代表大会常务委员会进行解释或用法令加以规定。凡属于法院审判工作中具体应用法律、法令的问题,由最高人民法院进行解释。凡属于检察院检察工作中具体应用法律、法令的问题,由最高人民检察院进行解释。最高人民法院和最高人民检察院的解释存在原则性分歧时,报请全国人民代表大会常务委员会解释或决定。不属于审判和检察工作中的其他法律、法令的具体应用问题,由国务院及主管部门进行解释。凡属于地方性法规条文本身需要进一步明确界限或作补充规定的，由制定法规的省、自治区、直辖市人民代表大会常务委员会进行解释或作出规定。凡属于地方性法规如何具体应用的问题，由省、自治区、直辖市人民政府主管部门进行解释。

通过全国人民代表大会常务委员会根据社会需要及时对相关法律进行解释，可以有效地加强宪法及法律的适用。如 2022 年 11 月 28 日，香港特别行政区行政长官向中央人民政府提交报告，建议提请全国人大常委会根据《香港特别行政区维护国家安全法》第 65 条，就“根据香港国安法的立法原意和目的，没有本地全面执业资格的海外律师或大律师可否以任何形式参与处理危害国家安全犯罪案件的工作”作出解释。2022 年 11 月 30 日，第十三届全国人大常委会第三十八次会议审议通过《关于〈香港特别行政区维护国家安全法〉第十四条和第四十七条的解释》，主要认定不具有香港特别行政区全面执业资格的海外律师是否可以担任危害国家安全犯罪案件的辩护人或者诉讼代理人的问题，属于《香港特别行政区维护国家安全法》第 47 条所规定的需要认定的问题，应当取得行政长官发出的证明书。这一解释，有效地解决了相关案件的法律适用问题，更有利于巩固强化香港法治根基，对于维护香港繁荣稳定具有重大意义。

（三）审查、批准、改变或撤销规范性文件

根据《立法法》第 85 条第 1 款规定，民族自治地方的人民代表大会制定的自治条例和单行条例，须报全国人民代表大会常务委员会批准后生效。同时，《立法法》第 111 条第 1 款规定，全国人民代表大会专门委员会、常务委员会工作机构可以对报送备案的行政法规、地方性法规、自治条例和单行条例等进行主动审查，并可以根据需要进行专项审查。

根据《立法法》第 107 条及第 108 条的规定，全国人民代表大会常务委员会有权改变或撤销以下规范性文件：

（1）同宪法和法律相抵触的行政法规。根据《立法法》第 72 条的规

定，国务院根据宪法和法律，制定行政法规。行政法规规范的事项限于为执行法律的规定需要制定行政法规的事项，《宪法》第89条规定的国务院行政管理职权的事项，以及国务院根据全国人民代表大会及其常务委员会的授权决定先制定行政法规的事项。因此，如果国务院制定的行政法规违反了宪法或法律的规定，则全国人民代表大会常务委员会有权予以改变或撤销。

(2)同宪法、法律和行政法规相抵触的地方性法规。根据《立法法》第80条规定，省、自治区、直辖市的人民代表大会及其常务委员会根据本行政区域的具体情况和实际需要，在不同宪法、法律、行政法规相抵触的前提下，可以制定地方性法规。因此，如果省、自治区、直辖市的人民代表大会及其常务委员会制定的地方性法规同宪法、法律相抵触，则全国人民代表大会常务委员会有权予以改变或撤销。

(3)省、自治区、直辖市的人民代表大会常务委员会批准的违背宪法、法律或者行政法规的基本原则的自治条例和单行条例。虽然民族自治地方的人民代表大会有权依照当地民族的政治、经济和文化的特点，制定自治条例和单行条例，对法律和行政法规的规定作出变通规定，但根据《立法法》第85条第2款规定，自治条例和单行条例的变通规定，不得违背法律或者行政法规的基本原则。此类自治条例和单行条例，即使已按规定由省、自治区、直辖市的人民代表大会常务委员会批准，全国人民代表大会常务委员会也有权予以改变或撤销。

(4)省、自治区、直辖市的人民代表大会常务委员会批准的对宪法和民族区域自治法的规定以及其他有关法律、行政法规专门就民族自治地方所作的规定作出变通规定的自治条例和单行条例。

根据《立法法》第85条第2款规定，自治条例和单行条例不得对宪法和民族区域自治法的规定以及其他有关法律、行政法规专门就民族自治地方所作的规定作出变通规定。此类自治条例和单行条例，即使已按规定由省、自治区、直辖市的人民代表大会常务委员会批准，全国人民代表大会常务委员会仍有权予以改变或撤销。

（5）撤销授权制定的法规。除上述情形外，根据《立法法》第 108 条第 7 项规定，全国人民代表大会常务委员会作为授权机关，还有权撤销被授权机关制定的超越授权范围或者违背授权目的的法规，必要时可以撤销授权。

（四）决定同外国缔结的条约和重要协定的批准和废除

根据《宪法》第 67 条第 15 项规定，全国人民代表大会常务委员会有权决定同外国缔结的条约和重要协定的批准和废除。例如，2022 年 12 月 30 日，第十三届全国人民代表大会常务委员会第三十八次会议通过了《关于批准〈中华人民共和国和刚果共和国引渡条约〉的决定》。

（五）其他形式的立法权

根据《宪法》第 67 条规定的职权，全国人民代表大会常务委员会除行使前述立法权外，还可能通过作出决定或决议的形式，制定规范性文件。例如，2020 年 11 月 11 日，第十三届全国人民代表大会常务委员会第二十三次会议通过了《关于香港特别行政区立法会议员资格问题的决定》。1965 年 8 月 25 日，第三届全国人民代表大会常务委员会第十五次会议决议通过了《关于成立西藏自治区的决议》。1979 年 11 月 29 日，第五届全国人民代表大会常务委员会第十二次会议通过《关于中华人民共和国建国以来制定的法律、法令效力问题的决议》等。

（六）授权立法

首先，根据《宪法》第 67 条第 22 项规定，全国人民代表大会常务委员会可行使全国人民代表大会授予的其他职权。因此，全国人民代表大会常务委员会可以接受全国人民代表大会的授权进行立法。

其次，根据《立法法》第 11 条、第 12 条规定，对于《立法法》第 11 条规定的只能制定法律的事项，如尚未制定法律的，全国人民代表大会常务委员会有权作出决定，授权国务院可以根据实际需要，对其中有关犯罪和刑罚、对公民政治权利的剥夺和限制人身自由的强制措施和处罚、司法制度等事项之外的部分事项先制定行政法规。

此外，根据《立法法》第 84 条第 2 款规定，全国人民代表大会常务委员会有权授权上海市人民代表大会及其常务委员会，制定浦东新区法规，在浦东新区实施。

需要注意的是，2019 年 10 月 26 日，第十三届全国人民代表大会常务委员会第十四次会议通过了《关于国家监察委员会制定监察法规的决定》，决定由国家监察委员会根据宪法和法律，制定监察法规。根据全国人民代表大会常务委员会《关于国家监察委员会制定监察法规的决定（草案）》的说明，由全国人民代表大会常务委员会直接决定由国家监察委员会制定监察法规的原因在于"通过修改立法法来明确国家监察委员会制定监察法规的职权，时间上恐难以适应国家监察委员会的实际工作需要。由全国人大常委会作出决定，明确国家监察委员会可以制定监察法规，既具有法律效力，又能够及时地解决问题，比较适当、可行。采取由全国人大常委会作出决定的方式，对机构职责问题作出规定，以往是有过先例的。"[1]因此，这一决定实质上并不构成《立法法》第 13 条第 1 款规定的"授权决定"，该行为不是全国人民代表大会常务委员会授权立法的行为，而是全国人民代表大会常务委员会行使其他形式立法权的行为。

三、全国人民代表大会常务委员会的立法范围

（一）通过制定、修改、废止法律规范的事项

根据《立法法》第 11 条规定，下列事项只能由法律进行规范：（1）国家主权的事项；（2）各级人民代表大会、人民政府、监察委员会、人民法院和人民检察院的产生、组织和职权；（3）民族区域自治制度、特别行政区制度、基层群众自治制度；（4）犯罪和刑罚；（5）对公民政治权利的剥

---

〔1〕 沈春耀：《关于〈全国人民代表大会常务委员会关于国家监察委员会制定监察法规的决定（草案）〉的说明》，载《全国人民代表大会常务委员会公报》2019 年第 6 期。

夺、限制人身自由的强制措施和处罚;(6)税种的设立、税率的确定和税收征收管理等税收基本制度;(7)对非国有财产的征收、征用;(8)民事基本制度;(9)基本经济制度以及财政、海关、金融和外贸的基本制度;(10)诉讼制度和仲裁基本制度;(11)必须由全国人民代表大会及其常务委员会制定法律的其他事项。

上述必须由法律进行规范的事项,均属于涉及"刑事、民事、国家机构的和其他的基本事项",应当由全国人民代表大会通过制定和修改"刑事、民事、国家机构的和其他的基本法律"进行规范,而全国人民代表大会常务委员会可制定和修改法律,规范上述事项中的具体事项。但需要注意的是,在全国人民代表大会闭会期间,全国人民代表大会常务委员会可通过对全国人民代表大会制定的法律进行部分补充和修改的方式,对"刑事、民事、国家机构的和其他的基本事项"进行规范。

国家立法权由全国人民代表大会及全国人民代表大会常务委员会共同行使,除上述事项外,对于不是必须制定法律进行规范的事项,全国人民代表大会及全国人民代表大会常务委员会亦有权根据社会发展状况以及现实的需要依法制定法律进行规范。

(二)通过行使其他立法权规范的事项

如行政法规同宪法和法律相抵触,地方性法规同宪法、法律和行政法规相抵触,省、自治区、直辖市的人民代表大会常务委员会批准的自治条例和单行条例违背宪法、法律或者行政法规的基本原则,或对宪法和民族区域自治法的规定以及其他有关法律、行政法规专门就民族自治地方所作的规定作出变通规定的,全国人民代表大会常务委员会有权改变或撤销。故全国人民代表大会有权通过行使改变或撤销行政法规、地方性法规、自治条例和单行条例的方式,对行政事项、地方管理事项或民族自治地方的特定事项进行规范。

此外,根据《宪法》第67条规定,全国人民代表大会常务委员会可通过决议或决定的形式对以下事项进行规范:(1)国民经济和社会发展计划、国家预算的部分调整;(2)国务院等中央国家机构有关人事决定或任免,驻外全权代表任免;(3)同外国缔结的条约和重要协定的批准和废除;(4)军人和外交人员的衔级制度;(5)授予国家的勋章和荣誉称号;(6)特赦;(7)全国人民代表大会闭会期间的决定战争状态事项和全国总动员或局部动员;(8)全国或个别省、自治区、直辖市进入紧急状态;(9)全国人民代表大会授予职权的其他事项。

第四节　国务院立法

一、国务院立法的含义和特征

(一)国务院立法的含义

根据《宪法》第85条规定,国务院,即中央人民政府,是我国最高国家权力机关的执行机关,是我国最高国家行政机关。国务院立法,指我国最高国家行政机关,在其权限范围内,按照法定程序,制定、修改和废止规范性法律文件的活动。国务院立法制定、修改和废止的规范性法律文件主要指行政法规及国务院的各类决定、命令、指示等。

(二)国务院立法的特征

1.在中央立法中,国务院的立法地位处于中间一级

国务院作为最高国家权力机关的执行机关,可以为执行法律的规定、行使行政管理职权以及根据授权而制定行政法规,但其制定行政法规,需以全国人民代表大会及其常务委员会制定的宪法及法律为依据,其制定的行政法规,不得与宪法及法律相抵触,否则可能被全国人民代表大会常务委员会改变或撤销。

同时,国务院是我国最高国家行政机关,其制定的行政法规,效力高于地方性法规、规章,亦是各部委、地方政府制定规章的依据。同时,国务院有权改变或者撤销不适当的部门规章和地方政府规章以及不适当的命令、指示、决定,有权就行政法规、地方性法规、地方政府规章与部门

规章等的适用进行裁决。

因此,行政法规是联结地方性法规、部门规章、地方政府规章与宪法和法律的重要纽带,有着承上启下的重要作用。

2. 国务院立法调整的事项相对具体、广泛

国务院有权就为执行法律的规定需要制定行政法规的事项制定行政法规,尚未制定法律的,可以根据全国人民代表大会常务委员会的授权制定行政法规。因此,国务院可就法律调整的事项作出更为明确、细致的规定;同时,国务院的行政管理范围十分广泛,涉及经济社会生活的各个方面,国务院为行使行政管理职责而制定的行政法规,其调整的事项更为具体、广泛。因此,与法律相比,行政法规调整的事项更为具体,更为广泛。

3. 国务院立法的适用范围相对较广

虽然国务院制定的行政法规效力低于宪法、法律,但其立法调整的事项,涉及整个国家法律的具体适用,或国家行政管理的基本制度的具体事项。因此,国务院可以就全国范围内或特定区域的具体事项进行立法,其所立之法,与全国人民代表大会及其常务委员会所立之法一样,通常可以适用于全国,适用范围相对较广。

二、国务院的立法权

(一)制定、修改和废止行政法规

1. 依职权制定、修改和废止行政法规

《宪法》第89条规定,国务院有权根据宪法和法律,规定行政措施,制定行政法规,发布决定和命令。同时,《立法法》第72条规定,国务院根据宪法和法律,制定行政法规。这是国务院主要的立法权。根据《立法法》第72条规定,国务院可以就两类事项制定行政法规:

(1)为执行法律的规定需要制定行政法规的事项

此类事项通常是在相关法律中有原则性的规定而需要进一步明确或细化方可实施的事项,国务院针对此类事项制定的行政法规,通常表

现为各类细则。例如，2002 年 9 月 7 日，国务院根据《税收征收管理法》的规定，制定了《税收征收管理法实施细则》，明确了“税收征管法第八条所称为纳税人、扣缴义务人保密的情况”，明确了“税务人员在核定应纳税额、调整税收定额、进行税务检查、实施税务行政处罚、办理税务行政复议时”，应当回避的具体情形等，为《税收征收管理法》的具体落实作出了更为明确地具有可操作性的规定。

（2）《宪法》第 89 条规定的国务院行政管理职权的事项

《宪法》第 89 条规定国务院可行使 18 项职权，其中部分职权不属于行政管理的职权，如根据宪法和法律，规定行政措施，制定行政法规，发布决定和命令，以及向全国人民代表大会或者全国人民代表大会常务委员会提出议案等，对于此类事项，国务院无权制定行政法规。另有部分职权，属于行政管理职权。如领导和管理经济工作和城乡建设、生态文明建设，领导和管理教育、科学、文化、卫生、体育和计划生育工作，领导和管理民政、公安、司法行政工作等。国务院针对此类事项制定的行政法规，通常表现为各类条例。如 2020 年 12 月 9 日国务院制定了《排污许可管理条例》，其立法原因系“为了加强排污许可管理，规范企业事业单位和其他生产经营者排污行为，控制污染物排放，保护和改善生态环境”，是国务院就其“领导和管理经济工作和城乡建设、生态文明建设”的行政管理职权的事项制定的行政法规。

2. 根据授权制定行政法规

《宪法》第 89 条第 8 项规定，国务院可以行使全国人民代表大会和全国人民代表大会常务委员会授予的其他职权。同时，根据《立法法》第 12 条、第 72 条第 3 款等规定，应当由全国人民代表大会及其常务委员会制定法律的事项，尚未制定法律的，全国人民代表大会及其常务委员会有权作出决定，授权国务院可以根据实际需要，对其中的部分事项先制定行政法规。

但根据《立法法》第 12 ~ 16 条、第 106 条、第 108 条等规定，国务院根据授权制定行政法规有以下限制：（1）应在规定事项范围内制定行政法规。国务院根据授权制定行政法规的事项,限于“应当由全国人民代表大会及其常务委员会制定法律的事项”。应由宪法规范的事项,不得根据授权制定行政法规。同时,有关犯罪和刑罚、对公民政治权利的剥夺和限制人身自由的强制措施和处罚、司法制度等事项,亦不得根据授权制定行政法规。(2)严格按照授权决定行使被授予的权利。根据授权制定行政法规时,应根据全国人民代表大会及其常务委员会授权决定中的授权的目的、事项、范围、期限以及国务院实施授权决定应当遵循的原则等进行,不得将被授予的权力转授给其他机关。如制定的行政法规超越授权范围或者违背授权目的,全国人民代表大会及其常务委员会有权予以撤销,必要时可以撤销授权。(3)应在授权的期限内进行。除授权决定另有规定之外,授权的期限不得超过五年。(4)应履行报告义务。在授权期限届满的六个月以前,国务院应向全国人民代表大会及其常务委员会报告授权决定实施的情况,并提出是否需要制定有关法律的意见;需要继续授权的,可以提出相关意见,由全国人民代表大会及其常务委员会决定。(5)如根据授权制定的行政法规与法律规定不一致,不能确定如何适用时,由全国人民代表大会常务委员会裁决。

(二)立法监督

根据《宪法》第 89 条、《立法法》第 107 条等规定,如部门规章和地方政府规章存在以下情形之一的,国务院有权予以改变或者撤销:(1)超越权限的;(2)下位法违反上位法规定的;(3)规章之间对同一事项的规定不一致,经裁决应当改变或者撤销一方的规定的;(4)规章的规定被认为不适当,应当予以改变或者撤销的;(5)违背法定程序的。同时,国务院有权改变或者撤销各部、各委员会、地方各级国家行政机关发布的不适当的命令、指示、决定等。

同时,根据《立法法》第 106 条规定,国务院有权就行政法规、地方性法规、地方政府规章与部门规章等的适用进行裁决。其中,(1)同一机关制定的新的一般规定与旧的特别规定不一致时,由制定机关裁决。

(2)地方性法规与部门规章之间对同一事项的规定不一致,不能确定如何适用时,由国务院提出意见,国务院认为应当适用地方性法规的,应当决定在该地方适用地方性法规的规定;认为应当适用部门规章的,应当提请全国人民代表大会常务委员会裁决。(3)部门规章之间、部门规章与地方政府规章之间对同一事项的规定不一致时,由国务院裁决。

此外,根据《立法法》第109条规定,设区的市、自治州的人民代表大会及其常务委员会制定的地方性法规以及部门规章和地方政府规章,应报国务院备案。

三、国务院的立法范围

根据《宪法》第89条和《立法法》第12条、第72条规定,国务院可以通过制定行政法规,对以下事项进行调整、规范。

1. 为执行法律的规定需要制定行政法规的事项

对于此类事项,根据现有法律规定,尚未有明确的范围限制,凡是相关法律中有原则性的规定而需要进一步明确或细化方可实施的事项,国务院均可制定行政法规进行调整、规范。

2. 国务院行政管理职权的事项

《宪法》第89条确定的国务院行使的管理职权包括:(1)规定各部和各委员会的任务和职责,统一领导各部和各委员会的工作,并且领导不属于各部和各委员会的全国性的行政工作;(2)统一领导全国地方各级国家行政机关的工作,规定中央和省、自治区、直辖市的国家行政机关的职权的具体划分;(3)编制和执行国民经济和社会发展计划和国家预算;(4)领导和管理经济工作和城乡建设、生态文明建设;(5)领导和管理教育、科学、文化、卫生、体育和计划生育工作;(6)领导和管理民政、公安、司法行政等工作;(7)管理对外事务,同外国缔结条约和协定;(8)领导和管理国防建设事业;(9)领导和管理民族事务,保障少数民族的平等权利和民族自治地方的自治权利;(10)保护华侨的正当的权利和利益,保护归侨和侨眷的合法的权利和利益;(11)改变或者撤销各部、各委员会发布的不适当的命令、指示和规章;(12)改变或者撤销地方各级国家行政机关的不适当的决定和命令;(13)批准省、自治区、直辖市的区域划分,批准自治州、县、自治县、市的建置和区域划分;(14)依照法律规定决定省、自治区、直辖市的范围内部分地区进入紧急状态;(15)审定行政机构的编制,依照法律规定任免、培训、考核和奖惩行政人员;(16)全国人民代表大会和全国人民代表大会常务委员会授予的其他职权。

3. 经全国人大及其常委会授权而有权制定行政法规的事项

授权立法的调整范围应限于属于全国人大及其常委会专属立法权而尚未制定法律的有关事项,不包括犯罪和刑罚、对公民政治权利的剥夺和限制人身自由的强制措施和处罚、司法制度等事项。同时,具体的授权事项,应根据全国人民代表大会及其常务委员会授权决定确定。

第五节　国务院部门立法

一、国务院部门立法的含义和特征

(一)国务院部门立法的含义

国务院部门立法,是指最高国家行政机关所属部门根据法律和国务院的行政法规、决定、命令,在其权限范围内,按照法定程序,制定、修改和废止规范性法律文件的活动。

根据《立法法》第91条第1款规定,有权进行立法的国家行政机关所属部门主要指国务院各部、委员会、中国人民银行、审计署和具有行政管理职能的直属机构以及法律规定的机构。国务院部门立法所制定、修改和废止的规范性法律文件主要是指部门规章。

(二)国务院部门立法的特征

1. 在中央立法中,国务院部门立法的立法地位最低。

第一,根据《立法法》第91条等规定,部门规章规定的事项应当属于执行法律或者国务院的行政法规、决定、命令的事项。没有法律或者国务院的行政法规、决定、命令的依据，部门规章不得设定减损公民、法人和其他组织权利或者增加其义务的规范，不得增加本部门的权力或者减少本部门的法定职责。第二，根据《立法法》第99条、第108条等规定，规章的效力低于法律、行政法规，且国务院有权改变或者撤销不适当的部门规章。因此，国务院部门立法虽然属于中央立法的组成部分，但在中央立法体系中，它的立法地位最低，是最低层次的立法。

2. 国务院部门立法调整的事项最为具体，较为广泛。

国务院部门立法规定的事项应当是执行法律或者国务院的行政法规、决定、命令的事项，因此，国务院部门立法所调整的事项，比法律、行政法规调整的事项更为具体，其调整的事项最为具体。同时，法律、行政法规在很大程度上有赖于部门规章才能具体实施，大量行政法规的实施细则均需通过国务院部门立法制定，且国务院部门立法调整的事项涉及国家行政管理的各个方面，因此，国务院部门立法调整的事项较为广泛。

3. 在中央立法中，国务院部门立法的适用范围相对最窄。

国务院部门立法制定的规章效力低于宪法、法律、行政法规，其立法调整的事项，涉及国家行政管理的具体事项。同时，国务院部门的立法，虽通常可以适用于全国，但其调整的事项，仅限于其权限范围内的事项，故与其他中央立法相比，国务院部门立法的适用范围相对最窄。

二、国务院各部的立法权及调整事项

根据《宪法》第90条及《立法法》第91条等规定，国务院所属部门立法的调整事项应当属于执行法律或者国务院的行政法规、决定、命令的事项。同时，没有法律或者国务院的行政法规、决定、命令的依据，部门规章不得设定减损公民、法人和其他组织权利或者增加其义务的规范，不得增加本部门的权力或者减少本部门的法定职责。

第六节 中央立法的运行现状及完善

中国华人民共和国成立以来，特别是改革开放40多年来，我国的立法工作取得了举世瞩目的成就。2011年1月24日，十一届全国人大常委会召开会议，宣布中国特色社会主义法律体系已经形成，涵盖社会关系各个方面的法律部门已经齐全，各个法律部门中基本的、主要的法律已经制定，相应的行政法规和地方性法规比较完备，法律体系内部总体做到科学和谐统一。党的十八大以来，适应中国特色社会主义进入新时代的新形势，我国加强重点领域立法，以宪法为核心的中国特色社会主义法律体系的系统性、整体性、协同性、时效性进一步增强。但就中央立法而言，仍存在一些不足之处，需要进行完善。

一、全国人民代表大会及其常务委员会立法的运行现状及完善

（一）全国人民代表大会及其常务委员会立法权的划分及完善

根据《宪法》和《立法法》等规定，全国人民代表大会及其常务委员会共同行使国家立法权，两者的分工规则主要为：全国人民代表大会制定、修改、废止宪法及基本法律；全国人民代表大会常务委员会制定、修改、废止基本法律之外的法律，在全国人民代表大会闭会期间，对全国人民代表大会制定的法律进行部分补充和修改，解释宪法和法律。

在实践中，因"基本法律"，以及"部分补充和修改"的含义不明，导致众多学者担心，全国人民代表大会常务委员会逐渐进入全国人民代表大会的立法权限的范围，取代全国人民代表大会成为最重要的国家立法机关。[1] 恢复法制建设30余年以来，作为最高国家权力机关的全国人大并未承担主要的立法工作，而其常设机构全国人大常委会却在实际上成为我国法律的主要制定者。[2]

---

〔1〕 参见周宇骏：《我国国家立法权的内部配置研究》，法律出版社2022年版，第29页。

〔2〕 参见徐向华主编：《立法学教程》，北京大学出版社2017年版，第128页。

学者们的上述担心也有相应的事实支持，如自第九届全国人民代表大会以来，全国人大审议通过的法律案只有 14 件，而同期全国人大常委会审议通过的法律案则高达 306 件。自第十届全国人民代表大会以来，除宪法修正案外，全国人大通过的全部法律案都是经全国人大常委会先行审议再提请大会审议的。根据《立法法》的规定，此过程并非立法的必经审议程序。[1] 此外，全国人大常委会曾 17 次修改了全国人大制定的 1979 年《刑法》。这些修改直接涉及犯罪主体的增设、刑罚种类的增加、量刑制度的加重和法定刑的提高，甚至涉及溯及力原则的变动。[2]

法律制度作为上层建筑，应当符合经济基础的需要。全国人民代表大会及其常务委员会立法权限的划分，亦应遵循上述原则。当前中国经济发展迅速，社会变革剧烈，法律制度需要更强的适应性。而根据《宪法》第 61 条第 1 款规定，除临时会议外，全国人民代表大会会议每年举行一次。如果大量的法律制定、修改工作均由全国人民代表大会承担，恐怕我国的法律制度将无法适应社会的需求。因此，在当前的社会环境下，由全国人民代表大会常务委员会这一常设机构更多地承担法律制定、修改的工作，更符合实际的需求。

同时，在《宪法》《立法法》等相关规定中，对于“基本法律”，以及“部分补充和修改”等的含义未作出明确的规定，但对全国人民代表大会常务委员会的立法权限仍有一些明确的限制，如其对全国人民代表大会制定的法律进行部分补充和修改时有三个限制：一是只能在全国人民代表大会闭会期间行使；二是只能对全国人民代表大会制定的法律进行部分补充和修改，不能进行全面的修改；三是修改不得同被部分补充和修改的法律的基本原则相抵触。因此，全国人民代表大会常务委员会在不违反立法权限的明确限制的情况下，更多地在“模糊地带”行使立法权，并不违反《宪法》或《立法法》的规定。况且，根据《立法法》第 108 条等规

---

〔1〕 参见周宇骏：《我国国家立法权的内部配置研究》，法律出版社 2022 年版，第 26 – 27 页。

〔2〕 参见徐向华主编：《立法学教程》，北京大学出版社 2017 年版，第 128 页。

定,全国人民代表大会有权改变或撤销全国人民代表大会常务委员会超越了权限而制定的法律,故全国人民代表大会可以对全国人民代表大会常务委员会的立法活动进行监督。

当然,随着国家改革的深化,社会的发展,当经济基础发展到稳定阶段时,可以对全国人民代表大会及其常务委员会行使国家立法权的分工规则进行进一步的明确,并扩大全国人民代表大会的立法范围。同时,也可以就全国人民代表大会监督全国人民代表大会常务委员会立法活动的规则进行进一步的扩张、明确。

(二)强化全国人民代表大会常务委员会的法律解释权

以解释主体为标准划分,可将法律解释区分为立法解释、司法解释和行政解释。根据《宪法》第 67 条以及全国人民代表大会常务委员会《关于加强法律解释工作的决议》的规定,解释宪法和法律的职权由全国人民代表大会常务委员会行使;审判工作中及检察工作中具体应用法律、法令的问题,由最高人民法院及最高人民检察院进行解释。仅从规定上看,立法解释与司法解释的权限划分似乎非常清晰;但就最高人民法院及最高人民检察院发布的"解释""规定""规则""批复"和"决定"等各类司法解释而言,实践中,有学者认为:"司法机关在完全脱离或突破文本情况下而作出的刑法司法解释已经不是解释而是带有立法性质的活动,这一活动的结果无可争辩地衍生出司法法这一产物。"[1]

因最高人民法院及最高人民检察院发布司法解释不可避免地会创立一些司法裁判规则,从而引发了"司法解释立法化"的争议。事实上,根据全国人民代表大会常务委员会《关于加强法律解释工作的决议》第二部分规定,凡属于法院审判工作中具体应用法律、法令的问题,由最高人民法院进行解释。凡属于检察院检察工作中具体应用法律、法令的问题,由最高人民检察院进行解释。因此,最高人民法院及最高人民检察

[1] 参见陈兴良、周光权:《刑法司法解释的限度——兼论司法法之存在及其合理性》,载《法学》1997 年第 3 期。

院发布司法解释具有相应的法律依据，其性质属于对具体法律、法令应用规则的解释。同时，《立法法》第119条第1款第1句规定：“最高人民法院、最高人民检察院作出的属于审判、检察工作中具体应用法律的解释，应当主要针对具体的法律条文，并符合立法的目的、原则和原意。”对于在审判实践中遇到的“法律的规定需要进一步明确具体含义的”，以及“法律制定后出现新的情况，需要明确适用法律依据的”等情况，根据《立法法》规定，亦应由最高人民法院、最高人民检察院向全国人民代表大会常务委员会提出法律解释的要求或者提出制定、修改有关法律的议案，由全国人民代表大会常务委员会进行解释或制定、修改相关法律。因此，从规范意义上而言，最高人民法院、最高人民检察院根据相关规定发布司法解释的行为，本身并不属于立法活动，而仅仅属于对具体法律、法令应用规则的解释。实践中出现的不针对具体的法律条文的司法解释，或不符合立法的目的、原则和原意的司法解释，已不属于合法的司法解释，本身应当予以纠正。

与立法解释一样，司法解释的目的在于解决审判实践中遇到的“法律的规定需要进一步明确具体含义的”等情况，填补法律的“真空地带”。虽然司法解释应当主要针对具体的法律条文，并符合立法的目的、原则和原意，但在司法解释的过程中，因最高人民法院和最高人民检察院并不是原立法机关，对于立法的目的、原则和原意的理解可能并不透彻，在进行司法解释的时候，出发点亦是为了解决司法过程中的问题，而不是对立法的目的、原则和原意进行解释，甚至可能存在司法系统与立法系统的不同的利益。在上述情况下，司法解释不可避免地会创造一些规则，甚至可能会创造出原法律中没有的规则，可能超越具体的法律条文，并不完全符合立法的目的、原则和原意。在上述情况下，需要对此类司法解释进行有效的纠正。

目前大量的法律解释工作都由最高人民法院和最高人民检察院完成了，全国人民代表大会常务委员会立法解释的数量明显不如司法解释的数量多，人民代表大会常务委员会亦未能形成法律解释的传统。例如，在《民法典》实施后，最高人民法院就立即制定了《关于适用〈中华人民共和国民法典〉有关担保制度的解释》《关于适用〈中华人民共和国民法典〉总则编若干问题的解释》等。这一局面的形成有其必然性，主要原因在于只有司法系统才能在日常审判过程中遇到法律适用的具体问题，才能有针对性地制定相应的规则，在符合立法的目的、原则和原意的前提下，更好地适用法律。在当前经济发展迅速，社会变革剧烈的情况下，确有必要加强最高人民法院和最高人民检察院进行司法解释的工作。但同时，为防止出现不针对具体的法律条文，以及不符合立法的目的、原则和原意的司法解释，还应当同步加强对司法解释的审查和监督。例如，在司法解释实施前，应由全国人民代表大会常务委员会审查通过，同时增加全国人民代表大会常务委员会改变或撤销司法解释的职权等。

二、国务院立法及部门立法的运行现状及完善

根据《宪法》和《立法法》的规定，国务院可以为执行法律的规定需要或就《宪法》规定的国务院行政管理职权，根据宪法和法律，制定行政法规，或根据全国人民代表大会及其常务委员会的授权，制定行政法规。同时，国务院各部、委员会、中国人民银行、审计署和具有行政管理职能的直属机构，可以根据法律和国务院的行政法规、决定、命令，在本部门的权限范围内，制定规章。

上述"根据宪法和法律""根据法律和国务院的行政法规、决定、命令"，有以下几种含义：(1)相关规范性文件中明确相关事项应制定行政法规或规章。如1986年7月1日实施的《渔业法》第34条第1款规定："国务院渔业行政主管部门根据本法制定实施细则，报国务院批准后施行。"1987年10月20日，经国务院批准，原农牧渔业部发布了《渔业法实施细则》，并明确了系根据1986年《渔业法》第34条的规定制定的。(2)相关规范性文件中未明确相关事项应制定行政法规或规章，但规范性文件规定不明，需要制定行政法规或规章方可执行。如国务院于1999年12月5日发布的《中华人民共和国台湾同胞投资保护法实施细

则》。(3)在职权范围内,根据相关规范性文件的规定,制定行政法规或规章。

就其中"规范性文件规定不明,需要制定行政法规或规章方可执行"的情形,会与"法律的规定需要进一步明确具体含义"而需进行法律解释的情形发生重合。目前,就法律的执行事宜,尚未就法律解释与行政法规的制定作出明确的区分。因法律解释权由全国人民代表大会常务委员会行使,行政法规由国务院制定,因此,需要就"执行法律的规定需要"与"法律的规定需要进一步明确具体含义"的具体含义进行进一步的区分,以明确在何种情况下,由国务院制定行政法规;在何种情况下,由全国人民代表大会常务委员会进行法律解释。

同时,中国幅员辽阔、人口众多、各地发展不平衡,目前正处于改革的攻坚阶段,对法律制度的改革也有着迫切的需求,而国务院作为我国的我国最高国家行政机关,对社会各界的需求有着最为深刻的理解。在这种情况下,应有效地发挥授权国务院制定行政法规的作用。根据《立法法》的规定,授权立法只能由全国人民代表大会及其常务委员会"主动"授权,很可能无法满足现实的需求。应当赋予国务院在全国人大或者全国人大常委会会议期间主动提出授权申请要求予以授权立法的权利,然后再根据全国人大或者全国人大常委会的授权决定制定授权性行政法规,既满足现实的立法需求,又保障国务院授权性的行政法规制度更为完善。[1]

---

〔1〕 参见徐向华主编:《立法学教程》,北京大学出版社 2017 年版,第 135 页。

第六章　地方立法

从纵向来看,立法分为中央立法和地方立法。地方立法是相对于中央立法而言的,泛指地方国家机关创制各种法律规范的活动。我国地方立法在立法体制中起着执行和补充国家立法的作用,它是国家立法的重要构成部分。地方立法本身也是一个由多类别、多层次的立法所构成的系统,每一类别、层次的地方立法又由多种不同内容的、受有关方面制约的具体的立法所构成,它们结合在一起构成了作为整体的地方立法。地方性法规的价值在于反映本地方的特殊性,生命力在于从本地方的实际出发,效果体现在具有较强的针对性和可操作性上。[1]

从类别上看,地方立法可以划分为一般地方立法、民族自治地方立法和特区地方立法三种。一般地方立法,是指省、自治区、直辖市及其人民政府所在地的市和经国务院批准的较大的市、设区的市的人民代表大会及其常务委员会和人民政府制定地方性法规、地方政府规章的活动。民族自治地方立法,是指民族自治地方人民代表大会及其常务委员会制定自治条例、单行条例的活动。特区地方立法包括经济特区和行政特区(特别行政

---

〔1〕 参见宋才发:《地方立法的质量、困境与出路研究》,载《山东行政学院学报》2022 年第 3 期。

区）立法两类，都是制定符合本区域特点、仅适用于本区域的法律规则的活动。

第一节　一般地方立法

现行《立法法》第 81 条第 1 款第 1、2 句规定："设区的市的人民代表大会及其常务委员会根据本市的具体情况和实际需要，在不同宪法、法律、行政法规和本省、自治区的地方性法规相抵触的前提下，可以对城乡建设与管理、生态文明建设、历史文化保护、基层治理等方面的事项制定地方性法规，法律对设区的市制定地方性法规的事项另有规定的，从其规定。设区的市的地方性法规须报省、自治区的人民代表大会常务委员会批准后施行。"第 93 条第 1～3 款规定："省、自治区、直辖市和设区的市、自治州的人民政府，可以根据法律、行政法规和本省、自治区、直辖市的地方性法规，制定规章。地方政府规章可以就下列事项作出规定：（一）为执行法律、行政法规、地方性法规的规定需要制定规章的事项；（二）属于本行政区域的具体行政管理事项。设区的市、自治州的人民政府根据本条第一款、第二款制定地方政府规章，限于城乡建设与管理、生态文明建设、历史文化保护、基层治理等方面的事项。已经制定的地方政府规章，涉及上述事项范围以外的，继续有效。"《立法法》上述条款构成了对一般地方立法的基本规定。

一、一般地方立法的内容

一般地方立法是地方国家机关制定地方性法规和地方政府规章的活动。民族自治地方制定非民族自治立法和经济特区所在地的市制定经济特区以外的立法，都属于一般立法的内容。

(一)制定地方性法规

制定地方性法规,是一般地方立法最常规性的立法权。这一权力的法定来源主要是宪法、地方组织法和立法法的直接确定。一般地方立法制定的地方性法规,是一般地方解决本地具体问题的主要的法的形式,其法律效力在宪法、法律和行政法规之下,其对贯彻实施宪法、法律和行政法规有积极而行之有效的作用。一般地方立法的主体主要就是通过制定和修改地方性法规来实现对本地重大事项的法的调整。[1]

制定和修改地方性法规作为一般地方的最主要的立法活动,立法对其有着明确的限制性条件和保障制度规定,具体包括:(1)地方性法规要根据本行政区域的具体情况和实际需要制定,不得同宪法、法律和行政法规相抵触。省级以下的地方性法规还不得与省级地方性法规相抵触。(2)省、自治区、直辖市的人大及其常委会制定地方性法规,要报全国人大常委会和国务院备案;较大的市(省、自治区政府所在地的市、经济特区所在地的市和经国务院批准的较大的市)和其他设区的市的人大及其常委会制定地方性法规,要报省、自治区人大常委会批准,并由后者报全国人大常委会和国务院备案;报请批准的地方性法规如不同宪法、法律、行政法规和本省、自治区的地方性法规相抵触,应当予以批准。(3)地方性法规可以就法定事项范围作出规定,不得就应当由法律或行政法规规定的事项作出规定。(4)全国人大常委会有权撤销同宪法和法律相抵触的地方性法规,地方人大有权改变或撤销它的常委会制定的不适当的地方性法规。

---

〔1〕 我国地方性法规制定权的归属经历了一个发展过程。第五届全国人大第二次会议通过的《地方各级人民代表大会和地方各级人民政府组织法》规定了省级人大及其常委会享有地方性法规制定权。自此,揭开了中国地方立法改革、立法体制改革以至整个立法实践和立法理论改革的序幕。地方性法规和地方性法规立法权,成为中国立法理论和实践的非常重要的概念和事物。经过一段时间的发展,尤其是《立法法》修改以后,可以行使地方性法规立法权的地方进一步拓展到设区的市一级。

（二）制定地方政府规章

制定地方政府规章，也是一般地方的常规性立法权。这一权力来源是《地方各级人民代表大会和地方各级人民政府组织法》和《立法法》的规定。地方政府规章的制定主体包括省、自治区、直辖市、较大的市（省、自治区政府所在地的市、经济特区政府所在地的市和经国务院批准的较大的市）以及设区的市的人民政府。地方政府规章是我国法的正式渊源，但效力等级最低。从法律效力来看，地方政府规章低于宪法、法律和行政法规，与国务院部门规章具有同等效力。地方政府规章的数量多、调整范围大、内容比较具体，对宪法、法律、行政法规和省级地方性法规的贯彻实施行之有效。实践中，本地行政工作往往比较依赖本地地方政府规章。

为保障地方政府规章的制定得以正确、慎重地进行，地方政府规章的制定也需要受到严格的规范和监督：（1）省级人民政府可以根据法律、行政法规和本省、自治区、直辖市的地方性法规制定规章，报国务院备案。（2）省以下地方人民政府制定的规章应当同时报本级人民代表大会常务委员会备案，设区的市、自治州的人民政府制定的规章应当同时报省、自治区的人民代表大会常务委员会和人民政府备案。（3）国务院有权改变不适当的地方政府规章，地方人大常委会有权撤销本级政府制定的不适当的规章；省、自治区人大常委会和政府有权撤销下一级政府制定的不适当的规章。（4）地方政府规章与国务院部门规章之间对同一事项的规定不一致时，由国务院裁决。

二、一般地方立法的权限

一般地方立法的权限涉及地方能就哪些事项进行何种形式的立法，还涉及地方立法与中央立法、各类地方立法之间的界限如何确定。明确地方立法的权限范围，才能明确地方立法的形式和地方立法调整、规范的对象和领域，从而避免出现上述争议。

（一）地方性法规的立法权限

1. 省级地方性法规的权限

《立法法》第80条规定："省、自治区、直辖市的人民代表大会及其常务委员会根据本行政区域的具体情况和实际需要，在不同宪法、法律、行政法规相抵触的前提下，可以制定地方性法规。"对于省、自治区、直辖市的人民代表大会及其常务委员会制定的地方性法规，调整事项范围较大，在不违反"法律保留"和遵循"不抵触"原则的前提下，凡是属于本行政区域内实际需要的均可以通过地方性法规来调整。

根据《立法法》第11条和第82条规定，可以将地方性法规的权限概括为"三个可以"和"十一个不可以"。所谓"三个可以"，具体包括：（1）为执行法律、行政法规的规定，需要根据本行政区域的实际情况作具体规定的事项；（2）属于地方性事务需要制定地方性法规的事项；（3）对于全国人大及其常委会专有立法权之外的事项，国家尚未制定法律或者行政法规的，可以先制定地方性法规，在国家制定的法律或者行政法规生效后，地方性法规同法律或者行政法规相抵触的规定无效，制定机关应当及时予以修改或者废止。所谓"十一个不可以"，具体包括：（1）国家主权事项；（2）各级人民代表大会、人民政府、监察委员会、人民法院和人民检察院的产生、组织和职权；（3）民族区域自治制度、特别行政区制度、基层群众自治制度；（4）犯罪和刑罚；（5）对公民政治权利的剥夺、限制人身自由的强制措施和处罚；（6）对非国有财产的征收、征用；（7）税种的设立、税率的确定和税收征收管理等税收基本制度；（8）民事基本制度；（9）基本经济制度以及财政、海关、金融和外贸的基本制度；（10）诉讼制度和仲裁基本制度；（11）必须由全国人民代表大会及其常务委员会制定法律的其他事项。[1] 这些内容是全国人大及其常委会的专属国家立法权,地方不得就这些事项制定或先行制定地方性法规。

实践中,省、自治区、直辖市的人民代表大会及其常务委员会制定的地方性法规通常会对以下具体事项进行规定:(1)关于本行政区域政权建设的某些事项。(2)关于本行政区域民主与法治建设的事项。包括在本行政区域内保证宪法、法律、行政法规和上级人大及其常委会的决议的遵守和执行事项;听取和审查本级人大常委会的工作报告、本级政

---

[1] 如《宪法》规定由法律规定的事项:(1)第8条第1款规定,参加农村集体经济组织的劳动者,有权在法律规定的范围内经营自留地、自留山、家庭副业和饲养自留畜。也就是说,规定经营自留地、自留山、家庭副业和饲养自留畜的范围只能依据法律。(2)第9条规定,矿藏、水流、森林等自然资源属国家所有,法律规定属于集体所有的森林和山岭、草原、荒地、滩涂除外。也就是说,森林和山岭、草原、荒地、滩涂属于集体所有的只能由法律规定。(3)第10条第2款规定,农村和城市郊区的土地,除法律规定属于国家所有的以外,属于集体所有。第3款规定,国家为了公共利益的需要,可以依照法律规定对土地实行征收或者征用并给予补偿。第4款规定,土地的使用权可以依照法律的规定转让。也就是说,农村和城市郊区土地属于国家所有、土地使用权转让及土地征收征用等事项只能由法律规定。(4)第13条第2款规定,国家依照法律保护公民的所有财产权和继承权。也就是说,公民的财产权、继承权只能由法律规定。(5)第16条规定,国有企业在法律规定的范围内自主经营。国有企业依照法律规定,通过职工代表大会和其他形式,实行民主管理。也就是说,国有企业经营权和民主管理制度只能由法律规定。(6)第18条第1款规定,中华人民共和国允许外国企业和其他组织或者个人依照法律的规定在中国投资,进行经济合作。也就是说,外商投资、中外合作制度只能由法律规定。(7)第19条第4款规定,国家鼓励社会力量依照法律规定举办各种教育事业。也就是说,民办教育制度只能由法律规定。(8)第41条第3款规定,由于国家机关和国家工作人员侵犯公民权利而受到损失的人,有依照法律取得赔偿的权利。也就是说,国家赔偿制度只能由法律规定。(9)第44条规定,国家依照法律规定实行企业事业组织的职工和国家机关工作人员的退休制度。也就是说,退休制度只能由法律规定。(10)第55条第2款规定,依照法律服兵役和参加民兵组织是公民的义务。也就是说,兵役和民兵预备役制度只能由法律规定。(11)第89条第16项规定,依照法律规定决定省、自治区、直辖市范围内部分地区进入紧急状态;第17项规定,依照法律规定任免、培训、考核、奖惩行政人员。也就是说,紧急状态制度和行政人员任免、培训、考核、奖惩制度只能由法律规定。(12)第91条第2款规定,审计机关依照法律规定独立行使审计监督权,不受其他行政机关、社会团体和个人干涉。第109条规定,地方各级审计机关依照法律规定独立行使审计监督权。也就是说,审计机关的职权、审计程序、审计准则只能由法律规定。除这些外,宪法还规定了其他一些只能制定法律的事项,但都已经被《立法法》所吸收。

府和法院、检察院的工作报告事项；监督本级政府、司法机关的工作，联系本级人大代表，受理人民群众对上述机关和国家工作人员的申诉和意见方面的事项；改变或撤销本级人大常委会的不适当的决议，撤销本级政府的不适当的决定和命令，撤销下一级人大及其常委会的不适当的决议方面的事项；保护公有财产，保护公民私人所有的合法财产，维护社会秩序，保障公民的人身权利、民主权利和其他权利，保障农村集体经济组织应有的自主权，保障少数民族的权利，保障宪法和法律赋予妇女的男女平等、同工同酬和婚姻自由等各项权利方面的事项。(3)关于本行政区域经济建设的事项。包括保证国家计划和国家预算的执行事项；审查和批准本行政区域内的国民经济和社会发展计划、预算以及它们执行情况的报告，决定对本行政区域内的国民经济和社会发展计划、预算的部分变更方面的事项。(4)关于本行政区域内教育、科学、文化、卫生、民政、民族工作中重大的即带有全局性、长远性的应兴应革的事项，以及决定授予地方的荣誉称号等其他事项。

2. 市级地方性法规的权限

对于设区的市地方性法规的权限，《立法法》则作出了比较严格的限定。《立法法》第81条第1款规定："设区的市的人民代表大会及其常务委员会根据本市的具体情况和实际需要，在不同宪法、法律、行政法规和本省、自治区的地方性法规相抵触的前提下，可以对城乡建设与管理、生态文明建设、历史文化保护、基层治理等方面的事项制定地方性法规，法律对设区的市制定地方性法规的事项另有规定的，从其规定。"[1]

《立法法》有关设区的市立法权限的法律规定，可以从以下三个层面归纳和理解：(1)《立法法》第81条规定的"城乡建设与管理、生态文明建设、历史文化保护、基层治理"，是《立法法》对设区的市立法权限规制的第一层次范围。当下设区的市立法工作主要是围绕"城乡建设与管理"、"生态文明建设"、"历史文化保护"和"基层治理"这四个方面任务

[1] 2023年修正的《立法法》对设区的市可以行使地方立法权的事项进行修改和扩充，即将"环境保护"修改为"生态文明建设"，并增加"基层治理"的规定。

展开的，这四个方面既是法律赋予设区的市的主要立法权限，也是设区的市的主要立法责任、立法权力和立法地位的体现。(2)《立法法》第81条第1款规定的“等方面的事项”，是《立法法》对设区的市立法权限规制的第二层次范围。这既是法律对设区的市立法权限范围的“兜底性”规定，也是对“城乡建设与管理”、“环境保护”和“历史文化保护”三个立法权限外延边界的设定。(3)《立法法》第81条第1款规定的“法律对设区的市制定地方性法规的事项另有规定的，从其规定”，是《立法法》对设区的市立法权限规制的第三层次范围。这个规定是法律对设区的市立法权限做出的一种前瞻性规范，一旦设区的市的立法出现新的情况或有特殊立法需求，全国人大及其常委会即可通过授权的方式扩张设区的市的立法权限。“授权立法”方式实质上突破了第一层次范围和第二层次范围立法权限的规制，其作用在于应对设区的市立法权限的滞后性，以利于更好地协调设区的市与其他立法主体之间的立法关系。

3. 地方性法规对行政措施的设定权限

由于立法权限和事项范围的限制，地方性法规不涉及刑事法律，一般也不涉及民事法律，其主要集中在对行政处罚、行政强制措施、行政许可等行政措施的设定权方面：(1)对行政处罚的设定。《行政处罚法》第12条第1款规定，地方性法规可以设定除限制人身自由、吊销营业执照以外的行政处罚。因为《行政处罚法》第9条第6项的兜底条款仅规定法律、行政法规规定的其他行政处罚种类，所以地方性法规可以设定的行政处罚种类仅限于警告、罚款、责令停产停业、没收违法所得、没收非法财物、暂扣或者吊销许可证。《行政处罚法》第12条第2款和第3款规定，法律、行政法规对违法行为已经作出行政处罚规定，地方性法规需要作出具体规定的，必须在法律、行政法规规定的给予行政处罚的行为、种类和幅度的范围内规定。法律、行政法规对违法行为未作出行政处罚规定，地方性法规为实施法律、行政法规，可以补充设定行政处罚。其中，上位法规定为违法行为，但没有设定处罚的，地方性法规不能设定。实践中，对于行为、种类和幅度易于把握，但对法律、行政法规未规定为违法行为的，地方性法规应当如何处理，是一律不得设定处罚还是可以根据需要规定为违法行为并设定处罚？这成为地方性法规设定行政处罚的争论。[1] (2)对行政强制的设定。根据《行政强制法》第9条和第10条第3款规定，尚未制定法律、行政法规，且属于地方性事务的，地方性法规可以设定查封场所、设施或者财物和扣押财物两种行政强制措施，但不能设定行政强制执行。这种设定，应存在于自主性立法和实验性立法中。(3)对行政许可的设定。根据《行政许可法》第15条的规定，在法律规定可以设定行政许可事项范围内，地方性法规不得设定应当由国家统一确定的公民、法人或者其他组织的资格、资质的行政许可和企业或者其他组织的设立登记及其前置性行政许可。其设定的行政许可，不得限制其他地区的个人或者企业到本地区从事生产经营和提供服务，不得限制其他地区的商品进入本地区市场。在实践中，地方性法规设定行政许可的事项主要有两类：一是普通许可。主要适用于污染和其他公害的防治、生态环境保护，危险品的生产、储存、运输和涉及公民身体健康和生命财产安全的生产、经营等事项。二是特许。包括公益事业经营许可、出租车经营许可等。此外，尚未制定法律、行政法规的，地方性法规可以设定行政许可。

(二)地方政府规章的立法权限

地方政府规章包括省级政府规章和设区的市、自治州政府规章，在习惯表述上，后者被统称市级政府规章。根据《立法法》和其他法律的规定，规章原则上均属于执行性立法的范畴，但是省级政府规章在权限和事项范围上远大于市级政府规章。

---

[1] 对此有观点认为，上位法没有确定为违法行为的，地方性法规可以结合实际需要设定。其理由：一是《行政处罚法》只是规定，上位法已经对违法行为作出规定了的不能突破规定，并没有规定上位法规定之外的行为不能规定为违法行为并设定处罚。二是参照行政法规的做法。《行政处罚法》第10条第2款对行政法规的处罚设定权，与第11条第2款地方性法规处罚设定权基本一致。而行政法规中，对法律没有规定的违法行为，是可以设定处罚的。参见董高群：《关于设区的市制定地方性法规权限的把握》，载《人大研究》2016年第8期。

1. 省级政府规章的权限

《立法法》第93条第1款和第2款规定："省、自治区、直辖市和设区的市、自治州的人民政府，可以根据法律、行政法规和本省、自治区、直辖市的地方性法规，制定规章。地方政府规章可以就下列事项作出规定：（一）为执行法律、行政法规、地方性法规的规定需要制定规章的事项；（二）属于本行政区域的具体行政管理事项。"这是关于省级政府规章制定权限和事项的规定。从法律效力等级上看，省级政府规章的效力低于省级人大的地方性法规，这就意味着《立法法》第81条关于省级人大地方性法规权限的约束同样适用于省级政府规章。此外，省级政府规章的制定应当有法律、行政法规和本省、自治区、直辖市地方性法规的"根据"，而不只是与这些上位法"不抵触"。

从具体事项来看，省级政府规章所能规定的事项有两项：（1）为执行法律、行政法规、地方性法规的规定需要制定规章的事项。这属于为执行上位法而制定地方政府规章。这种为满足执行需要制定的规章，既可以是根据法律法规明确要求制定的地方政府规章，也可以是地方政府自己认为有这种需要而制定的规章，但是它们应当都是执行性的规章。（2）属于本行政区域的具体行政管理事项。这是地方政府规章不同于国务院部门规章的方面。地方政府规章制定权限比部门规章更大，但行使这一权限有一定的要求。首先，要根据相关的法律、行政法规和地方性法规；其次，限于本行政区域的具体行政管理事项。所谓具体行政管理事项，是指行政管理体系内比较专业、微观、行政性特点强的事项，表现为内容窄化、局部和单一，原则上不涉及创制权利义务关系等。

实践中，省、自治区、直辖市人民政府规章主要对以下事项进行调整：（1）执行本级人大及其常委会的决议和上级国家行政机关的决定和命令，规定行政措施，发布决定和命令方面的事项。（2）领导所属各部门和下级政府的工作，改变或撤销所属各工作部门的不适当的决定、命令，依照法律的规定任免、培训、考核和奖惩国家行政机关工作人员方面的事项。（3）执行国民经济和社会发展计划、预算，管理本行政区域内的经济、教育、科学、文化、卫生、体育事业、城乡建设事业和财政、民政、公安、民族事务、司法行政、监察、计划生育等行政工作方面的事项。(4)保护公有财产和公民私人所有的合法财产,维护社会秩序,保障公民的人身权利、民主权利和其他权利;保障农村集体经济组织应有的自主权;保障少数民族的权利和尊重少数民族的风俗习惯,帮助本行政区域内少数民族聚居的地方依法实行区域自治,帮助各少数民族发展政治、经济和文化的建设事业;保障宪法和法律赋予妇女的男女平等、同工同酬和婚姻自由等各项权利方面的事项。(5)办理上级国家行政机关交办的其他事项等。

这里需要注意,设区的市级地方性法规立法事项与省级政府规章的衔接问题。一方面,根据《立法法》的规定,设区的市制定的地方性法规位阶高于省级政府规章。另一方面,省级政府及其相关部门并非设区的市制定地方性法规的实施主体,而且还依法享有领导或者指导市级以下政府及其部门的权力。因此,制定地方性法规时涉及省级政府的职权必须谨慎处理,原则上市级地方性法规不能作出与省级政府规章不一致的规定。

2. 市级政府规章的权限

根据《立法法》第 93 条第 2 款和第 3 款的规定,从调整的事项来看,市级政府规章的范围远远要窄于省级政府规章,仅限于城乡建设与管理、生态文明建设、历史文化保护、基层治理等方面的事项。从制定的依据来看,设区的市、自治州的地方政府规章,无论是"为执行法律、行政法规、地方性法规的规定需要制定规章的事项",还是"属于本行政区域的具体行政管理事项",都必须以法律、行政法规或者本省、自治区制定的地方性法规作为"上位法"依据。因此,市级地方政府规章立法权较之于其地方性法规立法权,受到的限制明显更多。市级政府规章基本上只能是执行性立法,而不能自主创设新的权利义务。为避免这一规定过于刚性而不能满足现实立法需求,《立法法》第 93 条第 5 款规定:"应当制定地方性法规但条件尚不成熟的,因行政管理迫切需要,可以先制定地方政府规章。规章实施满两年需要继续实施规章所规定的行政措施的，应当提请本级人民代表大会或者其常务委员会制定地方性法规。”从而使设区的市的人民政府可以在没有相应地方性法规的情况下，有条件地先行制定地方政府规章，以适应行政管理的迫切需要。

为防止地方人民政府借地方政府规章尤其是市级政府规章的制定任意减损公民、法人和其他组织的权利或者增加其义务，《立法法》第93条第6款规定，没有法律、行政法规、地方性法规的依据，包括省级规章在内的所有地方政府规章均不得设定减损公民、法人和其他组织权利或者增加其义务的规范。[1] 这一规定对于有效约束地方政府规章制定权的“任性”行使，保障公民、法人和其他组织的正当权益的积极意义是不容忽视的。[2]

第二节　民族自治地方立法

民族自治地方立法，是指民族自治地方的人民代表大会，依法制定和变通制定效力及于本民族自治地方的自治条例、单行条例、变通和补充规定的立法活动。民族自治立法是少数民族地区行使地方立法自治权的重要体现。我国《宪法》《立法法》《民族区域自治法》均规定了民族自治地方的人民代表大会有权依照当地民族的政治、经济和文化的特

---

〔1〕 根据《行政处罚法》第14条第2款“尚未制定法律、法规的，地方政府规章对违反行政管理秩序的行为，可以设定警告、通报批评或者一定数额罚款的行政处罚。罚款的限额由省、自治区、直辖市人民代表大会常务委员会规定”这一内容，市级政府规章可以在省人大常委会规定的限额内创设一定数额的罚款。

〔2〕 地方性法规和地方政府规章大都是为执行上位法而产生，但二者在立法权限上还是存在区别的：(1)除非有明确授权，一般而言，为执行法律的地方立法应体现为地方性法规。为执行行政法规的地方立法应体现为地方政府规章。(2)没有直接上位法依据的先行性立法或含有创制性规范的自主性立法，一般应考虑制定地方性法规。(3)涉及具体行政管理事项，一般应制定地方政府规章，不考虑地方性法规。(4)没有法律、行政法规、地方性法规的依据，地方政府规章不得设定减损公民、法人和其他组织权利或者增加其义务的规范。换言之，如果涉及减增权利义务关系及增设行政许可、行政处罚内容的，地方政府规章无权规范。参见赵立新：《地方性法规和地方政府规章立法权限划分初探》，载《人大研究》2015年第8期。

点，制定自治条例和单行条例，制定变通或者补充的规定。由此，民族自治地方立法拥有了双重的立法权，即一般地方立法权与自治立法权。较之于一般地方的立法，民族自治地方的立法范围应仅限于制定符合实际需要的自治立法活动。

一、民族自治地方立法的依据

《宪法》第116条规定："民族自治地方的人民代表大会有权依照当地民族的政治、经济和文化的特点，制定自治条例和单行条例。自治区的自治条例和单行条例，报全国人民代表大会常务委员会批准后生效；自治州、自治县的自治条例和单行条例，报省或者自治区的人民代表大会常务委员会批准后生效，并报全国人民代表大会常务委员会备案。"《民族区域自治法》第19条规定："民族自治地方的人民代表大会有权依照当地民族的政治、经济和文化的特点，制定自治条例和单行条例。自治区的自治条例和单行条例，报全国人民大会常务委员会批准后生效。自治州、自治县的自治条例和单行条例报省、自治区、直辖市的人民代表大会常务委员会批准后生效，并报全国人民代表大会常务委员会和国务院备案。"《宪法》和《民族区域自治法》的上述规定都在不同程度上为民族自治地方的立法权，提供着直接的法律依据，成为民族自治地方立法开展的基石，确保民族自治地方立法活动的有序开展。以上述规定为依托，在上位法规定不适宜民族自治地方的发展，实际实施确有困难时，或者尚没有上位法的明文规定时，可在上位法的基本原则之内，在不违背宪法和民族区域自治的基本制度的前提下进行立法，合理合法构建符合民族自治地方的法律规范体系。

《立法法》第85条规定："民族自治地方的人民代表大会有权依照当地民族的政治、经济和文化的特点，制定自治条例和单行条例。自治区的自治条例和单行条例，报全国人民代表大会常务委员会批准后生效。自治州、自治县的自治条例和单行条例，报省、自治区直辖市的人民代表大会常务委员会批准后生效。自治条例和单行条例可以依照当地民族的特点，对法律和行政法规的规定作出变通规定，但不得违背法律或者行政法规的基本原则，不得对宪法和民族区域自治法的规定以及其他有关法律、行政法规专门就民族自治地方所作的规定作出变通规定。”《立法法》第85条规定对民族自治地方的立法权进行了说明，明确指出在特殊情形下可以对上位法作出符合民族自治地方特点的变通规定，与《宪法》《民族区域自治法》不同的是，《立法法》不再只是原则性的规定，而是细化落实。

二、民族自治地方的制定立法

民族自治地方立法权是特定的立法权，它属于民族自治地方的自治权范畴。民族自治地方立法权可分为制定权和变通权。制定权，是指民族自治地方的人民代表大会有权依照当地民族的政治、经济和文化的特点，制定自治条例和单行条例。自治条例的制定可以为单行条例的制定提供依据，单行条例则是自治条例原则规定的具体化。变通权，是指上级国家机关的决议、决定、命令和指示，如有不适合民族自治地方实际情况的，自治机关可以报经该上级国家机关批准，变通执行或者停止执行，而民族自治地方的人民代表大会据此制定的变通执行和停止执行的原则和条件以及内容和程序的自治条例和单行条例。

（一）自治条例

自治条例是《宪法》与《民族区域自治法》等法律关于民族区域自治制度的具体化。自治条例调整民族自治地方内政治、经济、文化等诸方面的社会关系，相当于一个小“宪法”，在民族自治地方的法治建设及社会发展中发挥着重大作用。简言之，依据根本法和民族区域自治法的规定，自治条例的制定是从自治地方的政治、经济、文化等方面的特征出发，具有立法权力的主体，即民族自治地方的人民代表大会通过法定程序，基于调整自治地方内不同民族关系和解决民族事务的需要，而制定出来的综合性法规。

(二)单行条例

自治条例不可能对民族自治地方的具体问题作出全面的规定。单行条例对民族自治地方自治权所作出的具体细化,有利于自治条例原则规定得到进一步实施。单行条例是自治州、自治县的主要立法手段,在自治法规体系中数量最多、涉及领域最广,是民族自治地方行使自治权的重要体现。近些年来,民族自治地方的单行条例涉及的内容逐渐扩展,本着突出民族自治地方特色的原则,涉及民族教育、民族传统文化、资源开发保护、旅游、环境保护以及土地、森林、草原管理等多方面。与自治条例表现形式所具有的"小宪法"性质相比,单行条例是单对某一事务的具体事项进行针对性改变。一个自治地方一般仅制定一个综合性的自治条例,而单行条例的制定数量则相对较多。

三、民族自治地方的变通立法

立法变通权是民族自治地方立法的重要内容。由于法律自身不可避免地存在局限性,同时民族自治地方自身具有特殊性,立足于国家制定的统一法的普遍性,不可避免地在民族自治地方存在不适应性,与自治地方的民族文化发生摩擦,进而需要通过民族自治地方立法变通权的有效行使缓解摩擦与冲突,实现国家制定法与自治地方立法之间的相互协调。

民族自治地方立法既有自主性又有从属性。一方面,民族自治地方立法可以根据自治地方的民族性制定符合本区域的法律规范;另一方面,其自主性也受到限制,既不能脱离国家法治建设的方向,更不能沦为地方保护主义的托词。民族自治地方立法变通是民族自治地方立法自主性的重要体现,是民族自治地方行使立法自治权的形式之一,但在行使立法变通权的过程中,又必须遵守宪法和法律的相关规定。[1] 民族

---

〔1〕 民族自治立法对上位法的变通,必须具有宪法和立法法的明文依据,而且必须经过严格的批准程序。根据《立法法》第85条第1款规定,自治区的自治条例和单行条例,报全国人大常委会批准后生效;自治州、自治县的自治条例和单行条例,报省、自治区、直辖市的人大常委会批准后生效。

自治地方立法在法律适用上遵循“变通法优于被变通法”规则。这一规则由《立法法》第 101 条规定：“自治条例和单行条例依法对法律、行政法规、地方性法规作变通规定的，在本自治地方适用自治条例和单行条例的规定。经济特区法规根据授权对法律、行政法规、地方性法规作变通规定的，在本经济特区适用经济特区法规的规定。”

民族自治地方立法机关所作出的有关民族地区的立法变通规定，主要依据本民族自治地方的实际情况和特殊性对法律法规进行变通或补充规定，这是对原有法律法规的继承和发展，必然要求不能违背原则性规定。

值得注意的是，虽然《立法法》第 85 条第 2 款规定立法变通活动可以对法律、行政法规的规定作出变通，未提及对地方性法规的立法变通实践行为，但《立法法》第 109 条第 3 项却明确指出，立法变通规定在报送备案时，应当说明地方性法规作出变通的情况。因此，相当于从基本法律层面允许了少数民族地区对不能完全适用地方性法规的情况进行变通。

我国《立法法》第 85 条第 2 款对民族自治地方的立法变通权作了一定的限制，具体表现为如下几个方面：

第一，不得对《宪法》的规定进行变通。宪法作为国家的根本大法，具有最高的法律地位，任何法律规范都不得与之相抵触，任何形式的立法都不得损害宪法的威严。宪法对国家的社会制度、政治制度、经济制度进行了全方位的安排，是必须遵守和依据的原则和准则。宪法确认了各机关之间的权责归属，民族自治地方的立法变通权来源于宪法及宪法性法律文件的规定，因而民族自治地方的人民代表大会在行使立法变通职权的过程中，应当严格遵守宪法的相关规定。对宪法作出变通必然违背现行宪法，这是具有最高法律地位的宪法所不允许的。

第二，不得对《民族区域自治法》的规定进行变通。《民族区域自治法》是针对民族自治地方制定的通则性的法律，是我国民族自治的纲领性规范，立法时已充分考虑到了民族自治地方的特点，因此不需要再对其进行变通。

第三,不得对法律、行政法规关于民族自治地方的专门规定进行变通。除了《宪法》和《民族区域自治法》外,我国尚有多部法律对民族问题作了专门规定。民族自治地方进行立法变通活动,主要是考虑到民族自治地方会出现不适用全国性法律法规和省级地方性法规的情况,体现国家对民族自治地方的重视。针对相关问题,如果法律和行政法规已经有了专门的规定,这些专门规定已经将民族自治地方的特性考虑在内,那么民族自治地方就没有继续变通的必要了;否则不仅浪费法治资源,而且削减了立法权威。

第四,不得违背法律或者行政法规的基本原则。民族自治地方的建立是内部民族自决权在我国完整实践的具体体现,是在统一的多民族国家的前提下给予自治地方一定的自治权。法律和行政法规是中央立法,在全国范围内具有普遍效力,民族自治地方行使立法变通权时,不得违背法律或者行政法规的基本原则,这是维护国家法制统一的必然要求。

四、民族自治地方立法同一般地方立法的区别

在地方立法的三种结构中,民族自治地方立法与一般地方立法呈现诸多相似之处,对二者进行区分是极为必要的。一般来说,从形式上界分二者比较容易,从立法的主体、制定程序和表现形式等方面便可加以区别,但是针对二者的实质界分——对立法范围的区分则是比较棘手的。

(一)立法权限不同

一般地方立法要在法律规定的范围内,要严格依照宪法以及其他上位法的精神要求制定,做到既不与上位法发生冲突,也不违背其原则。这体现着一般地方性法规的权限范围,即不能超出以上要求。而民族自治地方立法,则可以从当地民族的特点和需要出发,对不符合本地方实际情况的法律法规作出新的规定安排,满足自治地方立法在具体形势下

的发展需求，即表明民族自治地方立法在内容上与一般性法律法规的相关规定相比存在特殊性要求。根据《立法法》的规定，民族自治地方立法变通权是自治立法权的行使方式之一，自然可以对法律、行政法规中与本民族自治地方不适用的内容予以变更，相较于地方性法规的制定前提——不得与宪法、法律、行政法规相抵触——来说，对法律规范内容有所变通的当归于民族自治地方立法的范围。这正是民族地方自治立法的特有权限，是一般地方所无法享有的"立法特权"。

（二）立法效力等级不同

民族自治地方立法效力等级是否要高于一般地方立法。根据我国相关法律法规的规定，各省份、自治区、直辖市以及较大的市的人民代表大会或常务委员会是制定一般地方性法规的权力主体；而自治区、自治州、自治县的人民代表大会才是民族自治地方立法的通常主体。因而从对这些相关法律的规定进行比较可以看出，对于民族自治地方立法的主体，我国法律有着更为严格的限制，即只有民族自治地方的人民代表大会才能针对民族自治地方的特殊需要，制定符合发展的自治地方性法规。对于一般性地方法律法规的制定主体，法律规定为地方各级人民代表大会及其常务委员会。除此而外，根据需要制定的法律法规在颁布之前，民族自治地方立法需要进行审批和备案。如果上级人大常委会未通过，则不具备任何法律效力。而对于一般地方性法规则没有严格的审批要求，只需经批准即可。根据《立法法》规定，民族自治地方根据其自身需要而制定的自治法规的效力要明显高于本级和下级地方政府规章。从这一角度来看，民族自治地方的司法机关在解决处理纠纷时，相同情况下，自治法规与地方政府规章都有相应的规定时，首先要适用民族自治地方立法所制定的自治法规。

（三）立法形式不同

从立法的表现形式上看，民族自治地方立法有自治条例和单行条例两种。在立法实践中，自治条例的文件名称比较固定，均以“某某自治条例”为标题，单行条例则多以“某某条例”为标题；与之不同，一般地方立法的规范性法律文件多为“决定”“办法”“条例”。

第三节　经济特区和特别行政区立法

经济特区立法也称经济特区授权立法，是指经济特区的有关国家机关基于全国人大常委会的专门授权而形成的制定效力不超出经济特区范围的法律规范。经济特区立法属于授权立法，其权力来源于最高国家权力机关及其常设机关的特别授权。[1] 经济特区和香港、澳门特别行政区立法，又与一般地方和民族自治地方的立法有所不同，是作为改革开放试验区的地方性法规，很多属于上位法还没有规定的“先行性立法”。

一、经济特区立法的特点

经济特区立法与经济特区改革开放的背景密切相关，具有试验性、超前性、突破性和区域性等特点。

（一）经济特区立法的试验性

改革开放是一个循序渐进的过程，一切仍然在探索过程中。全国人大赋予经济特区立法权，不仅是为了满足特区内立法需要，也是希望特区立法可以为全国性立法提供成功经验。几十年来，经济特区根据改革开放实际需要，已经制定了不少特区法规。我国不少经济领域的法律规

---

〔1〕 按照授权方式，授权立法可分为一般授权立法和特别授权立法。所谓一般授权，是指立法机关或其他有权机关在其制定的法律法规中，运用其中某一条款，将某些立法权授予有关机关的授权。特别授权，是指立法机关通过作出特别规定，允许行政机关或其他机关在其规定的权限范围内制定法律文件。经济特区立法权即属于特别授权。从目前全国人大相关的授权立法决定来看，被授权进行特区立法的主体就是特区所在市、所在省的立法机关和行政机关，具体包括广东省、福建省的人大及其常委会，深圳市、珠海市、汕头市和厦门市的人民代表大会、人大常务委员会以及市人民政府。

范都是首先在经济特区制定，然后在特区施行，直到条件成熟时再由全国人大常委会制定法律。

（二）经济特区立法的超前性

我国创办经济特区之时，经济特区内实行的是与国内其他行政区域不同的特殊的体制政策，甚少受到计划经济体制的制约，很大程度上是市场经济的运作，所以其法治意识和市场经济的意识比其他地方超前。无论是经济建设还是社会管理方面，遇到的问题都是前所未有的。经济特区的立法不可避免地具有超前性，这种超前性的立法不仅对特区的经济社会发展起着牵引作用，而且对填补我国的立法空白也发挥了很重要的作用。[1]

（三）经济特区立法具有突破性

只要经济特区立法内容不违反宪法的规定和其他上位法的原则和规定即可，必要时，甚至还可以变通上位法，突破既有的规定。特区立法

---

〔1〕 2021年6月10日，第十三届全国人大常委会第二十九次会议正式通过了《海南自由贸易港法》和《关于授权上海市人民代表大会及其常务委员会制定浦东新区法规的决定》。这是我国立法实践当中颇受瞩目的重大事件。自1992年全国人大常委会授权深圳经济特区立法权以来，时隔近30年，全国人大常委会又授予海南和上海制定特别地方性法规的立法权，体现了新时代全面深化改革对于地方立法的时代需求。就此，我国地方立法格局当中有了经济特区法规、海南自由贸易港法规、浦东新区法规三种类型的特殊地方立法。其中，海南自由贸易港法规被定位为探索自贸港制度创新的重要载体、海南自贸港建设的重要法治保障。浦东新区法规承载着“努力成为更高水平改革开放的开路先锋、全面建设社会主义现代化国家的排头兵、彰显‘四个自信’的实践范例，更好向世界展示中国理念、中国精神、中国道路”的特定目标与历史使命。参见封丽霞：《大国立法的逻辑》，商务印书馆2022年版，第373页。中国（上海）自由贸易试验区设立之后，有关改革措施的出台和实施，是通过全国人大常委会及国务院先后作出暂停实施有关法律、行政法规的决定来解决法律冲突问题的。参见2013年8月30日第十二届全国人民代表大会常务委员会第四次会议通过《关于授权国务院在中国（上海）自由贸易试验区暂时调整有关法律规定的行政审批的决定》《国务院关于在中国（上海）自由贸易试验区内暂时调整有关行政法规和国务院文件规定的行政审批或者准入特别管理措施的决定》（国发〔2013〕51号）。2023年修正的《立法法》第84条第2、3款则更进一步，明确增加了上海市和海南省分别制定浦东新区法规和海南自由贸易港法规的权限。

之所以有变通权，是为特区改革急需新的法律规范确定新的市场体制，否则无法解决新体制和法律规范所规定的原有体制之间的矛盾。[1]

(四)经济特区立法具有地域性

我国已经设立的深圳、珠海、汕头、厦门、海南五个经济特区的发展战略目标有所不同，各特区的经济基础、社会发展情况又不尽相同，因此各特区的立法机关制定的法律规范肯定有所差别。根据《立法法》的规定，授权立法机关制定的法规规章只在本经济特区内有效，各个特区的授权立法带有很强的区域性和地方性色彩。

二、经济特区立法权限

经济特区立法的权限，即根据授权，被授权机关可以在哪些事项、哪些方面进行立法。

(一)不得侵犯专属于最高立法机关的立法权限

根据《立法法》第 11 条规定，关于国家主权，各级人民代表大会、人民政府、监察委员会、人民法院和人民检察院的产生、组织和职权，民族区域自治制度、特别行政区制度、基层群众自治制度，犯罪和刑罚，对公民政治权利的剥夺、限制人身自由的强制措施和处罚，税种的设立、税率的确定和税收征收管理等税收基本制度，对非国有财产的征收、征用，民事基本制度，基本经济制度以及财政、海关、金融和外贸的基本制度，诉讼制度和仲裁基本制度，以及必须由全国人民代表大会及其常务委员会制定法律的其他事项，只能由全国人大及其常委制定相关法律，所以特

---

[1] 如在深圳、厦门及珠海等经济特区先行试点商事登记制度改革，“先照后证”、取消企业年检等一系列新制度，突破了我国有关公司法等法律、行政法规的规定，这些改革措施均是通过特区立法来变通上位法规定，从而得到法律授权的。具体内容可参见《深圳经济特区商事登记若干规定》(2012 年 10 月 30 日深圳市第五届人大常委会第十八次会议通过)、《珠海经济特区商事登记条例》(已废止，2012 年 11 月 29 日珠海市第八届人大常务委员会第七次会议通过)和《厦门经济特区商事登记条例》(2013 年 12 月 27 日厦门市第十四届人大常委会第十四次会议通过)。

区授权立法不得侵犯专属于最高立法机关的立法权限。

（二）不得违背授权决定的要求

授权决定对于经济特区授权立法作出了原则性限制。一般是要求特区授权立法在遵循宪法的规定以及法律和行政法规的基本原则的前提下，根据经济特区的具体情况和实际需要，制定法规规章。

经济特区的授权立法与一般地方性立法相比具有其特殊性。一是在遵循宪法的规定以及法律和行政法规的基本原则的前提下，可以根据授权对法律、行政法规、地方性法规作变通规定。一般地方立法则需严格遵循不相抵触原则，不具有特区授权立法所享有的灵活权限。二是在经济特区内，根据授权制定的法规和规章具有优先适用效力。就自主性和灵活性而言，经济特区依授权所立之法，只需要报全国人大常委会、国务院及所在省的人大常委会备案，无须先经省级人大常委会之关，可以直接报全国人大常委会和国务院备案。

三、经济特区立法与民族自治地方立法的比较

经济特区立法与民族自治地方立法同属于中国特色社会主义法律体系，都属于变通立法的范畴。但是，由于经济特区和民族区域自治地方面临的历史任务不同，以及国家实行两种特殊制度的目的不同，两者存在重大区别。

（一）立法权来源不同

经济特区立法与民族自治地方立法相比较，首先是法律依据与性质不同。从立法依据角度来看，经济特区立法的直接依据是最高立法机关的特别授权。经济特区立法不仅是经济特区的发展之需，更是我国改革开放在法治建设发展方面的优良之策。主要原因在于，目前制定相关法律的条件不够完备与完善。授权立法的性质说明，这并不是经济特区所固有的权力，在经济特区立法事项实现其功能，使经济特区得到稳定发

展时,其享有的权力会被收回。基于新时代我国社会迅速发展,经济特区的授权立法将会减少。而民族自治地方立法属于职权立法的范畴,其直接法律来源,体现在我国宪法和民族自治地方立法的相关条文规定中,因此更具有稳定性与明确性。我国是一个统一的多民族国家,各民族族情差异巨大,考虑到各民族之间的差异性,民族自治地方立法权不可或缺。

(二)立法的目的不同

法律是治理社会的工具,制定每一部法律都有着实现预期效果的期待,在具体实施过程中要达到合目的性、规律性的有机统一。经济特区立法针对的往往是新的社会关系。经济特区发展速度更快,只有变通立法才能适应经济特区的发展。经济特区立法是为了纠正全国性法律规范的滞后性,以及解决经济特区经济高速运转产生的新型社会问题,同时也在我国法治的进程中起着“试验田”的作用。而民族自治地方立法则是因为民族区域地方保留自己的习俗以及长期以来形成的习惯,是为了解决民族区域的“旧”和我国发展的“新”的不融洽导致的问题。民族自治地方立法是由我国多民族的基本国情所决定的,是我党在主权完整和国家统一的基础上解决民族问题的一把钥匙。民族自治地方可以对难以适用的上位法适当作出变通规定,其不仅推动少数民族经济的发展,更有利于我国各民族团结统一,共同繁荣,还有促进中国特色社会主义法律体系建立的作用。从实现各民族平等这一原则出发,依法保障民族自治地方的自治机关,通过积极有效行使其享有的自治权,实现自治地方立法的目的。民族自治地方立法范围涵盖了自治地方社会生活的方方面面。根据国情、省情、地方发展的实际需要,民族自治地方立法可以充分根据当地民族特点与地区优势,针对法律法规的具体规定不断作出调整并细化落实,来满足新时代、新发展要求下的自治地方的实际需要。

（三）立法的主体不同

经济特区所在的省、市人民代表大会及其常委会为经济特区立法的主体，民族自治地方立法的主体为其人民代表大会。两者的差别就是民族自治地方人大常委会没有变通立法的权力。[1]

（四）立法的范围不同

经济特区变通立法来源于特殊授权，其立法范围包括：（1）根据特区实际；（2）根据宪法具体规定；（3）遵循基本原则。民族自治地方变通立法则属于职权立法，立法范围限定在：（1）依照民族自治地区的特点；（2）遵循不违背原则；（3）不得对宪法的具体规定、民族自治立法的具体规定作出变通；（4）其他规定对民族自治地方作出专门规定的，也不能被变通。对比两种变通立法的范围，可以看出两者存在本质的区别。前者变通立法范围体现“遵循原则”，而后者变通立法体现“不违背原则”，这两者的内涵和外延都不相同。

（五）立法的生效条件不同

经济特区立法有严格程序，经过草案的提出、审议、通过、公布几个阶段方可生效，已经生效的经济特区变通立法还有一个事后监督程序——报全国人大常委会和国务院备案，以便监督经济特区变通立法的实施，备案不影响变通立法的生效。民族自治地方立法则必须经过草案的提出、审议、通过、批准、公布几个阶段。与经济特区立法生效条件相比，民族自治地方立法多出一个批准程序，批准直接影响民族自治地方变通立法的生效。从《立法法》第85条第1款规定的内容来看，自治区单行条例和自治条例作出变通规定时，只有全国人大常委会批准通过后

〔1〕 不赋予民族自治地方人大常委会立法变通权的原因在于：一是民族自治地方立法的变通权限大；二是民族自治地方法治的进程较经济特区来说也是十分缓慢的。为了保证立法的稳定以及立法质量，变通机关限定为人民代表大会，而不包括人民代表大会常委会。

才能生效。以此类推，自治州和自治县对其上位阶法作出变通的，经省、自治区、直辖市的人民代表大会常委会批准生效。这里的批准程序对变通制定的自治条例和单行条例生效起决定作用，而经济特区立法则是经严格的程序后自行生效，两种变通立法的生效条件不同，或者说民族自治地方变通立法的程序更加严格，是由各自的特点、肩负的使命、设立的目的所决定的，符合我国目前的国情。

四、特别行政区立法

特别行政区是在我国的领土范围内，根据宪法和法律所设立的具有特殊的法律地位，实行特别的社会制度、经济制度的行政区域。中央对特别行政区的监督与管辖权体现为国家主权。特别行政区是“一国两制”方针指导下的国家特殊地方制度。特别行政区立法，目前专指香港和澳门两个特别行政区的立法机关依照《宪法》和各自基本法的规定，制定、修改、认可、补充或废止适用于香港或澳门的法律的行为及其结果。两个特别行政区的立法机关，有权对除外交、国防和其他属于中央人民政府管理事务范围以外，且属于特别行政区高度自治范围内的所有事项立法，既可制定单行法律，也可制定法典性的基本法律。特别行政区立法可以在基本法规定的范围内制定法律，制定法律后报全国人大常委会备案，备案不影响生效。

特别行政区各种特殊制度的存在是为了解决历史的遗留、国家主权完整问题。根据香港、澳门特别行政区基本法规定，除属于中央政府管理的事项外，特别行政区立法机关有立法上的高度自治。这种高度自治的立法权与上文所提到的两种变通立法形成鲜明对比。经济特区和特别行政区都属于我国地方行政区域，都受中央政府的管辖，都受宪法规定的限制，两者的立法效力都只及于管辖空间。特别行政区立法或者说特别行政区的其他管理制度都是为了维护祖国统一，捍卫我国主权及领土完整。经济特区变通立法是我国改革开放法治、经济发展的必然产物。所以两者来源不同，差异巨大，以下便是两者的区别。

（一）立法性质不同

为维护我国主权统一、领土完整，特别行政区得以产生。特别行政区产生的历史背景等造成了，在特别行政区实行的制度与内陆不一致。经济特区是我国社会主义发展的产物，其主要在经济发展方面起到试验区之作用。随着社会发展，经济特区的窗口作用，也从经济领域扩展到其他领域，但是经济特区变通立法几乎不跨足政治领域。经济特区变通立法之“特”与特别行政区立法之“特”，两者范畴不同、性质不同。经济特区变通立法之“特”属于社会主义性质的立法，不涉及政治领域；而特别行政区立法之特具有资本主义的性质，涉及领域广泛。

（二）立法自主程度不同

特别行政区立法的自主性和经济特区立法的相对从属性。较特别行政区高度自主性而言，经济特区变通立法具有一定从属性，其变通的空间有限。同时，经济特区变通立法是国家立法的试验区，所以一般变通立法经济特区的人大及其常委会会慎而行之，也只有必须通过变通才能解决问题时，经济特区的人大及其常委会才会采取此种立法方式，其从属性便体现出来。而特别行政区因有着其他地方行政区域不可企及的高度治权，只要不违反《宪法》和特别行政区基本法的规定，不涉及中央人民政府专属管辖的事项，特别行政区可以自行立法，中央通常不予干涉。可见特别行政区立法较经济特区变通立法自主性更高。

（三）立法的效力位阶不同

特别行政区立法效力仅次于《宪法》和特别行政区基本法，在一定条件下与法律、行政法规的效力处于同一位阶，所以两者的效力位阶不同。经济特区立法效力高于其职权立法产生法规的效力，但低于法律、行政法规的效力。

(四)立法程序不同

经济特区的立法程序为提出法案、审议法案、表决法案、公布法案，而特别行政区立法程序一般为提案、审议、表决和行政长官签署、公布。依据基本法相关规定，全国人大常委会认为特别行政区制定的法律不符合基本法等相关规定的，也只能就特别行政区法律作发回处理，而不能直接予以修改，否则就侵犯了特别行政区的自治权。特别行政区法律被发回后，该法律立即失效，且失效后不具有溯及力。

第七章　立法程序

立法程序是立法制度的重要组成部分，是享有立法权的国家机关在制定、修改和废止规范性法律文件活动中应当遵循的法定步骤、方法和次序。在立法活动中，立法程序属于形式方面的内容，立法内容属于实体方面的内容，二者相互依存，密不可分。规范、严密、健全的立法程序，是保障科学立法、民主立法、依法立法的基础，是确保高质量立法的关键。

第一节　立法程序概述

一、立法程序的概念

立法程序是有立法权的国家机关在制定、修改和废止规范性法律文件的活动中，应当遵循的法定步骤、方法和次序。这一概念包含以下三层含义：

1. 立法程序是法定程序。立法作为一项政治活动，程序必须合法。立法程序涉及的立法主体、立法内容、立法的步骤和次序等，都是由宪法和法律规定的。立法只有按法定程序进行才是合法、有效的。

2. 立法程序的主体是法定主体。所谓法定主体，是由宪法和法律规定的享有立法权的国家机关及其组成人员。法定主体不仅包括立法机关，也包括享有部分立法权的其他国家机关。

3. 程序是立法过程中的步骤、方法和次序。它是法定主体在行使立法权的活动中所依法遵循的步骤、方法和次序，这说明了立法程序具有严肃性和权威性。立法经过一定的程序，其结果就具有了确定性和权威性。立法主体行使立法以外的其他职权的活动所采取的步骤、方法和次序，不是立法程序。立法程序也不同于立法过程，立法程序是对立法活动或者过程进行约束、规范的活动或者过程。

二、立法程序的起止时间

立法的运行由一系列环节构成，是一个有连续行为的过程，包括立法预测、立法规划、草案起草、提出议案、审议议案、公布等。立法程序是否都包括这些环节？如果不全部包括，又从哪个环节开始？对此，学术界有不同观点。有观点认为，立法程序从立法预测或立法规划开始；也有观点认为，立法程序从草案起草开始；还有观点认为，立法程序从议案的提出开始，以表决通过后公布作为立法程序的终结。学术界占主流的观点认为，立法程序从议案提出开始，具体包括四个阶段：议案提出、审议议案、表决、公布。

上述观点各有道理。在我国，《立法法》规定的法律的立法程序属于狭义的立法程序。以全国人民代表大会立法程序为例，《立法法》第二章第二节规定了全国人民代表大会的立法程序，按照顺序包括法律案提出、审议法律案、表决、公布等。所以，立法程序应是开始于法案的提出，到法的公布结束。立法程序的起止时间和行使立法权密切相关。立法权的行使按照顺序分为提案权、审议权、表决权、公布权等，所以，我们认为立法程序始于行使提案权即法案的提出，终于行使公布权即法的公布。对于国务院及其有关部门、地方政府实施的立法行为，由于《行政法规制定程序条例》《规章制定程序条例》对行政法规和规章的立项、起草、审查、决定、公布等都作了规定，所以行政法规和规章的立法程序属于中义的立法程序。[1]

三、立法程序的分类

立法具有多样性,立法程序也是多样化的。立法程序的多样化,既与立法程序本身的繁杂有关,也与立法程序划分的标准、方法不同密切联系。根据标准的不同,可对立法程序作如下划分。

(一)成文法立法程序与判例法立法程序

这是按照规范性法律文件是否法典化为标准进行的划分。在我国,立法程序仅指成文法立法程序。

(二)宪法立法程序与普通法立法程序

这是按照立法程序的复杂程度进行划分的。在现代国家,宪法的制定、修改等程序一般要比普通法的立法程序更为复杂。

(三)一般立法程序与特别立法程序

这是按照一般法与特别法的立法程序复杂程度不同进行划分的。一般来说,一般法的立法程序比特别法的立法程序更为严格。

(四)自主立法程序与授权立法程序

这是按照立法程序的启动原因或者动力不同进行划分的。自主立法程序,是立法主体依照宪法和法律赋予的权力启动立法程序、实施立法行为。授权立法程序,是立法主体必须要有授权才能启动立法程序、实施立法行为。

(五)立法机关立法的立法程序与行政机关立法的立法程序

这是按照立法主体的不同进行划分的。在当代,行政机关进行大量

---

〔1〕 参见朱力宇、叶传星主编:《立法学》,中国人民大学出版社 2015 年版,第 122 页。

立法,已成为世界潮流,即使是实行“三权分立”最为典型和严格的美国也不例外。在我国,行政法规和规章的制定就是行政机关进行的立法行为。[1]

由于上述划分采用的标准多样,划分结果存在交叉和重复。本章不对以上所有的立法程序进行说明,只根据《宪法》《立法法》《行政法规制定程序条例》《规章制定程序条例》等的规定,对全国人大及其常委会、国务院及其有关部门、地方人大及其常委会和地方政府在实施立法行为中需遵守的立法程序进行介绍。

四、立法程序的意义

科学的立法程序是保障立法质量的关键。立法程序通常会直接影响并体现立法内容,影响立法质量。提高立法质效,需要完善的立法程序做保证。高度重视立法程序是十分必要,也是十分重要的。实体法一般规定的是法律关系主体间的权利义务,保证实体法所规定的权利义务的实现就需要科学的程序即程序法。实体法和程序法相互依存、密不可分。关于实体法和程序法的关系,马克思有一段精辟的论述:“如果审判程序只归结为一种毫无内容的形式,那么这样空洞的形式就没有任何独立的价值。在这种观点看来,只要把中国法套上一个法国诉讼程序的形式,它就变成法国法了。但是,实体法却具有本身特有的必要诉讼形式。例如中国法里面一定有笞杖,中世纪刑律的内容连在一起的诉讼形式一定是拷问——以此类推,自由地公开的审判程序,是那种本质上公开的、受自由支配而不受私人利益支配的内容所具有的必然属性。审判程序和法二者之间的联系,就像植物的外形和植物的联系,动物外形和血肉的联系一样。审判程序和法律应该具有同样的精神,因为审判程序只是法律的生命形式,因而也是法律的内部生命的表现。”[2]马克思这一论述,阐明了实体法和程序法之间内容和形式的关系,同样适用于立法内

[1] 参见邓世豹主编:《立法学:原理与技术》,中山大学出版社2016年版,第149页。

[2] 《马克思恩格斯全集》(第1卷),人民出版社2016年版,第178页。

容和立法程序。严格合理的立法程序是立法内容科学、合法、民主的必要保证。

第二节　法律的制定程序

《立法法》规定,全国人民代表大会和全国人民代表大会常务委员会根据宪法规定行使国家立法权。制定和修改刑事、民事、国家机构的和其他的基本法律是全国人民代表大会的一项重要职权。全国人民代表大会常务委员会是全国人民代表大会的常设机关,是最高国家权力机关的组成部门,在全国人民代表大会闭会期间行使部分最高国家权力,享有广泛的立法权,主要包括制定和修改除应当由全国人民代表大会制定的法律以外的其他法律以及对全国人民代表大会制定的法律进行部分补充和修改,并可以根据全国人民代表大会的授权制定相关法律。

法律的制定程序按照顺序主要包括提出法律案、审议法律案、表决、公布等几个环节。

一、提出法律案

提出法律案,是指根据有关规定,依法享有提案权的主体依照法定程序向立法机关(在我国指全国人大及其常委会)提出有关制定、修改或者废止某项法律的程序。提出法律案,是法律制定程序的重要组成部分,是审议的基础,也是立法程序的开始,其表现形式是提出议案。《立法法》第17条、第18条、第19条、第29条、第30条分别对不同提案主体向全国人大及其常委会提出法律案的程序作了规定。

(一)提出法律案的主体

从各国情况来看,提出法律案的主体主要有议会成员、议会“两院”的领导机构和各委员会、行政机关、国家元首和选民、联邦制国家的州或者邦、最高司法机关和政党组织等。在我国,根据《宪法》《立法法》《全国人民代表大会组织法》等的规定，有权向全国人民代表大会提出法律案的主体包括：(1)全国人民代表大会主席团；(2)全国人民代表大会常务委员会；(3)全国人民代表大会各专门委员会；(4)国务院；(5)中央军事委员会；(6)国家监察委员会；(7)最高人民法院；(8)最高人民检察院；(9)一个代表团或者三十名以上的代表联名。有权向全国人民代表大会常务委员会提出法律案的主体包括：(1)国务院；(2)中央军事委员会；(3)国家监察委员会；(4)最高人民法院；(5)最高人民检察院；(6)全国人民代表大会各专门委员会；(7)全国人民代表大会常务委员会委员长会议；(8)全国人民代表大会常务委员会组成人员十人以上联名。从我国立法实践看，提出法律案最多的主体是国务院。

(二)提出法律案的程序

不同主体提出法律案的程序也不同。(1)全国人民代表大会主席团提出法律案，要经主席团会议审议讨论并由主席团会议通过；(2)全国人民代表大会常务委员会提出法律案，一般由有关的提案主体向常委会提出，经常委会会议审议讨论，需要提请大会通过的，由常委会会议决定提请大会审议；(3)国务院、中央军事委员会、国家监察委员会、最高人民法院、最高人民检察院提出法律案，由本机关首长签署；(4)代表团提出的法律案，由代表团全体代表的多数通过；(5)代表联名提出的法律案，一般是一人领衔提出，其他代表签名附议。

(三)法律案的形式和内容

法律案，是指依法享有提案权的主体向立法机关提出的，关于制定、修改、废止某项法律的议案。根据《立法法》第58条第1句规定，提出法律案，应当同时提出法律草案文本及其说明，并提供必要的参阅资料。法律案的内容一般比较原则，而法律草案的内容则比较具体完整。法律草案文本应当包括标题和内容，并符合一定的形式。从我国立法实践看，法律草案通常是由法律案的提案人或者提案人所属部门或者工作机构负责起草，比如由国务院提出的法律案，一般是由国务院确定某一个部委负责起草；法律草案说明，是法律案的提案人向立法机关就法律草案中的有关问题所作的解释。应当包括必要性、可行性、主要内容和重要分歧意见的协调情况等。对于必要的参阅资料，《立法法》未明确具体范围。在立法实践中，必要的参阅资料主要包括：(1)党和国家的有关方针政策；(2)有关方面工作的实际做法和效果，以及有关典型案例；(3)有关人大代表、政协委员和社会公众对有关立法项目提出的议案、建议、提案和意见等；(4)法律草案提案、人大常委会法制工作机构、宪法和法律委员会、有关专门委员会对立法相关事项的调研情况报告和分析报告；(5)公开征求意见情况和有关听证会、论证会、座谈会的情况报告；(6)现行有关法律、行政法规等的规定及其实施情况；(7)国外、境外有关的立法情况和做法等。[1]

(四)法律案列入会议议程的程序

法律案提出后，必须经一定程序才能列入会议议程，获得在立法机关审议的机会。在我国，向全国人民代表大会提出的法律案，是否被列入会议议程，有以下几种情况：(1)主席团向大会提出的法律案，直接交由大会会议审议；(2)全国人民代表大会常务委员会、国务院、中央军事委员会、国家监察委员会、最高人民法院、最高人民检察院、全国人民代表大会各专门委员会提出的法律案，由主席团决定列入会议议程；(3)一个代表团或者三十名以上的代表联名提出的法律案，由主席团决定是否列入会议议程，或者先交由有关的专门委员会审议、提出是否列入会议议程的意见，再决定是否列入会议议程。向全国人大常委会提出的法律案，是否被列入会议议程，有以下几种情况：(1)委员长会议向常委会提出的法律案，可以直接列入常委会会议议程审议；(2)国务院、中央军事委员会、国家监察委员会、最高人民法院、最高人民检察院、全国

---

〔1〕 参见乔晓阳主编：《〈中华人民共和国立法法〉导读与释义》，中国民主法制出版社2015年版，第201页。

人民代表大会各专门委员会提出的法律案,要经过委员长会议决定后列入常务委员会会议议程;(3)常委会组成人员十人以上联名提出的法律案,由委员长会议决定是否列入常务委员会会议议程,或者先交有关的专门委员会审议、提出是否列入会议议程的意见,再决定是否列入常务委员会会议议程。

(五)法律案的撤回

法律的立法程序始于议案提出,提出议案的目的是在会议上审议通过后,制定成为法律。但由于原法律案已经失去意义或者立法时机尚不成熟等,提案人要求撤回的,也允许撤回。目前多数国家的做法是,在审查前,提案人可以随时撤回法律案。但当进入审议阶段后,撤回须经过一定程序并获得认可。对于法律案的撤回,我国《立法法》规定了两种情况:一是第 59 条的规定,在列入会议议程前,提案人有权撤回。向全国人民代表大会及其常委会提出的法律案,在列入大会和常委会会议议程前,法律案处于提案人的支配下,是否提出以及如何提出,由提案人决定,提案人可以随时撤回。提案人在这个阶段撤回法律案,无须经任何同意即可不列入会议议程。二是第 25 条和第 43 条的规定,被列入会议议程后要求撤回的,须经过一定的程序。列入全国人民代表大会会议议程的法律案,在交付表决前,提案人要求撤回的,应当说明理由,经主席团同意,并向大会报告,对该法律案的审议即行终止。列入常务委员会会议议程的法律案,在交付表决前,提案人要求撤回的,应当说明理由,经委员长会议同意,并向常务委员会报告,对该法律案的审议即行终止。由于会议议程是法定的,法律案一经列入会议议程,就成为会议内容的一部分,不再完全受提案人支配,因此在规定提案人有权撤回法律案的同时,对提案人的撤回权从撤回时间、撤回理由以及撤回需经同意等方面进行约束,以体现会议的庄重和权威。

二、审议法律案

法律案的审议程序,是立法程序中最重要的阶段。法律案只有经过充分审议，才能保证立法质量。在我国，法律案由全国人民代表大会或者其常委会进行审议。全国人民代表大会每年举行一次，由全国人大常委会召集，会议一般于每年三月上旬进行。由于大会每年只召开一次，并且会期较短，因此全国人民代表大会设立常务委员会，常务委员会作为全国人民代表大会的常设机关，在大会闭会期间行使国家权力。常委会一般每年召开 6 次，每两个月召开一次，拟向大会提出的法律案，在大会闭会期间，可以先向常委会提出并由常委会审议。

法律案的审议，是由立法机关对列入会议审议议程的法律案正式进行审查讨论。审议是保证立法质量、体现立法民主的关键环节，法律案能否成为法律，取决于对法律案的审议结果。

审议时一般考虑以下几方面内容：一是制定的必要性和可行性、立法目的是否正确合理，是否符合实际需要，立法时机是否恰当，各项规定是否具有可操作性；二是对权利义务的规定是否立足全局、统筹兼顾；三是条文是否以宪法为依据，是否符合宪法的规定；四是与其他法律之间以及草案文本各条文之间是否协调一致；五是立法技术是否完善，概念是否准确，结构是否合理，文字是否清晰，语法和逻辑是否准确等。[1]

（一）全国人民代表大会审议法律案的程序

全国人民代表大会审议法律案的程序包括以下几个方面：(1)听取法律草案说明。由常务委员会向大会全体作说明或由提案人在大会全体会议上作关于该法律草案的说明。(2)各代表团审议。提案人在大会全体会议对法律草案进行说明后，由各代表团进行审议。这时，无论代表团是否提出要求，提案人都应当派人听取意见、回答询问，代表团提出要求的，有关机关、组织（指直接起草法律案的有关机关、组织，也包括法律通过后实施时可能涉及的机关组织，或者有关法律研究机构、组织）应当派人介绍与法律的制定和执行有关的情况。(3)有关的专门委员

〔1〕 参见乔晓阳：《〈中华人民共和国立法法〉导读与释义》，中国民主法制出版社 2015 年版，第 118 页。

会进行审议后，向主席团提出审议意见，并印发会议。全国人大议事规则规定，专门委员会审议议案和有关报告，涉及专门性问题时，可以邀请有关方面的代表和专家列席会议，发表意见。(4)宪法和法律委员会统一审议。宪法和法律委员会根据各代表团和有关的专门委员会的审议意见，对法律案进行统一审议，向主席团提出审议结果报告和法律草案修改稿，对涉及的合宪性问题以及重要的不同意见应当在审议结果报告中予以说明，经主席团会议审议通过后，印发全国人大会议。(5)提出法律草案表决稿。法律草案修改稿经各代表团审议后，由宪法和法律委员会根据各代表团的审议意见，对法律草案修改稿再次进行修改研究，提出法律草案建议表决稿。再经各代表团审议后，经主席团审议提出法律草案表决稿后，由主席团提请大会全体会议表决。

(二)全国人民代表大会常务委员会审议法律案的程序

全国人大常委会审议法律案的程序包括以下几个方面：(1)听取提案人对该法律案的说明并进行初步审议。常委会会议第一次审议法律案，要在全体会议上听取提案人的说明，由分组会议进行初步审议。(2)常委会会议第二次审议法律案，在全体会议上听取宪法和法律委员会关于法律草案修改情况和主要问题的汇报，由分组会议进一步审议。在分组会议进行初步审议的基础上，宪法和法律委员会要进行修改。(3)听取宪法和法律委员会关于法律草案审议结果的报告，由分组会议对法律草案修改稿进行审议，这是第三次审议。

全国人大常委会审议法律案，一般实行三审制。也就是说，列入常委会会议议程的法律案，一般应当经三次常委会会议审议后再交付表决。但也有例外情况：一是各方面的意见比较一致的，可以经两次常委会会议审议后交付表决；二是调整事项较为单一或者部分修改的法律案，各方面的意见比较一致，或者遇有紧急情形的，也可以经一次常委会会议审议即交付表决。

三、表决

法律案经过审议后，就进入了表决程序。法律案的表决，就是立法机关组成人员对法律案是赞成、反对或者弃权进行表态的活动。表决的结果有两种：一是通过法律案，再经过公布程序成为法律；二是不通过法律案，立法机关终止对该法律案的审议。根据《立法法》第 27 条和第 44 条第 1 款的规定，全国人民代表大会通过法律案，是由主席团提请大会全体会议表决，由全体代表的过半数通过；全国人大常委会通过法律案，由委员长会议提请常委会全体会议表决，由常委会全体组成人员的过半数通过。

四、公布

法律的公布是立法程序中的最后一个步骤，是法律生效的前提。

(一)公布法律的权力属于国家主席

在我国，公布法律的权力主体，有一个演变过程。1954 年《宪法》规定，国家主席根据全国人民代表大会或者全国人民代表大会常务委员会的决定，公布法律和法令；1975 年《宪法》删去了这一规定；1978 年《宪法》规定由全国人大常委会委员长公布法律；1982 年《宪法》重新规定由国家主席公布法律。从我国宪法的有关规定看，国家主席签署公布法律，是国家主席的一项义务，是履行法律规定的职责。《立法法》第 28 条规定，全国人民代表大会通过的法律由国家主席签署主席令予以公布。第 47 条规定，常务委员会通过的法律由国家主席签署主席令予以公布。第 63 条第 3 款规定，法律被修改的，应当公布新的法律文本。法律被废止的，除由其他法律规定废止该法律的以外，由国家主席签署主席令予以公布。

(二)法律的公布方式

法律签署后，就要向社会公开，在法定刊物上刊登是公开的方式之一。《立法法》第 62 条第 2、3 款规定，法律签署公布后，法律文本以及法律草案的说明、审议结果报告等，应当及时在全国人民代表大会常务委员会公报和中国人大网以及在全国范围内发行的报纸上刊载。在常务委员会公报上刊登的法律文本为标准文本。在全国范围内发行的报纸上刊登也是法律的公开方式。

除上述立法程序外，《立法法》还规定，全国人大常委会要通过立法规划和年度立法计划、专项立法计划等形式，加强对立法工作的统筹安排。为实现任期内的一定目标，在届始之年，由全国人大常委会法工委负责编制立法规划，提请委员长会议讨论通过，报请党中央同意后印发执行，并向社会公布。年度立法计划主要是贯彻五年立法规划的原则要求，落实立法规划确定的立法项目的审议安排，根据经济和社会发展需要，年度立法计划可以对立法规划进行必要的补充和调整。有关专项立法计划的规定是 2023 年修正《立法法》时新增加的内容。

第三节　行政法规的制定程序

国务院是我国的最高行政机关，最高国家权力机关的执行机关。根据《宪法》和《立法法》规定，国务院根据宪法和法律，制定行政法规。行政法规可以就下列事项作出规定：(1)为执行法律的规定需要制定行政法规的事项；(2)《宪法》第 89 条规定的国务院行政管理职权的事项；(3)全国人民代表大会及其常委会授权的事项。国务院 2001 年颁布了《行政法规制定程序条例》，并于 2017 年进行了修订。条例对行政法规的制定程序进行了具体规范。

行政法规的制定程序，按照顺序主要包括立项、起草、审查、决定和公布等几个环节。

一、立项

《立法法》第 73 条规定，国务院法制机构应当根据国家总体工作部署拟订国务院年度立法计划,报国务院审批。国务院年度立法计划中的法律项目应当与全国人民代表大会常务委员会的立法规划和立法计划相衔接。国务院法制机构应当及时跟踪了解国务院各部门落实立法计划的情况,加强组织协调和督促指导。国务院有关部门认为需要制定行政法规的,应当向国务院报请立项。《行政法规制定程序条例》第7条规定,国务院于每年年初编制本年度的立法工作计划。

(一)国务院年度立法工作计划的编制主体

国务院立法计划对于指导立法工作具有重要意义,国务院于每年年初编制本年度的立法工作计划。国务院年度立法工作计划由国务院法制机构(现司法部)承担。《行政法规制定程序条例》第9条第1款规定,国务院法制机构应当根据国家总体工作部署,对行政法规立项申请和公开征集的行政法规制定项目建议进行评估论证,突出重点,统筹兼顾,拟订国务院年度立法工作计划,报党中央、国务院批准后向社会公布。

(二)立项要求

立项就是将制定行政法规的项目纳入国务院立法工作计划,或者由国务院批准或者决定某一事项开展制定行政法规的工作。通常情况下,制定行政法规项目的报请立项与国务院立法工作计划的编制是相联系的。《行政法规制定程序条例》第8条规定:“国务院有关部门认为需要制定行政法规的,应当于国务院编制年度立法工作计划前,向国务院报请立项。国务院有关部门报送的行政法规立项申请,应当说明立法项目所要解决的主要问题、依据的党的路线方针政策和决策部署,以及拟确立的主要制度。列入国务院年度立法工作计划的行政法规项目应当符合下列要求:(一)贯彻落实党的路线方针政策和决策部署,适应改革、发展、稳定的需要;(二)有关的改革实践经验基本成熟;(三)所要解决的问题属于国务院职权范围并需要国务院制定行政法规的事项。”

二、起草

（一）起草主体

《立法法》第74条第1款第1句规定，行政法规由国务院有关部门或者国务院法制机构具体负责起草，重要行政管理的法律、行政法规草案由国务院法制机构组织起草。《行政法规制定程序条例》第11条规定："行政法规由国务院组织起草。国务院年度立法工作计划确定行政法规由国务院的一个部门或者几个部门具体负责起草工作，也可以确定由国务院法制机构起草或者组织起草。"

行政法规的起草，由国务院有关部门或者国务院法制机构具体负责起草。实践中，一般由业务主管部门承担起草任务，涉及几个部门的，则由主要的行政主管部门牵头，其他部门参加，共同承担起草任务；重要行政管理的行政法规草案由国务院法制机构组织起草，这样既可以加强国务院的统筹安排，又可以有效避免部门间的掣肘、争议。

（二）起草要求

根据《行政法规制定程序条例》规定，起草行政法规，除应当贯彻落实党的路线方针政策和决策部署，符合宪法和法律的规定，遵循立法法确定的立法原则外，还应当符合下列要求：（1）弘扬社会主义核心价值观；（2）体现全面深化改革精神，科学规范行政行为，促进政府职能向宏观调控、市场监管、社会管理、公共服务、环境保护等方面转变；（3）符合精简、统一、效能的原则，相同或者相近的职能规定由一个行政机关承担，简化行政管理手续；（4）切实保障公民、法人和其他组织的合法权益，在规定其应当履行的义务的同时，应当规定其相应的权利和保障权利实现的途径；（5）体现行政机关的职权与责任相统一的原则，在赋予有关行政机关必要的职权的同时，应当规定其行使职权的条件、程序和应承担的责任。另外，制定政治方面法律的配套行政法规，应当按照有关规定及时报告党中央。制定经济、文化、社会、生态文明等方面重大体制和重大政策调整的重要行政法规，应当将行政法规草案或者行政法规草案涉及的重大问题按照有关规定及时报告党中央。

（三）起草阶段的程序规定

起草阶段的程序要求主要包括以下几个方面：(1)听取意见。《立法法》要求，行政法规在起草过程中，应当广泛听取有关机关、组织、人民代表大会代表和社会公众的意见。听取意见可以采取座谈会、论证会、听证会等多种形式。《行政法规制定程序条例》也对广泛听取意见作出了规定：起草行政法规，起草部门应当深入调查研究，总结实践经验，广泛听取有关机关、组织和公民的意见。涉及社会公众普遍关注的热点难点问题和经济社会发展遇到的突出矛盾，减损公民、法人和其他组织权利或者增加其义务，对社会公众有重要影响等重大利益调整事项的，应当进行论证咨询。(2)向社会公布征求意见。《立法法》要求，行政法规草案应当向社会公布，征求意见，但是经国务院决定不公布的除外。《行政法规制定程序条例》规定，起草行政法规，起草部门应当将行政法规草案及其说明等向社会公布，征求意见，但是经国务院决定不公布的除外。向社会公布征求意见的期限一般不少于 30 日。(3)协商。《行政法规制定程序条例》规定，起草行政法规，起草部门应当就涉及其他部门的职责或者与其他部门关系紧密的规定，与有关部门充分协商，涉及部门职责分工、行政许可、财政支持、税收优惠政策的，应当征得机构编制、财政、税务等相关部门同意。此外，对涉及有关管理体制、方针政策等需要国务院决策的重大问题提出解决方案的，起草部门应当报国务院决定。

三、审查

由国务院有关部门起草的行政法规草案，起草部门完成起草任务后，应当将草案及其说明、各方面对草案主要问题的不同意见和其他有关资料送国务院法制机构进行审查。

（一）审查主体

按照《立法法》和《行政法规制定程序条例》规定，国务院法制机构是行政法规草案的审查主体。起草部门完成起草后，报法制机构审查的规定，可以提高立法质量，保证法制统一，防止部门倾向。

（二）审查程序

审查程序包括以下几个方面：(1)征求意见。国务院法制机构应当将行政法规送审稿或者行政法规送审稿涉及的主要问题发送国务院有关部门、地方人民政府、有关组织和专家等各方面征求意见。国务院法制机构可以将行政法规送审稿或者修改稿及其说明等向社会公布，征求意见。(2)实地调研。国务院法制机构应当就行政法规送审稿涉及的主要问题，深入基层进行实地调查研究，听取基层有关机关、组织和公民的意见。(3)论证咨询。行政法规送审稿涉及重大利益调整的，国务院法制机构应当采取座谈会、论证会、听证会、委托研究等多种形式进行论证咨询，广泛听取有关方面的意见。涉及重大利益调整或者存在重大意见分歧，对公民、法人或者其他组织的权利义务有较大影响，人民群众普遍关注的，可以举行听证会，听取有关机关、组织和公民的意见。(4)协调分歧。国务院有关部门对行政法规送审稿涉及的主要制度、方针政策、管理体制、权限分工等有不同意见的，国务院法制机构应当进行协调，力求达成一致意见。经过充分协调不能达成一致意见的，国务院法制机构、起草部门应当将争议的主要问题、有关部门的意见以及国务院法制机构的意见及时报国务院领导协调，或者报国务院决定。(5)审查修改。国务院法制机构主要从以下方面对行政法规送审稿进行审查：第一，是否严格贯彻落实党的路线方针政策和决策部署，是否符合宪法和法律的规定，是否遵循立法法确定的立法原则。第二，是否符合以下要求：弘扬社会主义核心价值观；体现全面深化改革精神，科学规范行政行为，促进政府职能向宏观调控、市场监管、社会管理、公共服务、环境保护等方面转变；符合精简、统一、效能的原则，相同或者相近的职能规定由一个行政机关承担，简化行政管理手续；切实保障公民、法人和其他组织的合法权益，在规定其应当履行的义务的同时，应当规定其相应的权利和保障权利实现的途径；体现行政机关的职权与责任相统一的原则，在赋予有关行政机关必要的职权的同时，应当规定其行使职权的条件、程序和应承担的责任。第三，是否与有关行政法规协调、衔接。第四，是否正确处理有关机关、组织和公民对送审稿主要问题的意见。第五，其他需要审查的内容。国务院法制机构在认真研究各方面的意见，与起草部门协商后，对行政法规送审稿进行修改，形成行政法规草案和对草案的说明，并写出审查结果报告，并在审查完后，向国务院提出审查报告和草案修改稿，提请国务院审议。

四、决定和公布

行政法规的决定就是在认真研究的基础上，由国务院对报送的行政法规草案决定是否修改、如何修改、是否通过。行政法规草案由国务院常务会议审议，或者由国务院审批。国务院常务会议审议行政法规草案时，由国务院法制机构或者起草部门作说明。国务院法制机构根据国务院的审议意见，对行政法规草案进行修改，形成草案修改稿，报请总理签署国务院令公布施行。行政法规签署公布后，及时在国务院公报和中国政府法制信息网（司法部网站）以及在全国范围内发行的报纸上刊载。

第四节　地方性法规、自治条例和单行条例的制定程序

地方性法规与自治条例和单行条例有很大区别，其制定程序也有很大不同。

一、制定地方性法规的程序

地方性法规的制定程序，是指地方国家权力机关在制定、修改或者

废止地方性法规方面的活动。地方性法规的立法主体包括两类：一是省、自治区和直辖市的人民代表大会及其常委会，我国除台湾省外共有22个省、5个自治区和4个直辖市。二是设区的市、自治州的人民代表大会及其常委会。关于设区的市，在2015年《立法法》第一次修正前，只有省会城市、经济特区所在地的市以及经国务院批准的较大的市有制定地方性法规的权限；2015年以后，其他设区的市才陆续有了制定地方性法规的权限。以河北省为例，2015年前，石家庄作为省会城市、邯郸和唐山作为经国务院批准的较大市，有制定地方性法规的权限。2015年河北省第十二届人大常委会第十六次会议赋予秦皇岛、廊坊、保定、邢台等4个设区的市立法权，2016年河北省第十二届人大常委会第二十次会议赋予张家口、承德、沧州、衡水等4个设区的市立法权，因此，到2016年，河北省11个设区的市都有了制定地方性法规的权限。此外，根据全国人民代表大会《关于修改〈中华人民共和国立法法〉的决定》，广东省东莞市和中山市、甘肃省嘉峪关市、海南省三沙市，比照适用有关赋予设区的市地方立法权的规定。

地方性法规的制定程序，按顺序主要包括草案的提出、草案的审议、草案的表决和报批、公布等几个环节。

（一）地方性法规草案的提出

提出地方性法规案，是地方性法规制定程序的正式开始。分为两种情况：(1)向本级人民代表大会提出地方性法规草案和列入会议议程的程序。根据《地方各级人民代表大会和地方各级人民政府组织法》第22条第1、2款规定，有权向本级有地方性法规制定权的人民代表大会提出法规案的主体是：①主席团；②常务委员会；③各专门委员会；④本级人民政府；⑤县级以上地方人大代表十人以上联名；⑥乡、民族乡镇的人大代表五人以上联名。前四种提案人所提地方性法规案，由主席团决定提交人民代表大会会议审议，或者交有关的专门委员会审议、提出报告，再由主席团审议决定提交大会表决。对于代表联名提出的地方性法规案，由主席团决定是否列入大会会议议程，或者先交有关的专门委员会审议，提出是否列入大会会议议程的意见，再由主席团决定是否列入大会议程。实践中，向大会提出的地方性法规案，往往是先向常委会提出，经常委会审议后，由常委会决定提请大会审议。（2）向常委会提出地方性法规草案和列入议程程序。根据《地方各级人民代表大会和地方各级人民政府组织法》第52条规定，有权向本级人大常委会提出法规案的主体是：①县级以上地方各级人大常委会主任会议；②县级以上本级人民政府；③县级以上本级人民代表大会各专门委员会；④省、自治区、直辖市、自治州、设区的市人大常委会组成人员五人以上联名；⑤县级人大常委会组成人员三人以上联名。除常委会主任会议所提地方性法规草案直接列入常委会会议议程外，本级人民政府、本级人民代表大会各专门委员会向常委会提出的地方性法规案，由常委会主任会议决定提请常委会会议审议，或者先交有关的专门委员会审议、提出报告，再提请常务委员会会议审议。常委会组成人员五人以上联名向常委会提出的地方性法规案，由主任会议决定是否提请常务委员会会议审议，或者先交有关的专门委员会审议、提出报告，再决定是否提请常务委员会会议审议。实践中，地方人民代表大会及其常委会通过的地方性法规，主要是本级人民政府提出的。

（二）地方性法规草案的审议

审议地方性法规案，是指对已列入本级人民代表大会或者人民代表大会常务委员会会议审议的地方性法规进行审查和讨论。关于地方性法规草案的审议程序，《立法法》第87条规定，地方性法规草案的提出、审议和表决程序，根据《地方各级人民代表大会和地方各级人民政府组织法》，参照《立法法》第二章第二节、第三节、第五节的规定，由本级人民代表大会规定。地方性法规草案由负责统一审议的机构提出审议结果的报告和草案修改稿。从这一规定可以看出，《立法法》对地方性法规的审议程序主要作了三方面的原则规定：一是应当根据《地方各级人民代表大会和地方各级人民政府地方组织法》。《地方各级人民代表大会和地方各级人民政府地方组织法》对地方人民代表大会及其常委会审议议案程序的规定,都适用于对地方性法规草案的审议。二是可以参照法律案的审议程序。法律案审议中的三审制、专门委员会审议制度、广泛听取各方面意见制度等程序都可供地方人大及其常委会审议地方性法规草案参考。三是应当统一审议。所有法律案都由宪法和法律委员会进行统一审议,是全国人大及其常委会立法实践中的成功经验。《立法法》制定前,对于地方性法规案是否要有统一审议程序,法律没有规定,实践中,主要有三种做法:一是由有关委员会对所有的地方性法规草案进行统一审议;二是自始至终由各委员会分别进行审议;三是先由有关委员会分别审议,但在交付表决前由负责法制的委员会进行统一审议。实践中,负责统一审议地方性法规的机构是法制委员会。

(三)地方性法规草案的表决和报批

1. 表决地方性法规案。地方性法规草案修改稿经本级人民代表大会或者人民代表大会常务委员会审议后,如果对重大问题没有大的分歧意见,则由大会主席团或者常委会主任会议交付全体会议表决。根据《地方各级人民代表大会和地方各级人民政府地方组织法》的规定,地方各级人民代表大会表决地方性法规案,以全体代表的过半数通过;常委会会议表决地方性法规案,以全体组成人员的过半数通过。

2. 省、自治区人大常委会对设区的市、自治州制定的地方性法规的审批程序。根据《地方各级人民代表大会和地方各级人民政府地方组织法》规定,设区的市、自治州的人民代表大会及其常委会可以依照法律规定的权限制定地方性法规,报省、自治区的人民代表大会常务委员会批准后施行,并由省、自治区的人民代表大会常务委员会报全国人民代表大会常务委员会和国务院备案。《立法法》第 81 条第 1、2 款规定,设区的市、自治州的地方性法规须报省、自治区的人民代表大会常务委员会批准后施行。省、自治区的人民代表大会常务委员会对报请批准的地方性法规,应当对其合法性进行审查,认为同宪法、法律、行政法规和本省、自治区的地方性法规不抵触的,应当在四个月内予以批准。省、自治区的人民代表大会常务委员会在对报请批准的地方性法规进行审查时,发现其同本省、自治区的人民政府的规章相抵触的,应当作出处理决定。

从上述规定可以看出,省、自治区的人民代表大会常务委员会要对报请批准的地方性法规进行合法性审查。经审查认为同宪法、法律、行政法规和本省、自治区的地方性法规不抵触的,应当在四个月内予以批准。如果在审查中发现报批的地方性法规同宪法、法律、行政法规或者本省、自治区的地方性法规相抵触的,省、自治区人大常委会可以不予批准,也可以发回修改。对于发现报请批准的设区的市的地方性法规同本省、自治区的人民政府的规章相抵触的,省、自治区人大常委会应当作出的处理决定有三种:一是认为省、自治区的规章不适当的,可以批准设区的市、自治州的地方性法规;二是认为报批的地方性法规不适当的,可以责成设区的市、自治州人大常委会对报批的地方性法规进行修改,如果设区的市不同意修改,可以不予批准;三是认为报批的地方性法规和省、自治区的规章的规定均不适当的,则分别依照前两种情况进行处理。

(四)地方性法规的公布

《立法法》第 88 条第 1 ~ 3 款对地方性法规的公布作了明确规定:省、自治区、直辖市的人民代表大会制定的地方性法规由大会主席团发布公告予以公布。省、自治区、直辖市的人民代表大会常务委员会制定的地方性法规由常务委员会发布公告予以公布。设区的市、自治州的人民代表大会及其常务委员会制定的地方性法规报经批准后,由设区的市、自治州的人民代表大会常务委员会发布公告予以公布。

根据《立法法》第 89 条规定,地方性法规公布后,其文本以及草案的说明、审议结果报告等,应当及时在本级人民代表大会常务委员会公报和中国人大网、本地方人民代表大会网站以及在本行政区域范围内发行的报纸上刊载。在常务委员会公报上刊登的地方性法规文本为标准文本。

二、制定自治条例和单行条例的程序

自治条例是民族自治地方的人民代表大会依照当地民族的政治、经济和文化的特点制定的全面调整本自治地方事务的综合性规范性文件。单行条例是民族自治地方的人民代表大会依照当地民族的政治、经济和文化的特点制定的调整本自治地方某方面事务的规范性文件。制定自治条例和单行条例是自治机关行使自主权的重要方式。自治条例和单行条例的制定程序和地方性法规的制定程序基本相同,《立法法》对此规定得较为原则。《立法法》第 87 条第 1 款规定,自治条例和单行条例草案的提出、审议和表决程序,根据《地方各级人民代表大会和地方各级人民政府组织法》,参照《立法法》第二章第二节、第三节、第五节的规定,由本级人民代表大会规定。具体来说,自治条例和单行条例的制定程序有以下几个方面的特点:

(1)自治条例和单行条例只能由民族自治地方的人民代表大会制定,不能由常委会制定。但是,自治条例或者单行条例可以由常委会向大会提出,或者由其他提案人向常委会提出,经常委会会议审议后,再提请人民代表大会审议。

(2)自治区的自治条例和单行条例须报全国人大常委会批准后生效。自治州、自治县的自治条例和单行条例须报省、自治区、直辖市的人大常委会批准后生效,并由省、自治区、直辖市的人大常委会报全国人大常委会和国务院备案。

(3)自治条例和单行条例报经批准后,分别由自治区、自治州、自治县的人大常委会发布公告予以公布。自治条例和单行条例公布后,及时在本级人民代表大会常务委员会公报和中国人大网、本地方人民代表大会网站以及在本行政区域范围内发行的报纸上刊载。在常务委员会公报上刊登的自治条例和单行条例文本为标准文本。

第五节　规章的制定程序

制定规章的程序，是指国务院有关部门制定部门规章的程序，省、自治区、直辖市和设区的市、自治州的人民政府制定地方政府规章的程序。按照顺序，规章制定程序主要包括：立项、起草、审查、决定和公布、解释和备案等。《立法法》对规章的制定程序从两个方面作了规定：一是原则规定，国务院部门规章和地方政府规章的制定程序，参照《立法法》第三章的规定，由国务院规定。二是对规章必不可少的程序作了明确规定。根据《立法法》的规定，国务院2001年公布了《规章制定程序条例》，并于2017年进行了修订。《立法法》和《规章制定程序条例》规定的规章制定程序主要包括以下几个方面。

一、立项

（一）报送立项

国务院部门内设机构或者其他机构认为需要制定部门规章的，应当向该部门报请立项。省、自治区、直辖市和设区的市、自治州的人民政府所属工作部门或者下级人民政府认为需要制定地方政府规章的，应当向该省、自治区、直辖市或者设区的市、自治州的人民政府报请立项。《规章制定程序条例》对报送制定规章的立项申请提出了具体要求，要对制定规章的必要性、所要解决的主要问题、拟确立的主要制度等作出说明。

（二）年度规章制定工作计划的制定

国务院部门法制机构，省、自治区、直辖市和设区的市、自治州的人民政府法制机构，对制定规章的立项申请和公开征集的规章制定项目建议进行评估论证后，拟订本部门、本级人民政府年度规章制定工作计划，报本部门、本级人民政府批准后向社会公布。年度规章制定工作计划应当明确规章的名称、起草单位、完成时间等。

(三)年度规章制定工作计划的执行

国务院部门,省、自治区、直辖市和设区的市、自治州的人民政府,要加强对执行年度规章制定工作计划的领导。对列入年度规章制定工作计划的项目,起草部门应当抓紧工作,按照要求上报本部门或者本级人民政府决定。法制机构要及时跟踪了解本部门、本级人民政府年度规章制定工作计划执行情况,加强组织协调和督促指导。年度规章制定工作计划在执行中,可以根据实际情况予以调整,对拟增加的规章项目应当进行补充论证。

二、起草

(一)起草主体

部门规章由国务院部门组织起草,地方政府规章由省、自治区、直辖市和设区的市、自治州的人民政府组织起草。国务院部门可以确定规章由其一个或者几个内设机构或者其他机构具体负责起草工作,也可以确定由其法制机构起草或者组织起草。省、自治区、直辖市和设区的市、自治州的人民政府可以确定规章由其一个部门或者几个部门具体负责起草工作,也可以确定由其法制机构起草或者组织起草。起草专业性较强的规章,可以吸收相关领域的专家参与起草工作,或者委托有关专家、教学科研单位、社会组织起草。

(二)起草阶段的程序规定

《规章制定程序条例》对规章起草阶段的程序作了规定:(1)听取意见。起草规章,应当深入调查研究,总结实践经验,广泛听取有关机关、组织和公民的意见。听取意见可以采取书面征求意见、座谈会、论证会、听证会等多种形式。除依法需要保密的外,还应当将规章草案及其说明等向社会公布,实践中,一般是通过司法部门的官方网站向社会公布。(2)论证咨询。涉及社会公众普遍关注的热点难点问题和经济社会发展遇到的突出矛盾，减损公民、法人和其他组织权利或者增加其义务，对社会公众有重要影响等重大利益调整事项的，起草单位应当进行论证咨询，广泛听取有关方面的意见。对于起草的规章涉及重大利益调整或者存在重大意见分歧，对公民、法人或者其他组织的权利义务有较大影响，人民群众普遍关注，需要进行听证的，起草单位还应当举行听证会听取意见。(3)征求其他部门意见与协商。起草的部门规章，涉及国务院其他部门的职责或者与国务院其他部门关系紧密的，起草单位应当充分征求国务院其他部门的意见。起草的地方政府规章，涉及本级人民政府其他部门的职责或者与其他部门关系紧密的，起草单位应当充分征求其他部门的意见。起草单位与其他部门有不同意见的，应当充分协商；经过充分协商不能取得一致意见的，起草单位应当在上报规章草案送审稿时说明情况和理由。

(三)规章送审稿报送审查要求

起草单位应当将规章送审稿及其说明、对规章送审稿主要问题的不同意见和其他有关材料按规定报送审查。报送审查的规章送审稿，应当由起草单位主要负责人签署；几个起草单位共同起草的规章送审稿，应当由该几个起草单位主要负责人共同签署。规章送审稿的说明应当对制定规章的必要性、规定的主要措施、有关方面的意见及其协调处理情况等作出说明。有关材料主要包括所规范领域的实际情况和相关数据、实践中存在的主要问题、汇总的意见、听证会笔录、调研报告、国内外有关立法资料等。

三、审查

(一)审查内容

规章送审稿由法制机构负责统一审查。法制机构主要从以下方面对送审稿进行审查：是否符合立法法确定的立法原则，符合宪法、法律、行政法规和其他上位法的规定；是否切实保障公民、法人和其他组织的合法权益，在规定其应当履行的义务的同时，应当规定其相应的权利和保障权利实现的途径；是否体现行政机关的职权与责任相统一的原则，在赋予有关行政机关必要的职权的同时，应当规定其行使职权的条件、程序和应承担的责任；是否体现全面深化改革精神，科学规范行政行为，促进政府职能向宏观调控、市场监管、社会管理、公共服务、环境保护等方面转变；是否符合精简、统一、效能的原则，相同或者相近的职能应当规定由一个行政机关承担，简化行政管理手续；是否符合社会主义核心价值观的要求；是否与有关规章协调、衔接；是否正确处理有关机关、组织和公民对规章送审稿主要问题的意见；是否符合立法技术要求；是否需要审查其他的内容。

（二）审查处理

规章送审稿有下列情形之一的，法制机构可以缓办或者退回起草单位：制定规章的基本条件尚不成熟或者发生重大变化的；有关机构或者部门对规章送审稿规定的主要制度存在较大争议，起草单位未与有关机构或者部门充分协商的；未按照《规章制定程序条例》有关规定公开征求意见的；上报送审稿不符合报送审查要求的。

（三）听取意见

法制机构主要通过以下途径听取各方面意见：将规章送审稿或者规章送审稿涉及的主要问题发送有关机关、组织和专家征求意见；就规章送审稿涉及的主要问题，深入基层进行实地调查研究，听取基层有关机关、组织和公民的意见；规章送审稿涉及重大利益调整的，采取座谈会、论证会、听证会、委托研究等形式进行论证咨询，广泛听取有关方面的意见；规章送审稿涉及重大利益调整或者存在重大意见分歧，对公民、法人或者其他组织的权利义务有较大影响，人民群众普遍关注，起草单位在起草过程中未举行听证会的，经本部门或者本级人民政府批准，可以举行听证会。

（四）协调

有关机构或者部门对规章送审稿涉及的主要措施、管理体制、权限分工等问题有不同意见的，法制机构应当进行协调，力求达成一致意见；经过充分协调不能达成一致意见的，法制机构应当将主要问题、有关机构或者部门的意见和法制机构的意见及时报本部门或者本级人民政府领导协调，或者报本部门或者本级人民政府决定。

（五）形成规章草案及说明

法制机构应当认真研究各方面的意见，与起草单位协商后，对规章送审稿进行修改，形成规章草案和对草案的说明。说明应当包括制定规章拟解决的主要问题、确立的主要措施以及与有关部门的协调情况等。规章草案和说明由法制机构主要负责人签署，提出提请本部门或者本级人民政府有关会议审议的建议。

四、决定和公布

（一）决定

部门规章应当经部务会议或者委员会会议决定。地方政府规章应当经政府常务会议或者全体会议决定。审议通过规章时，由法制机构作说明，也可以由起草单位作说明。与会人员可以充分发表意见，最后由主持会议的部长、主任、主席、市长等行政首长作出该规章草案通过与否的决定。通过规章时，不实行表决制，因为国务院有关部门以及省、自治区、直辖市和设区的市、自治州的人民政府与国务院一样，实行首长负责制。

（二）公布

法制机构应当根据有关会议审议意见对规章草案进行修改，形成草案修改稿，报请本部门首长或者省长、自治区主席、市长、自治州州长签署命令。部门规章由部门首长签署命令予以公布。地方政府规章由省长、自治区主席、市长或者自治州州长签署命令予以公布。公布规章的命令应当载明该规章的制定机关、序号、规章名称、通过日期、施行日期、部门首长或者省长、自治区主席、市长、自治州州长署名以及公布日期。部门规章签署公布后,及时在国务院公报或者部门公报和中国政府法制信息网以及在全国范围内发行的报纸上刊载。地方政府规章签署公布后,及时在本级人民政府公报和中国政府法制信息网以及在本行政区域范围内发行的报纸上刊载。在国务院公报或者部门公报和地方人民政府公报上刊登的规章文本为标准文本。

五、解释和备案

(一)解释

规章有下列情形之一的,由制定机关解释:规章的规定需要进一步明确具体含义的;规章制定后出现新的情况,需要明确适用规章依据的。规章解释由规章制定机关的法制机构参照规章送审稿审查程序提出意见,报请制定机关批准后公布。规章的解释同规章具有同等效力。

(二)备案

规章应当自公布之日起30日内,由法制机构依照《立法法》和《法规规章备案条例》的规定向有关机关备案。部门规章只需报国务院备案。地方政府规章的备案比较复杂,省、自治区、直辖市制定的政府规章,需要向国务院和本省、自治区人大常委会备案。设区的市、自治州制定的政府规章,需要向四个机关报送备案:一是国务院;二是本级人大常委会;三是本省、自治区人大常委会;四是本省、自治区人民政府。

《规章制定程序条例》还对规章清理和立法后评估作了规定。条例第37条规定,国务院部门,省、自治区、直辖市和设区的市、自治州的人民政府,应当根据全面深化改革、经济社会发展需要以及上位法规定,及时组织开展规章清理工作。对不适应全面深化改革和经济社会发展要求、不符合上位法规定的规章,应当及时修改或者废止。第 38 条规定,国务院部门,省、自治区、直辖市和设区的市、自治州的人民政府,可以组织对有关规章或者规章中的有关规定进行立法后评估,并把评估结果作为修改、废止有关规章的重要参考。

第八章　立法效力

本章的内容为立法效力。所谓立法效力，是指立法活动的约束力，主要包括三个方面的问题：一是立法活动的合法性根据，包括上位法的根据，也包括立法活动程序的合法性和内容的正当性。这是立法活动具有效力的源泉。二是立法活动的效力维度和效力范围，立法活动的效力维度包括立法权行使的时间范围、空间范围和对象范围。立法活动的范围主要包括不同级别的立法主体各自行使立法权的领域及其边界。三是立法活动所产生规范的效力等级体系和规范的效力冲突。其中，规范的效力等级体系包括法律、行政法规、地方性法规、规章、自治条例和单行条例、规范性文件等不同级别的规范。规范效力冲突主要包括上位法与下位法、特别法与一般法、新法与旧法之间的效力冲突，解决规范效力冲突的原则包括上位法优于下位法、新法优于旧法、特别法优于一般法等。

第一节　立法效力的渊源和产生条件

一、立法效力的渊源

（一）凯尔森的规范等级体系

规范理论是凯尔森法学思想的精髓。奥斯丁以“命令”作为法律的基本单元，而凯尔森对奥斯丁的主权者思想及命令说进行了批判。凯尔森认为：“规范之所以是有效力的只是因为，它已根据特定的规则而被创造出来。法律秩序的基础规范就是这样一个被假设的最终规则，根据该规则这一秩序的规范才被创造和被废除、取得并丧失其效力。”〔1〕纯粹法学中的基础规范并不是一种简单的概念，它是一种特定的预设，目的是为法律的客观有效性奠定基础。因为基础规范是一个被预设而产生的规范，它的有效性是自然而然的，那么在规范的层级中就属于最高级别的，也称为最高级别的规范。为了进一步论证基础规范的最高效力，凯尔森引用了宗教伦理的三段论来说明。所有基督教徒都将“应当遵守上帝的命令”这一准则认为是最有效的准则，而没有任何一位基督教徒会怀疑这一准则的有效性，而没有怀疑的理由是他们相信上帝就是创造终极准则的最高权力主体。正如凯尔森所提到的一样，这个基础规范（基督教徒不会质疑的规范）是预设的，会被质疑的规范（低级的规范）是通过不被质疑的规范（基础规范）授权而创建的。这样不证自明的基础规范就成为三段论中的大前提，基础规范也是低级规范有效性的基础和来源。

实在法律系统中的基础规范并不是实质性规范，实质性规范的内容也只是被“设定”成不证自明的，其他规范是从它们那里通过逻辑推演而生的。凯尔森认为，客观上不存在无证自明的基础规范，因为实在主义法律秩序中的基本规则只是一个被设定的规则，一方面，它不是无证自明的，就像是一个被给定的宪法一样；而另一方面，它又无法经由进一步的逻辑三段论而被合法化，在实证主义那里，颁布宪法的权利已经是最高层次的了。

基础规范的创制，实际上是对实在法进行了界定，并给出了一个效力的来源。在此，凯尔森提出的基础规范为实在法特别是宪法的效力提供了来源，也为在宪法之下的其他法律的制定赋予了效力。凯尔森通过预设基础规范，用基督教徒对上帝命令的信服来对比基础规范对实在法

〔1〕［奥］凯尔森：《法与国家的一般理论》，沈宗灵译，商务印书馆2013年版，第128页。

的最高指导，为宪法以及在其基础上确立的法律体系提供效力基础。基础规范只解决形式上的合法性，即来源合法，而不考虑具体情况是否合法的问题。因此，这个基础规范并不是某种客观实在，它在形式上处于整个法律体系效力的最顶端，通过在形式上预设基础规范来满足整个法律体系的有效性和合法性。凯尔森的基础规范理论为寻求规范的效力来源提供了新路径。

（二）上位法的依据

根据我国《宪法》《立法法》的规定，下位法不得与上位法相抵触，下位法的制定必须以上位法为依据。因此，我国立法的法律依据多是指上位法依据。立法的法律依据，是指立法主体在制定某具体法规范性文件时所依据的法律、法规等，它说明了立法的合法性问题。目前，我国立法实践中，立法依据条款主要有以下几种模式：

1. 明确了作为依据的上位法，并指明了具体法条

在这种情况下，该具体法条便是立法的直接依据。例如，根据我国《民间纠纷处理办法》第 1 条规定，“根据《人民调解委员会组织条例》第九条第二款、第二条第二款和第十条的规定，制定本办法”。这种立法依据条款，对立法依据作了详细的列举。一般这类下位法规定的内容比较具体，是对上位法某个方面作了进一步的体系建构和深度拓展。在明确了下位法合法性来源的同时，增加了法律的可操作性。

2. 以某一上位法精神或原则为立法依据

对于立法以某一精神或原则为依据的情况，并不少见，下位法本就是上位法内容的细化和拓展，增加的是可操作性，使其更多地与自身的实际情况相贴合。例如，《龙胜各族自治县自治条例》中的立法依据条款，明确了原则作为立法依据。对于立法过程中，所依据的精神或原则这些意识上的指导，当然是紧紧围绕上位法。然而，在立法实践中，直接将原则和精神用文本的形式放在立法依据条款中的例子，相对较少。当然，具有通常性的立法精神与原则更是很少出现在立法依据条款中。

3. 仅指明了所依据的上位法

下位法立法仅仅指明了所依据的上位法,并没有对具体法条进行阐释的做法,还可以细分为以下两种情况。一是下位法所依据的是某一上位法的诸多法条,因此,仅仅指明所依据的一个上位法。如《抗旱条例》第 1 条规定:“为了预防和减轻干旱灾害及其造成的损失,保障生活用水,协调生产、生态用水,促进经济社会全面、协调、可持续发展,根据《中华人民共和国水法》,制定本条例。”这种仅仅指明了所依据的上位法,没有直接具体说出相关法条依据的,大多与上位法联系密切,涉及法条数量较多。《抗旱条例》第 14 条第 1 款、第 2 款规定:“编制抗旱规划应当充分考虑本行政区域的国民经济和社会发展水平、水资源综合开发利用情况、干旱规律和特点、可供水资源量和抗旱能力以及城乡居民生活用水、工农业生产和生态用水的需求。抗旱规划应当与水资源开发利用等规划相衔接。”此处便是对《水法》第三章水资源开发利用以及第五章水资源配置和节约使用的细化与拓展。有这种立法依据条款的下位法,其与上位法之间的联系通常相对紧密,这种设置也是比较合理的存在。二是制定的下位法以多个上位法为依据,因此,仅列举多个上位法的名称,没有明确具体法条。例如,《出入境检验检疫标志管理办法》第 1 条规定:“为加强对出入境检验检疫标志的管理,根据《中华人民共和国进出口商品检验法》、《中华人民共和国进出境动植物检疫法》、《中华人民共和国国境卫生检疫法》和《中华人民共和国食品卫生法》等法律法规的规定,制定本办法。”在这种情形中,该下位法通常具有一定的复合性,横跨多个领域的集合性的规定。当然,在一些地方立法中,也可能是基于本地的实际情况所作的考虑。

4. 笼统规定依据上位法

这部分法律法规,设置了立法根据条款,但是一般表述为“根据国家有关法律、法规制定”。例如,《传销管理办法》第 1 条规定“根据国家法律、法规及有关政策的规定,制定本办法”;《武汉市精神卫生条例》第 1 条规定“根据有关法律、法规,结合本市实际,制定本条例”。在这种类型的立法依据条款中,有一部分是因为其立法依据较多或是不清晰,所以没有作详尽的列举;但也有一部分法律法规,其上位法依据明确,依旧作模糊式的立法根据条文表述。像《传销管理办法》是原国家工商行政管理局发文的部门规章,没有具体列举上位法依据,但是之后国务院发布了《禁止传销条例》,这就是很明显的直接上位法依据。但是,《禁止传销条例》出台后,该部门规章还是没有作相应的条款修改。又如,2022年出台的《河北省数字经济促进条例》第1条规定:"为了促进数字经济健康发展,培育经济增长新动能,加快建立现代化经济体系,推动经济社会高质量发展,根据有关法律、行政法规,结合本省实际,制定本条例。"该法规也没有明确列出所依据的上位法,仅仅是作了模糊性的规定,且进行了"结合本省实际"的政策事实依据的表述。

(三)宪法和立法法的规定

宪法是一个国家的根本法,居于一个主权国家法律体系的顶端,无论是宪法的法律效力,还是宪法的原则和规范,都是一个国家法律体系中宪法之下的其他法律法规赖以产生、存在和发挥作用的制度前提和法理依据。法律法规的确立要正确处理与宪法的关系,坚持依宪立法,在立法的内容与过程中不与宪法的相关规定发生冲突。在我国现行有效的法律中,有近四成的法律在第1条立法目的和依据中规定了"根据宪法,制定本法"原则。很显然,"根据宪法"制定法律非常清晰地表达了依宪立法的立法特征。从法理上看,既然"根据宪法"制定法律,那么在逻辑上就表现为"根据"在前,"立法"在后。由于"根据"是"立法"的前置必要条件,所以,"根据宪法"制定的法律从一开始就具有合宪性,不可能在逻辑上出现既"根据"了宪法,又不符合宪法的立法行为。

区别于人大及其常委会的国家立法权,国务院及其各部门的立法权多是行政立法权,理论上其来源于两个方面:一是以行政管理职能为前提,发挥最高国家行政机关的职能作用;二是借助决定等工作文件形式,全国人大及其常委会授权,在不与法律保留原则相冲突的前提下,国务院先行制定行政法规,并在规定时限和条件成就时,及时提请制定法律。我国《立法法》规定了,制定行政法规,要根据宪法和法律。此外,立法实践中还有一种极具中国特色的立法现象,即国务院各部门可以制定规章。部门规章的颁布施行,根据法律和行政法规,国务院的决定、命令也在“根据”之列。我国《宪法》有关规定只表明,国务院各部、委员会的立法权限,《立法法》则将部门规章的制定主体扩大,国务院具有行政管理职能的直属机构也可以颁布施行部门规章。这就是说,国务院各部、委员会,其立法依据来源于《宪法》《立法法》;而国务院其他有立法权限的直属机构,其立法依据条款中只能体现《立法法》的授权。

二、立法效力的产生条件

(一)形式上的合法性

1. 享有立法权

国家立法权是立法机关以国家名义制定法律的权力,是独立、完整和最高的国家权力,它集中体现了全体人民的共同意志和整体利益,是维护国家法制统一的关键所在。在单一制国家中,国家立法权只有一个。我国《宪法》第 58 条规定:“全国人民代表大会和全国人民代表大会常务委员会行使国家立法权。”为适应执行法律和行使行政管理职权的需要,国务院可以依据宪法和法律,规定行政措施,制定行政法规,发布决定和命令。《立法法》第 81 条第 1 款明确规定,设区的市的人大及其常委会根据本市的具体情况和实际需要,在不同宪法、法律、行政法规和本省、自治区的地方性法规相抵触的前提下,可以对城乡建设与管理、生态文明建设、历史文化保护、基层治理等方面的事项制定地方性法规。

2. 有上位法依据

立法依据条款会表明依据的上位法及其有关规定,是法律规范文本自身合法性的证明,也是规范法律体系建设的内在要求。选择上位法作为立法依据已然成为立法机关共同的实践选择。宪法是国家的根本大法,法律、行政法规是地方性法规的上位法,制定地方性法规不能同宪法、法律和行政法规相抵触，否则即是无效的。

3. 立法机关审议通过

《立法法》规定，列入常务委员会会议议程的法律案，一般应当经三次常务委员会会议审议后再交付表决。也就是说，全国人大常委会立法一般实行“三审制”。一审，即听取提案人对法律草案的说明，进行初步审议，侧重于对法案的必要性、可行性、合法性进行全面审议。二审，即在初次审议后经过两个月或者更长的时间，常委会组成人员对法律草案进行充分的调查研究后，围绕法律草案的重点、难点问题和分歧意见，再次进行深入审议。三审，是在专门委员会根据常委会组成人员的审议意见对法律草案进行修改并提出审议结果报告的基础上，再作审议，主要侧重于对草案审议结果、表决前评估的情况报告以及草案表决稿的审议。如果意见分歧不大，即交付表决。实行三审制可以使审议工作做得更充分一些，有利于提高立法质量。

4. 通过备案审查

《立法法》规定，常委会工作机构发现违法问题可以向制定机关提出书面研究意见，常委会工作机构可以向委员长会议提出撤销法规建议，这是2015年《立法法》修正新增加的内容，强化了常委会工作机构的备案审查工作职责。全国人民代表大会专门委员会、常委会工作机构经过主动审查或者被动审查，如果没有发现行政法规、地方性法规、自治条例和单行条例与宪法、法律相抵触的，审查程序就宣告结束；如果发现有抵触，则审查机关可以视情况需要采取以下两种处理方式：一是由专门委员会以书面方式直接向制定机关提出审查意见，或者由常委会工作机构向制定机关提出书面研究意见；二是由法律委员会和有关的专门委员会、常委会工作机构联合召开会议，要求制定机关到会，就存在的有关问题作出说明，经过审查机关与制定机关沟通后，再由审查机关向制定机关提出审查意见。要求制定机关到会说明情况，主要是为了便于审查机关全面、准确地了解制定机关的立法目的与立法依据、理由，相互沟通，以便于准确判断是否存在违法问题，提高审查效率。

5. 公布

人大常委会对法律草案进行充分审议后，必须交付全体会议表决通过才能成为正式法律。因此，对法律案的表决是立法程序中不可缺少的重要环节。常委会是集体行使职权，适用少数服从多数原则，只有通过表决才能判断常委会组成人员对法律案赞成与反对的多寡，从而确认该法律案是否获得通过，是否具备法律效力。

（二）内容具有正当性

1. 恶法是否失效

法律的生命在于实施。在中国的现实社会语境下，要想实现法治，客观对待“恶法亦法”理念，就必须保障法律被普遍遵守。强调“恶法亦法”理念，并非说一定要制定“恶法”让人们遵守。相反，如果法律单是靠外在的强制力来迫使人们遵守，而不是依靠守法主体对法律的信任，那么法律的实施和遵守往往也就成为幻想。因此，要制定满足守法主体需要的法律，因为“法律制度安排是否为了回应公共意志，这是判断法律是否具有正当性的根本标准”。[1] 只有体现公平、正义、自由、平等等法治精神的法律才是符合时代要求的良法，才能真正获得守法主体的信任，被普遍遵守。

2. 是否坚持党的领导

坚持党的领导不仅是宪法的要求，还是中国特色社会主义法治的重要体现，更是全面依法治国的重要内容。党和国家的力量来源于人民，也要服务于人民；在道德引导和制度规范的前提下，权力和权利可以实现和合共生。从实践意义上讲，2018 年《宪法修正案》赋予“党的领导”以直接的宪法规范效力，为党的领导制度进一步融入国家法律体系厚植法理根基，也满足了“党的领导”法律文本表达的规范性要求。宪法的条款必须落到实处，而保证宪法实施的主要方式之一就是通过具体法律法规的形式将宪法的相关规定具体化。

---

〔1〕 罗豪才：《软法与公共治理》，北京大学出版社 2006 年版，第 5 页。

党的主张引领党和国家各方面事业向前发展，适时依照法定程序转化为公民或组织主体的行为规范，从而实现党的主张、党内法规与国家法律的衔接协调。同时，作为对党的主张的具体细化，党在经济、政治、文化、社会、生态文明建设等方面的决策部署要及时转化为法律法规。

3. 是否遵守社会主义核心价值观

社会主义核心价值观是我国当代社会的主流意识形态，是中国特色社会主义社会的主流价值观。一个国家立法所遵循的对于社会道德所达成的共识，体现着一个国家立法规范所蕴含的目的追求和价值理念。法律规范是否需要价值判断，是实证主义法学派和自然法学派两种法学派别的主要分歧。在一个国家的立法进程中，必然会面对不同利益之间的冲突，以及这些冲突的平衡与缓和，而在冲突利益之间进行选择时，立法所遵循的价值观往往是进行规范选择时的精神内核。古今中外的“善法”与“恶法”无不折射出立法者的内心价值观和利益追求。因此，将全社会普遍认可的价值观念融入立法的各个进程中，是立法的必然选择，也是立法者的立法任务。

社会主义核心价值观是我国当代社会普遍认可的价值观念，它既是全社会所应遵守的行为准则，又是法治进程中进行立法的精神灵魂，随着中国特色社会主义法治体系的建立，立法者所追求的目标已经从为“法制”服务到为“法治”服务。简言之，我国当前已经从“有立法”发展到“立善法”，已经从无到有发展到从有到优。“富强、民主、文明、和谐”既是社会发展的目标，也是法治建设的目标，更是法治推动社会发展的目的所在。“自由、平等、公正、法治”是法治社会应有的社会秩序，是化解人与人之间冲突和矛盾的基本准则，更是文明社会的重要标志。“爱国、敬业、诚信、友善”是个人对国家、个人对集体、个人对社会和个人对个人的行为准则，在立法规范中确立这些行为准则，既是对个人行为的指引，也是对个人行为的约束。对于我国当代立法而言，无论关乎法律的立改废释中的哪一过程，都应当坚决融入社会主义核心价值观，使这种道德观念通过立法上升到法律层面，为社会大众所遵守。

4. 是否体现广大人民群众的意志

立法通常都要遵循特定的指导原则,以规范立法活动和塑造立法品质。其中,民主原则被普遍认为是当代立法最为重要的指导原则之一,民主立法也已成为当前几乎所有国家都广泛接受和追求的一个政治目标。特别是对于当下的中国而言,民主是国家明确树立的社会主义核心价值观之一,民主立法连同科学立法、依法立法一起被确立为立法活动应遵守的三项基本原则[1],社会主义法治建设需要以民主为基础。民主的属性决定了社会主义法治建设的本质和方向。只有在立法的过程中充分听取各方面意见,所制定的法律才能够为人们所接受。我国《立法法》规定,立法应当体现人民的意志,发扬社会主义民主,保障人民通过多种途径参与立法活动。

第二节　立法效力的维度和范围

一、立法效力的维度

(一)空间效力

立法效力的空间效力,是指立法活动在哪些地域范围内发生效力。不同立法主体进行立法活动的空间效力是不同的。在一国领域内,又可以将其划分为:(1)中央立法主体立法效力的空间范围。一般而言,中央立法主体立法效力的空间范围及于一国的领土范围。当然,由于一国政治制度、立法体制的差异,会呈现出不同的态势。例如,在我国,中央立法主体的某些立法活动对于特别行政区香港、澳门地区就不发生效力,在全国大多数地方具有普遍效力的立法活动对民族自治地方就可能是部分地发生效力等。(2)地方立法主体立法效力的空间范围。关于地方立法主体立法效力的空间范围需要注意两个

---

〔1〕《法治中国建设规划(2020－2025年)》指出,“建设法治中国,必须加强和改进立法工作,深入推进科学立法、民主立法、依法立法”;党的二十大报告强调,“推进科学立法、民主立法、依法立法”;《立法法》第4～6条规定主要指向的就是上述三项立法原则。

问题:第一,地方立法主体立法活动的效力主要发生在本地方内。第二,地方立法主体立法活动在本地方以外也具有效力,该立法活动的公定力与确定力是完整的,本地方外的主体也要予以尊重,即使是上级立法主体也不得无故变更或撤销它;与此同时,其保护力与约束力、执行力与强制力就受到一定的限制,在该地方之外,其他主体并无执行该立法活动结果的义务。

(二)对人效力

立法效力的对人效力,是指立法活动对哪些人产生作用力。效力对象包括:(1)立法主体。第一,立法主体要尊重自身立法活动的效果,不得恣意地撤销和废止已经完成的立法活动。不得重复立法就是对以往立法活动效力的尊重。第二,同级的立法主体之间须互相尊重彼此立法活动的效力,无权否定各自立法活动的效力。第三,下级立法主体要尊重上级立法主体的立法活动。上级立法主体已经对某事项进行了立法,下级立法主体就不得就此事项再进行内容相同的立法,而只能就此事项的具体实施问题进行相应的立法等。(2)其他主体。其他主体包括行政执法主体、司法机关、社会团体和公民个人。第一,其他主体需尊重立法主体的活动,即使立法存在瑕疵,在其未被撤销前,仍需尊重该活动,不得否定该活动的效力。第二,其他主体要积极执行立法活动的结果——规范性文件,行使和履行法律规定的权利和义务。

(三)时间效力

立法效力的时间范围包含立法活动何时开始生效、何时终止其效力以及有无溯及力的问题。

1. 生效时间

在法的确立活动中,表决和通过法案是最关键的环节,它的完成标志着法案成为法律的制定活动实质上已经完成,其效力已产生。例如,法律草案一旦通过,该立法主体以及其他的立法主体在本法律失效之前就不得再提出此类提案。正因为在交付表决前,立法活动还未生效,所以提案人才有权撤回;而法律案经过表决但未通过的情形属于立法活动未生效的情形,所以提案人可以重新提案。但表决和通过法案的活动并不为公众所知,所以需要开展公布立法活动结果的活动,使得立法活动能够对更多的对象发生效力。

2. 失效时间

有效的立法活动具有存续性,在其通过的规范性文件失效前都具有效力。因此,立法活动的失效时间与其通过的规范性文件的失效时间具有一致性,而其通过的规范性文件在完成历史使命、期限届满、被撤销或宣布无效、被新的立法活动推翻前都是有效的。

3. 溯及力问题

所谓法的溯及力,是指新法可否适用于其生效以前发生或正在发生的事件和行为;如果可以适用,该法则有溯及力;如果不能适用,该法则没有溯及力。法不溯及既往原则源于法的安定性原则,是对社会秩序和人权的一种保护,同时也体现了新的立法活动对先前立法活动的尊重,即先前立法活动效力的存在。由于先前的立法活动具有一定的效力范围,新的立法活动也有一定的效力范围,二者的效力均仅在其特定的效力范围内发挥作用。法不溯及既往原则体现了新旧立法活动立法效力的存在,实际上是立法活动不溯及既往的体现。

二、立法效力的范围

(一)全国人大及其常委会的立法效力范围

《宪法》第58条规定:“全国人民代表大会和全国人民代表大会常务委员会行使国家立法权。”制定和修改刑事、民事、国家机构的和其他的基本法律,是全国人民代表大会的一项重要职权。基本法律通常是对某一类社会关系进行调整和规范,涉及的事项有的是公民的基本权利和义务关系,有的是国家经济和社会生活中某一方面的基本关系,有的是国家政治生活的基本制度,有的事关国家主权等,这些法律在国家和社会生活中具有全局的、长远的、普遍的和根本的规范意义。全国人大作为最高国家权力机关，其立法权限范围是十分广泛的，不仅可以制定和修改刑事、民事、国家机构的和其他的基本法律，也可以制定基本法律以外的其他法律。

全国人民代表大会常务委员会是全国人民代表大会的常设机关，是最高国家权力机关的组成部分，在全国人民代表大会闭会期间行使部分最高国家权力。因此，全国人大常委会也享有广泛的立法权，但与全国人民代表大会相比，其立法权受到了一定的限制。综合我国《宪法》和《立法法》对全国人大常委会立法权限的规定，全国人大常委会主要有以下两个方面的立法权限：

1. 制定和修改除应当由全国人大制定的法律以外的其他法律

除基本法律以及涉及全国人大权限和工作程序的非基本法律外，凡应当由法律规定的事项，全国人大常委会均有权立法。目前，全国人大代表人数多、会期短，立法任务实际上主要由全国人大常委会承担。为适应改革开放和市场经济建设的需要，全国人大常委会加快立法步伐，制定和修改了一大批法律，内容涉及国家政治、经济、教育、科学、文化、卫生、土地管理、环境保护等各个方面，中国特色社会主义法律体系已经形成，为保障改革开放和现代化建设的顺利进行发挥了重要作用。

2. 对全国人大制定的法律进行补充和修改

赋予全国人大常委会对全国人大制定的法律进行补充和修改的权力，主要有以下原因：(1)全国人大常委会作为全国人民代表大会的常设机关，是最高立法机关的组成部分，在全国人民代表大会闭会期间行使国家立法权。(2)全国人民代表大会人数多，每年只召开一次会议，会期很短，议程较多，不可能对各项法律进行补充和修改；而由全国人大常委会进行补充和修改，可以使全国人大集中精力处理好必须由它处理的重大问题。(3)由于社会生活的发展变化很快，新情况和新问题不断出现，因此，全国人大对法律的补充和修改任务相当繁重，并且应当成为一项经常性的工作。赋予全国人大常委会该项权力，可以使一些急需补充和修改的法律及时得到补充和修改。(4)全国人大常委会对全国人大制定的法律进行补充和修改,不会影响全国人大行使立法权,全国人大认为必须由它进行补充和修改的法律,它有权决定自行补充和修改。此外,我国《宪法》第62条规定,全国人大有权"改变或者撤销全国人民代表大会常务委员会不适当的决定"。全国人大认为常委会的补充和修改不适当时,有权予以改变或者撤销。同时,全国人大常委会对全国人大制定法律的补充和修改会受到一定的限制,即这种补充和修改不得同该法律的基本原则相抵触。所谓法律的基本原则,是指贯穿于该法律始终的核心和精神,也即该法律的基本原则、指导思想和基本任务。一般来说,法律的基本原则规定在该法的总则中,也有些基本原则明确规定在具体条文中。

(二)国务院的立法效力范围

为适应执行法律和行使行政管理职权的需要,国务院可以根据宪法和法律,规定行政措施,制定行政法规,发布决定和命令。行政法规是国务院为领导和管理国家各项行政工作,根据宪法和法律的规定,并且按照《行政法规制定程序条例》的规定程序制定和发布的有关政治、经济、教育、科技、文化、外事等各类法规的总称。国务院是行政法规的制定主体,行政法规的制定必须根据宪法和法律的授权,按照法定程序进行,从而赋予行政法规所应具有的法的效力,进而保障国家行政管理工作的顺利进行。行政法规的效力次于法律、高于部门规章和地方性法规。制定行政法规必须要根据宪法和法律的规定,这样可以对行政法规的制定权形成必要的制约监督。行政法规属于我国中央人民政府制定与颁布的同行政管理相关的规范性文件。国务院制定行政法规的行为也可以理解成是一种按照法律来做的行政行为活动,从某个角度来说,依法行政是一切行政机关制定行政法规都必须遵循的基本原则,行政法规当然就要按照法律的规定制定,这样一来,行政法规的制定就要达到"根据宪法和法律"这一标准。如此一来,国务院在制定行政法规的过程中要以宪法和法律为根据就成为了必然。

根据宪法和法律的规定,国务院制定行政法规。同时根据我国《宪法》和《立法法》的规定可知,国务院制定行政法规的立法权限具体包括三类事项。第一,全国人民代表大会制定《国家赔偿法》,国务院为了更好地执行它,就逐步制定相应的行政赔偿费用的行政法规用以落实和推行国家赔偿制度。第二,本属于全国人民代表大会及其常务委员会制定法律的事项,由全国人民代表大会及其常务委员会明确授权给国务院进行具体立法,国务院再根据此项具体授权而对此事项制定行政法规,进行深入地调整。授权性立法受到授权法的严格限制,不得违背授权法的规定。全国人民代表大会常务委员会授权国务院立法的事项,在全国人民代表大会常务委员会制定法律之后,对于国务院的授权立法即相应终止。第三,在宪法第八十九条规定国务院行政管理职权的事项范围内可以制定行政法规。这表明,国务院除了根据宪法和法律的特别授权制定行政法规外,还可以根据宪法规定的职权制定行政法规。

(三)地方人大立法的效力范围

为充分调动地方的积极性和主动性,各地根据本地的具体情况和实际需要,可以拥有一定的立法权限。《立法法》第 81 条第 1 款明确规定,所有设区的市的人大及其常委会可以根据本市的具体情况和实际需要,在不同宪法、法律、行政法规和本省、自治区的地方性法规相抵触的前提下,对城乡建设与管理、生态文明建设、历史文化保护、基层治理等方面的事项制定地方性法规。

根据我国《立法法》第 80 条和第 81 条的规定,地方性法规的立法主体包括:(1)省、自治区和直辖市人大及其常委会。(2)设区的市的人大及其常委会。在 2023 年《立法法》修正前,除省、自治区和直辖市以外,只有“较大的市”有制定地方性法规的权限。2023 年修正前的《立法法》所称的“较大的市”包括三类:省会城市、经济特区所在地的市以及经国务院批准的较大的市。2000 年《立法法》将上述几种享有地方立法权的城市统一称为较大的市。一些全国人大代表多次提出议案、建议,要求增加具有地方立法权的较大的市的数量。一些设区的市向国务院提出申请,要求批准为较大的市,享有地方性法规制定权。党的十八届三中全会提出,逐步增加有地方立法权的较大的市的数量,党的十八届四中全会进一步明确提出依法赋予设区的市地方立法权。这就要求遵循在中央的统一领导下,充分发挥地方主动性和积极性的原则,通过修改《立法法》赋予设区的市地方立法权。

我国《立法法》第 82 条规定了地方性法规的权限,可以从以下两个方面理解。

1. 划分地方性法规权限范围的方式

在《立法法》修改的过程中,对于如何进一步完善中央与地方的立法权限划分,明确地方立法的权限范围,立法机关曾研究过是否对中央和地方权限范围一一作出列举。经过广泛研究和听取意见,发现这种方式既不符合我国的体制,又不可行。这是因为,我国是单一制国家,地方的权力是中央赋予的,不存在只能由地方立法而中央不能立法的情况;同时,实际上也很难对中央和地方的立法权限都作出列举。因此,经过反复研究,立法机关维持该条关于地方性法规权限的规定,在规定全国人大及其常委会的专属立法权后,对地方性法规的权限范围作出了原则规定。

2. 地方性法规权限范围

根据该条的规定,地方性法规可以作出规定的事项,包括以下四类:

(1)为执行法律、行政法规的规定,需要根据本行政区域的实际情况作具体规定的事项。这一规定是指,在有上位法的情况下,为保证法律和行政法规的实施,地方性法规可以制定执行性的规定。法律和行政法规是要在全国范围内施行的,为了符合全国各地情况,有些规定只能比较概括,具体的规定则需要由地方性法规根据本行政区域的实际情况加以制定,这样才利于更好地根据实际情况执行法律和行政法规。一些法律和行政法规对此作出了明确的规定,如《选举法》第 60 条规定:

“省、自治区、直辖市的人民代表大会及其常务委员会根据本法可以制定选举实施细则,报全国人民代表大会常务委员会备案。”《村民委员会组织法》第40条规定:“省、自治区、直辖市的人民代表大会常务委员会根据本法,结合本行政区域的实际情况,制定实施办法。”对于上述规定,地方人大及其常委会应当制定地方性法规,这是地方人大及其常委会的职责。地方制定执行性的、具体化的规定,不能同法律、行政法规相抵触。

(2)地方性事务中需要制定地方性法规的事项。地方性事务是与全国性的事务相对应的,地方性事务,是指具有地方特色的事务。一般来说,地方性事务不需要或在可预见的时期内不需要由全国制定法律、行政法规来作出统一规定。例如,对本行政区域内某一风景名胜、某种地方特色非物质文化遗产的保护,就属于地方性的事务,一般来说不需要国家作出规定。

(3)在全国人大及其常委会专属立法权之外,中央尚未立法的事项。最高国家权力机关的专属立法权,是地方性法规的“禁区”,无论国家是否制定法律,地方都不能作出规定,否则地方性法规就是越权,是无效的。对于最高国家权力机关专属立法权以外、国家尚未制定法律或者行政法规的事项,则允许地方性法规先行作出规定。在实际立法实践中,即使是允许地方先行作出规定的,如果涉及中央统一管理的事项,地方也不宜作出规定。因此,在国家立法出台前,地方可以先制定地方性法规,以解决地方的实际问题。但中央一旦立法,由于法律和行政法规的位阶高于地方性法规,地方性法规同法律或行政法规相抵触的规定即为无效,制定机关应当及时进行修改或者废止。

(4)对设区的市立法权限的规定。需要注意的是,对于设区的市而言,无论是为了执行法律、行政法规的规定,需要根据本行政区域的实际情况作出具体规定,还是就地方性事务或者在全国人大及其常委会专属立法权之外,中央尚未立法的事项进行立法,都要受到《立法法》第81条第1款“城乡建设与管理、生态文明建设、历史文化保护、基层治理等方面的事项”规定的限制。

（四）地方人民政府和国务院部委立法的效力范围

《立法法》第91条第1款规定："国务院各部、委员会、中国人民银行、审计署和具有行政管理职能的直属机构以及法律规定的机构，可以根据法律和国务院的行政法规、决定、命令，在本部门的权限范围内，制定规章。"因此，部门规章的制定机关有两类：第一，国务院各部、委员会、中国人民银行和审计署等国务院的组成部门。[1] 第二，具有行政管理职能的直属机构。[2]

根据《立法法》的规定，国务院部门规章规定的事项是属于执行法律或者国务院的行政法规、决定、命令的事项。第一，执行法律和行政法规的规章，即根据法律和行政法规制定规章。由于我国地域辽阔，地区之间的经济社会发展不平衡，因此法律、行政法规的规定一般比较原则、概括。这样做的优点是法律、行政法规的涵括性较好，但不足是可操作性太差。为解决法律和行政法规可操作性差的问题，将一些具体化、专业性的问题留给部门规章进行规定。"一般说来，法律规定由国务院制定行政法规的居多，直接规定由国务院有关主管部门制定规章的较少；而在行政法规中，则大多数都规定由有关主管部门制定规章，包括实施细则、实施办法等。"[3]第二，执行国务院的决定或命令的规章，即根据国务院的决定或命令制定规章。国务院的决定和命令，通常有两种情形：一是国务院在行政管理过程中，针对行政管理事项发布的决定和命令；二是要求有关部门加强对某一方面或某些方面的社会事务进行管理

---

〔1〕《国务院行政机构设置和编制管理条例》第6条第3款规定："国务院组成部门依法分别履行国务院基本的行政管理职能。国务院组成部门包括各部、各委员会、中国人民银行和审计署。"

〔2〕现阶段，国务院的直属机构有中华人民共和国海关总署、国家税务总局、国家市场监督管理总局、国家金融监督管理总局、中国证券监督管理委员会、国家广播电视总局、国家体育总局、国家信访局、国家统计局、国家知识产权局、国家国际发展合作署、国家医疗保障局、国务院参事室、国务院机关事务管理局。

〔3〕乔晓阳主编：《中华人民共和国立法法讲话（修订版）》，中国民主法制出版社2008年版，第285页。

而发布的决定和命令。这里需要注意,我国宪法没有对决定和命令作严格的区分,但通常而言,决定适用于对重要事项或者重大行动作出安排,奖惩有关单位及人员,变更或者撤销下级机关不适当的决定事项;命令适用于依照有关法律公布行政法规和规章、宣布施行重大强制性行政措施、嘉奖有关单位及人员。命令的强制力比决定要强。第三,对部门规定的限制。根据《立法法》的规定,没有法律或者国务院的行政法规、决定、命令的依据,部门规章不得设定或者减损公民、法人和其他组织权利或者增加其义务的规范,不得增加本部门的权力或者减少本部门的法定职权。第四,涉及两个以上国务院部门职权范围的事项,应当提请国务院制定行政法规或者由国务院有关部门联合制定规章。

《立法法》第 93 条第 1 款规定:“省、自治区、直辖市和设区的市、自治州的人民政府,可以根据法律、行政法规和本省、自治区、直辖市的地方性法规,制定规章。”根据《立法法》第 93 条第 2 款的规定,地方政府规章的权限包括:第一,为执行法律、行政法规、地方性法规的规定需要制定的规章。第二,属于本行政区域内的具体行政管理事项制定的规章。这里值得注意,根据《立法法》第 93 条第 3 ~ 6 款的规定,制定地方政府规章时还应注意如下问题:第一,设区的市、自治州的人民政府行使上述规章制定权,制定地方政府规章,限于城乡建设与管理、生态文明建设、历史文化保护、基层治理等方面的事项。已经制定的地方政府规章,涉及上述事项范围以外的,继续有效。第二,除省、自治区的人民政府所在地的市,经济特区所在地的市和国务院已经批准的较大的市以外,其他设区的市、自治州的人民政府开始制定规章的时间,与本省、自治区人民代表大会常务委员会确定的本市、自治州开始制定地方性法规的时间同步。第三,应当制定地方性法规但条件尚不成熟的,因行政管理迫切需要,可以先制定地方政府规章。规章实施满两年需要继续实施规章所规定的行政措施的,应当提请本级人民代表大会或者其常务委员会制定地方性法规。第四,没有法律、行政法规、地方性法规的依据,地方政府规章不得设定减损公民、法人和其他组织权利或者增加其义务的规范。

（五）地方政府部门立法的效力范围

地方政府职能部门作为管理所辖行政区内的某一方面专门行政事务的国家行政机关，具有两项法定职权：第一，决定、命令的发布权。职能部门依据法律、法规和规章可以就其管辖的专门行政事务发布有关的决定和命令。第二，对行政事项的主管权。在符合法律法规和规章的前提下，职能部门有权就其主管的行政事项作出处理。其中第一项职权即是制定规范性文件。

规范性文件，是指各级各类国家行政机关为实施法律、执行政策，在法定权限内制定的除行政法规和规章以外的具有普遍约束力的决定、命令及行政措施。在实际工作中，不享有规章制定权的地方政府职能部门为加强行政管理，提高行政效率，都需要通过制定规范性文件这一手段，有效、及时解决行政管理过程中的诸多问题。在目前我国行政法制并不完善的情况下，许多管理领域还无法做到“有法可依”，已有的行政法规和行政规章尚无法覆盖所有的管理领域。同时，行政法规和行政规章的原则规定也无法对特定问题作出具体、详细的解答。为了有效地进行行政管理，地方政府职能部门有必要“因地制宜、因时制宜”制定规范性文件。一方面，规范性文件的详细规定可使行政法规、行政规章得到有效执行和落实。另一方面，规范性文件可以弥补某些行政管理领域中因缺乏法律、行政法规和行政规章而造成的“真空”；待条件成熟后，再将规范性文件上升为行政规章或行政法规。制定规范性文件，虽然不是一种行政立法，但与行政立法紧密联系。制定规范性文件要以法律、行政法规和行政规章作为依据，采用制定规范的形式，因而是行政法制的重要组成部分。在纷繁复杂的工作中，政府职能部门不能仅忙于“划桨”，就事论事地解决问题，那样做势必陷入疲于应付的被动局面。政府部门有必要转变职能，致力于“掌舵”，通过正确运用制定规范性文件这一法律管理手段，提高了行政效率，同时规范政府行为，加强和完善各级政府的行政法制工作。

由此可见，制定规范性文件是地方政府职能部门实施行政法规、行政规章和政策的重要手段和方式，也是政府职能部门进行行政管理的重要途径。

（六）授权立法的效力范围

授权立法，是指全国人大及其常委会根据《立法法》第 11 条的规定，对专属立法权范围内的事项作出决定，授权国务院制定行政法规的活动。

1. 授权立法的范围

在《立法法》制定过程中，有一种意见认为，《立法法》规定的授权立法，应当既包括专门作出授权决定的授权，又包括法条授权。经反复研究，最后没有采纳这一意见。主要考虑是：第一，法律规定要求有关机关作出规定的，性质不尽一样。有些本应由法律规定的，因制定该法律时，由法律作统一规定的条件还不太成熟，所以授权有关机关作规定。也有一些本来就不是应由法律作规定的，而是为保证法律的贯彻执行，要求有关机关制定相应的规定，这种情况并不是一种授权，而是一种义务性规定。所以，如何区分法律中哪些规定属于授权，哪些不属于授权，比较困难。第二，根据法条授权制定有关规定，将其归于执行法律，不作为授权立法看待，有利于加强对专门决定的授权的规范。

国务院可以获得授权的范围，是全国人大及其常委会专属立法权范围内尚未制定法律而又可以授权的事项。具体包括以下几层含义：第一，授权的范围是全国人大及其常委会专属立法权范围内的事项。对于属于全国人大及其常委会专属立法权范围的事项，国务院无权制定行政法规。如果要制定行政法规，就应当取得授权。第二，该事项必须是全国人大及其常委会尚未制定法律予以调整的。如果已经制定法律，就不需授权。第三，该事项必须是由全国人大及其常委会制定法律的条件还不成熟。制定法律条件成熟的事项，就应当直接制定法律，也不需授权。第四，该事项应当是急需制定法规予以调整的，如果不及时通过授权立法予以调整，将影响到国家政治、经济和社会生活的一个方面乃至全部，影响国务院行政管理工作的顺利进行。第五，该事项必须是可以授权的。专属立法权范围内有些事项在任何情况下都只能由全国人大及其常委会制定法律，而不得授权国务院制定行政法规。

2. 授权主体

授权主体，就是有权作出授权决定，赋予其他国家机关行使某种立法权的国家机关。根据《立法法》的规定，只有全国人大及其常委会才能成为授权主体。这是因为，根据《宪法》规定，全国人大及其常委会行使国家立法权。国家立法权具有最高性、主权性、独立性的特点，因此，它可以派生其他立法权。虽然国务院可以制定行政法规，省、自治区、直辖市人大及其常委会可以制定和批准地方性法规，民族自治地方人民代表大会可以制定自治条例和单行条例，国务院各部门和有关地方政府可以制定规章，但行政法规、地方性法规、自治条例和单行条例、规章的制定权不是国家立法权，其本身是国家授予的，不具有派生其他立法权的功能，不能授权其他机关行使立法权。因此，国务院和省、自治区、直辖市人大及其常委会、民族自治地方的人民代表大会、国务院各部门和有关地方政府，不能成为授权主体。

3. 被授权主体

被授权主体，是指被授予立法权的机关。《立法法》第 12 条规定，全国人大及其常委会有权作出决定，授权国务院可以根据实际需要，就专属立法权范围内的部分事项，先制定行政法规。根据这一规定，对于全国人大及其常委会专属立法权范围内的部分事项，被授权主体只能是国务院，不包括地方人大及其常委会。主要考虑是：第一，除全国人大及其常委会的专属立法权以外的事项，在没有制定法律、行政法规时，可以先制定地方性法规。这个问题《立法法》已有规定。第二，只能制定法律的事项，都是政治、经济等基本制度，如果制定法律的条件不成熟，可以授权国务院制定行政法规，有利于中央对改革的领导，也有利于法制的统一。第三，如果是因为个别地方特殊情况的需要，可以对该地方进行授权，但不宜作为一项基本制度确定下来。

（七）立法解释的效力范围

立法解释就是以立法机关为主体所作出的法律解释。在法理上，虽然享有行政立法权的行政机关对其所立之法进行解释同样是根据“谁制定、谁解释”的原则，但它本质上仍是以行政机关为主体所作出的行政行为，因此不管是从主体角度还是从行为性质角度看，行政机关对其所制定的法的解释和行政机关在适用法的过程中所作出的具体应用解释都应当属于行政解释。从这个意义上讲，我国立法解释的法定主体是全国人大常委会以及与享有地方性法规制定权的立法机关相对应的地方人大常委会。从法律解释的性质来看，立法解释是对法律原文具体含义或适用依据的释明，是使法律更便于适用的一种技术手段。在此意义上讲，其法律效力理所当然等同于其所解释对象的效力。并且，立法解释的主体和程序等规定均与法的制定、修改的主体和程序具有高度的一致性和相似性，这也有助于保证立法解释的权威性。《立法法》第 53 条就明确规定了“全国人民代表大会常务委员会的法律解释同法律具有同等效力”。

为了使地方性法规更好地适应社会发展，需要进一步对地方性法规进行立法解释。但地方立法解释只有遵循一定的原则，才能确保地方性法规价值和功能的实现。

1. 合法性原则

在现代法治原则的支配下，国家权力的行使要遵循一定的法律原则，地方立法解释活动同样必须在一定的法律原则的指导下进行，符合合法性原则。合法性原则，是指在地方立法解释活动过程中，有权主体应当就上位法律、法规的内容与精神进行阐述和说明，不得违背法治精神对地方性法规作出扩大、限制或改变地方性法规条文含义的解释。地方立法解释的主体、程序、权限、内容都应当符合法律法规的基本要求。如果在地方立法解释活动过程中缺失合法性原则，地方立法解释活动就失去了最主要的依据，其结果不可能被社会、当事人或者法律职业群体所认可。合法性原则要求:第一,地方立法解释的主体合法。第二,地方立法解释的内容合法,不得违背地方性法规的原则和精神,不得同法律、地方性法规相抵触。第三,地方立法解释权限和程序合法。

2. 合理性原则

合理性,是指合乎情理、法理、道理,具有公正性、道德性与被人可接受性、被社会认可性等价值特征。对于地方立法解释来说,合理性意味着地方立法解释过程中基于公平、正义、良心等道德情感因素考虑,克服和纠正这些非理性因素产生的影响,做到“相同情况相同对待,不同情况不同对待”。合理性原则要求:第一,对地方立法的解释要符合社会公理,符合广大人民群众认知的范围和合理预期的判断。第二,地方立法解释活动要尊重公序良俗。第三,地方立法解释的内容符合客观规律,适应社会发展和需求。第四,历史与现实相统一,即地方立法解释不仅要考虑制定地方性法规时的社会历史背景因素,更要考虑当下国家政策与社会发展的变化动态。第五,地方立法解释要以党的政策和国家政策为指导。

3. 法制统一原则

法制统一,是指一个国家的全部法律、法规、规章之间的相互一致和相互协调。一个国家的法律规范体系作为一个整体有其内在的逻辑联系,其必须是一个结构严谨、内部和谐、内容完备的规范体系,法律规范体系内原则与原则、原则与规则、规则与规则之间存在着某种联系。对于地方立法解释来说,法制的统一是地方立法解释必须遵循的一项法律原则,要求地方立法解释以上位法以及确定的地方性法规的内容为依据,探析上位法的精神与地方性法规的立法意图,紧密围绕地方性法规展开解释活动。第一,地方立法解释不能违反高位阶的法律规定。第二,地方立法解释活动不仅应严格依据地方性法规,而且应置于法律系统中去理解和把握,使解释的内容从属于法律体系的整体。第三,在地方立法解释过程中,要建立和贯彻规范化的解释技术。另外,为保证地方法制统一,在地方立法解释过程中还要注意同一种立法解释的前后内容不能矛盾,要协调一致。

4. 稳定性与适应性原则

法律的稳定性是法律权威的一个基本要求,地方性法规也不例外,稳定性也是地方立法解释过程中应遵循的一个重要原则。但法律的稳定性是相对的,法律必须是稳定的,但不可一成不变。法律必须随着社会情势的变化而变化。社会生活情势的不断变化,要求法律根据其他社会利益的压力和种种危及安全的新形势不断作出新的调整。因此,法律秩序就必须既稳定又灵活。法律既要保持稳定性,又要保持灵活性,在稳定性与灵活性之间寻求平衡,以更好地适应社会发展需要。地方立法解释活动也应如此,这就要求地方立法解释同样也要遵循稳定性与适应性原则。地方性法规的相对稳定性及其与地方社会经济发展相适应有机结合是地方立法解释一项不可忽视的原则。相对稳定性是法理上对地方性法规作为法的基本要求,适应性是地方性法规的生命力体现。这就要求地方立法解释者进行利益衡量,权衡利弊,在地方性法规的稳定性与适应性之间寻求某种平衡,既保证地方性法规的相对稳定,又要使地方性法规满足和适应地方社会经济的发展需要。在地方性法规未修改的情况下,通过地方立法解释强化地方性法规的适应性。

第三节 立法效力等级

一、《立法法》的规定

(一)宪法的效力

我国《宪法》序言中规定:“本宪法以法律的形式确认了中国各族人民奋斗的成果,规定了国家的根本制度和根本任务,是国家的根本法,具有最高的法律效力。”《立法法》第1条规定:“为了规范立法活动,健全国家立法制度,提高立法质量,完善中国特色社会主义法律体系,发挥立法的引领和推动作用,保障和发展社会主义民主,全面推进依法治国,建设社会主义法治国家,根据宪法,制定本法。”宪法具有最高效力,宪法效力的最高性主要表现在以下两个方面:一方面,宪法是立法工作的法律基础,是制定一般法律的依据;另一方面,一般法律必须符合宪法的精神和内容,不能同宪法的规定相抵触,否则就没有法律效力,应该废除或修改。宪法作为国家的根本大法,在内容上规定了国家的根本制度和根本任务,是其他一切法律规范的依据,它的立改废遵循着特殊的程序和步骤,这一切的不同无不向人们宣示着宪法作为根本法的最高效力。

(二)法律的效力

法律分为基本法律与普通法律,基本法律的效力高于普通法律。在我国,全国人民代表大会和全国人民代表大会常务委员会行使国家立法权,其中全国人大制定的法律称作基本法律,全国人大常委会制定的法律则称作普通法律或一般法律。从形式标准上看,全国人大常委会作为全国人大的常设机关,是全国人大的组成部分,隶属于全国人大,受全国人大的领导和监督,向全国人大负责并报告工作,显然其法律地位要低于全国人大;从实质标准上看,《宪法》第 62 条第 12 项规定,全国人民代表大会有权改变或撤销全国人民代表大会常务委员会不适当的决定。《立法法》第 108 条第 1 项规定,全国人民代表大会有权改变或者撤销其常务委员会制定的不适当的法律。

(三)行政法规的效力

行政法规的效力低于普通法律。从形式标准上看,全国人大常委会作为我国最高权力机关的常设机关,其地位当然要高于国务院。从实质标准上看,《宪法》第 67 条第 7 项规定,全国人民代表大会常务委员会有权撤销国务院制定的同宪法、法律相抵触的行政法规、决定和命令。《立法法》第 72 条第 1 款规定,国务院根据宪法和法律,制定行政法规。《立法法》第 108 条第 2 项规定,全国人民代表大会常务委员会有权撤销同宪法和法律相抵触的行政法规。

行政法规的效力高于地方性法规与规章。《宪法》第 89 条第 13 项规定，国务院有权改变或撤销各部、各委员会发布的不适当命令、指示和规章，改变或撤销地方各级国家行政机关制定的不适当决定和命令。《立法法》第108条第3项规定，国务院有权改变或者撤销不适当的部门规章和地方政府规章。《立法法》第109条第2项规定，省、自治区、直辖市的人民代表大会及其常务委员会制定的地方性法规，报全国人民代表大会常务委员会和国务院备案。

（四）地方性法规效力

《立法法》第80条规定："省、自治区、直辖市的人民代表大会及其常务委员会根据本行政区域的具体情况和实际需要，在不同宪法、法律、行政法规相抵触的前提下，可以制定地方性法规。"《立法法》第81条第1款第1句规定："设区的市的人民代表大会及其常务委员会根据本市的具体情况和实际需要，在不同宪法、法律、行政法规和本省、自治区的地方性法规相抵触的前提下，可以对城乡建设与管理、生态文明建设、历史文化保护、基层治理等方面的事项制定地方性法规，法律对设区的市制定地方性法规的事项另有规定的，从其规定。"当设区的市地方性法规与省级地方性法规出现不一致时，应当优先适用省级地方性法规。主要理由是：其一，省级地方性法规由省级人大及其常委会制定，设区的市的地方性法规由设区的市的人大及其常委会制定，按照制定主体的行政层级关系，省级地方性法规的效力当然高于设区的市的地方性法规。其二，设区的市的地方性法规制定后须报省级人大常委会批准才能施行，批准过程中通常将省级地方性法规作为对设区的市的地方性法规进行合法性审查的依据。其三，《立法法》规定，设区的市的地方性法规不能与本省、自治区的地方性法规相抵触，"不抵触"的规定说明省级地方性法规是设区的市地方性法规的制定依据，二者本不应发生冲突。

（五）规章效力

根据《立法法》第102条规定："部门规章之间、部门规章与地方政府规章之间具有同等效力，在各自的权限范围内施行。”部门规章系由中央人民政府即国务院的下属的各部委等制定，而地方政府规章则是由地方人民政府制定的，从机构级别效力来说，中央政府的下属机构与地方政府一致，故二者制定的规章效力同等。

行政规章的法律效力是由以下两个因素决定的：一是以制定规章的行政机关的法律地位来确认规章发生法律效力的范围。例如，国务院各部委的行政规章在全国范围内都具有法律效力，各个地方政府的行政规章只在本行政区域管辖范围内有效力。因此，规章的效力首先与制定规章的行政部门在政府中的法律地位有关。层次高的，其效力自然要高一些。二是规章的效力在其调整的对象和范围内发生作用。任何部门规章都是以特定的对象作为自己的调整范围的。一般来说，规章规定的内容都是行政部门的行政权力所涉及的范围，超出本部门的管理权限，是无权制定的。上级部门也可以以越权为由宣布这类规章无效。因此，对于符合国家法律法规的行政规章，应当赋予其相应的法律效力，以维护行政权的正常行使。

虽然规章具有法律效力，但不等于说规章自然就有了法律效力。行政规章如果是单纯针对行政部门内部管理的某一方面发布的，其效力自发布时应该具有。但如果该规章调整的社会关系涉及本部门以外的单位和个人，那么其法律效力应在按照一定的程序经过处理以后才可能获得。对内外部规章效力的上述界定，不仅是为了明确在行政管理的权限交叉时应如何处理，也是为了维护国家法制的尊严和统一。因此，目前应当加强对行政规章的管理，运用规章备案、审查等方法确认规章的效力势在必行。所谓规章备案，就是各部门的规章在制定出来后应向国务院（最高行政机关）备案，国务院对备案规章应在一定期限内予以全面审查，审查有没有侵害他人合法权益的内容，有没有同国家法律、法规相抵触的条文。经过审查，作出结论。如没有抵触和侵害他人权益的情况，则该规章就具有法律效力。如果有上述情况，则审查机关应通知规章制定部门限期改正。

（六）自治条例和单行条例效力

《立法法》第 85 条规定："民族自治地方的人民代表大会有权依照当地民族的政治、经济和文化的特点，制定自治条例和单行条例。自治区的自治条例和单行条例，报全国人民代表大会常务委员会批准后生效。自治州、自治县的自治条例和单行条例，报省、自治区、直辖市的人民代表大会常务委员会批准后生效。自治条例和单行条例可以依照当地民族的特点，对法律和行政法规的规定作出变通规定，但不得违背法律或者行政法规的基本原则，不得对宪法和民族区域自治法的规定以及其他有关法律、行政法规专门就民族自治地方所作的规定作出变通规定。"这一规定，是对《宪法》和《民族区域自治法》相关规定的具体化和明确化。

（七）规范性文件的效力

行政法规、规章的效力应高于相应立法主体制定的行政规范性文件。《宪法》确定了国务院可以"根据宪法和法律，规定行政措施，制定行政法规，发布决定和命令"；同样，各省级、自治区、直辖市等地方人民政府也可以根据法律、法规的要求制定本省、自治区、直辖市等地方性规章、决定、命令等。但这些行政法规、规章中的"规范性文件"，其法律效力与性质也存在相应区别。如果行政法规、规章与相关的规范性文件具有同等效力，则《立法法》第 103 条中"同一机关制定的法律、行政法规、地方性法规、自治条例和单行条例、规章，特别规定与一般规定不一致的，适用特别规定；新的规定与旧的规定不一致的，适用新的规定"的规定，同样也应该适用于规范性文件之间的冲突。所以，行政法规的效力应该高于国务院规范性文件；规章的效力应该高于规章主体制定的一般规范性文件。

二、立法的效力等级关系处理

法律、行政法规、地方性法规、规章等规范性文件都是有效的，但它们之间有效力等级之分,它们都是我国法律体系的组成部分,是调整不同性质社会关系、实施社会管理和依法治国的依据。由于这些规范性文件是不同的机关制定的,难免会出现不一致或冲突的情况,在适用时难以选择。为了解决规范性文件之间的冲突,需要明确不同主体制定的规范性文件之间的效力等级。这样,在出现冲突时,可以依照法律规范的不同效力等级,选择优先适用的法律规范。因此,规定法的效力等级,是为了解决不同等级的法的规范之间的冲突,便于法的适用,以保证法制的统一。

(一)基本法律和一般法律之间的效力等级

基本法律的效力高于一般法律。基本法律是由全国人民代表大会制定的调整国家和社会生活中带有普遍性的社会关系的规范性法律文件的统称,如刑法、民法、诉讼法以及有关国家机构的组织法等法律。一般法律是由全国人民代表大会常务委员会制定的调整国家和社会生活中某种具体社会关系或其中某一方面内容的规范性文件的统称。一般法律调整范围较基本法律小,内容较具体,如商标法、文物保护法等。基本法律既具有一切法律的共同特点,又具有与一般法律不同的特征,主要是:第一,内容不同于一般法律。一般法律的内容只涉及社会生活的某一个方面、某一个领域。基本法的内容涉及国家和社会生活的根本问题,它规定国家的根本制度和根本任务、公民的基本权利和义务,是一切组织和个人的根本活动准则。第二,基本法是制定一般法律的依据。一切法律都要以基本法为依据。第三,基本法具有除宪法外最高的法律效力,一切法律、法规都不得同基本法相抵触。

(二)行政法规和地方性法规之间的效力等级

行政法规的效力高于地方性法规、规章。我们容易理解行政法规的效力高于规章,这是因为国务院是最高国家行政机关,它统一领导国务院各部门和地方政府的工作,国务院制定的行政法规,国务院各部门和地方政府必须贯彻落实,行政法规是规章的制定依据,因此,规章的效力等级当然比行政法规要低。但为什么行政法规的效力要高于地方性法规呢？理由有以下几点：

第一,我国是单一制国家,地方的权力不是基于人民的自治权,而是来自中央的授权,地方没有中央不能干预的保留权力。如 1954 年《宪法》没有规定地方人大可以制定地方性法规,地方人大就没有立法权。考虑到我国地域广阔、人口众多,各地政治经济文化发展不平衡,要发展经济,必须充分发挥地方的积极性和主动性。因此,1979 年《地方各级人民代表大会和地方各级人民政府组织法》赋予地方人大制定地方性法规的权力,给予地方一定的自主权。

第二,行政法规是依据宪法和法律制定的,在全国范围内实施,而地方性法规只是在一定行政区域内有效。为了实现中央对地方的统一领导,建立统一的市场经济,保证国家法制的统一,也需要确立行政法规的权威。

第三,国务院是最高国家权力机关的执行机关,向全国人大及其常委会负责并报告工作,通过制定颁布行政法规,贯彻实施法律,执行国家权力机关的决议、决定。行政法规是国务院履行执行职责的重要形式。

总之,行政法规的效力高于地方性法规是由我国的政治制度、国家结构和历史传统等因素决定的。现实中,行政法规的数量超过法律,在社会管理中起着重要作用。需要注意的是,确立法的效力等级是为了在法律冲突时,明确如何选择优先适用的法律规范,并不是说法的效力等级低,对行政相对人不管用。对行政相对人来说,无论是法律、行政法规、地方性法规,还是规章,都必须遵守。

(三)地方性法规和规章之间的效力等级

根据《立法法》第 100 条之规定:“地方性法规的效力高于本级和下级地方政府规章。省、自治区的人民政府制定的规章的效力高于本行政区域内的设区的市、自治州的人民政府制定的规章。”从法理分析,地方性法规是由地方权力机关制定的，而政府规章是由人民政府即地方行政机关制定的，故地方性法规的法律效力应当高于政府规章。

根据《立法法》第 81 条第 2 款之规定："省、自治区的人民代表大会常务委员会在报请批准的设区的市的地方性法规进行审查时，发现其同本省、自治区的人民政府的规章相抵触的，应当作出处理决定。"故当出现设区的市的地方性法规与其所在的本省、自治区的人民政府的规章相抵触时应当如何具体处理，立法法并没有明确作出规定。对此，第一，依据前述对于《立法法》第 100 条的分析，可以认定地方性法规的效力高于地方政府规章之效力；第二，根据《立法法》第 108 条之规定，全国人民代表大会常务委员会有权撤销地方性法规；国务院有权改变或者撤销部门规章和地方政府规章；省、自治区、直辖市的人民代表大会有权撤销或改变其常务委员会制定和批准的地方性法规；地方人民代表大会常务委员会有权改变或撤销本级人民政府制定的规章；省、自治区的人民政府有权改变或撤销下一级人民政府制定的规章。由此可见，原则上地方性法规的效力高于地方政府规章，而全国人大常务委员会有权撤销地方性法规，地方人民代表大会有权撤销或改变地方人民代表大会常务委员会制定或批准的地方性法规，地方人民代表大会常务委员会有权撤销本级人民政府的规章，所以省、自治区的人民代表大会常务委员会在处理设区的市的地方性法规同本省、自治区的人民政府的规章相抵触的情况时，应当优先考虑设区的市的地方性法规的适用。

（四）地方性法规和部委规章之间的效力等级

根据《立法法》第 102 条之规定："部门规章之间、部门规章与地方政府规章之间具有同等效力，在各自的权限范围内施行。"部门规章系由中央人民政府即国务院下属的各部委等制定，而地方政府规章则是由地方人民政府制定的，从机构级别效力来说，中央政府的下属机构与地方政府一致，故二者制定的规章效力同等。依据上述法律规定，地方性法规高于地方政府规章，而地方政府规章与部门规章之间的效力是等同的，从逻辑上推断显然地方性法规的效力高于部门规章之效力。

地方性法规与部门规章出现冲突时，根据对《立法法》第 100 条、第 102 条的逻辑分析，显然是地方性法规的效力高于部门规章的效力。但《立法法》第 106 条第 1 款第 2 项规定："地方性法规与部门规章之间对同一事项的规定不一致，不能确定如何适用时，由国务院提出意见，国务院认为应当适用地方性法规的，应当决定在该地方适用地方性法规的规定；认为应当适用部门规章的，应当提请全国人民代表大会常务委员会裁决；"由此可见，当地方性法规与部门规章冲突时，如要适用部门规章则需要由国务院提请全国人民代表大会常务委员会裁决，反之则不需要。所以，无论是从逻辑上还是冲突时的程序规定以及裁决机关来看，显然可以认定地方性法规的效力高于部门规章，而之所以考虑确定适用地方性法规仍需要国务院决定，是因为中国国土范围较大，部门规章着眼于全国，而地方性法规则着眼于局部地方的特殊性。

（五）部委规章和地方人民政府规章之间的效力等级

根据上述对《立法法》第 102 条之规定的分析可以得出，国务院部门规章与地方政府规章之间具有同等效力。根据《立法法》第 100 条第 2 款，省、自治区的人民政府制定的规章效力高于区域内的设区的市、自治州人民政府规章。结合《立法法》第 102 条规定，同时考虑行政机构的级别，显然可以得出部门规章的效力应当高于设区的市的地方政府规章。

（六）自治条例和地方性法规之间的效力等级关系

《立法法》第 85 条第 2 款规定："自治条例和单行条例可以依照当地民族的特点，对法律和行政法规的规定作出变通规定，……"根据这一立法原则和精神，自治州的自治条例和单行条例可以依照当地民族的特点，对法律、行政法规和本省、自治区、直辖市的地方性法规的规定作出变通规定。《立法法》第 101 条第 1 款规定："自治条例和单行条例依法对法律、行政法规、地方性法规作变通规定的，在本自治地方适用自治条例和单行条例的规定。”根据这一规定，自治州人大制定的自治条例和单行条例显然优于其制定的地方性法规。其主要理由如下：一是由于自治条例、单行条例对法律和行政法规及本省、自治区、直辖市的地方性法规作出变通规定后，在本自治地方都适用自治条例、单行条例。那么，无变通权的自治州人大常委会，其所制定的地方性法规效力显然低于自治条例、单行条例。二是在同属自治州人大审议通过自治条例、单行条例和地方性法规中，由于自治条例和单行条例可以变通上位法的规定，且在本自治地方都适用自治条例、单行条例，而地方性法规却不能变通上位法规定，两相比较后显而易见，自治条例和单行条例的位阶显然高于地方性法规。三是自治州人大及其常委会虽然都有权制定地方性法规，但由于自治州人大常委会是自治州人大的常设机关，向人大负责并报告工作，其制定的地方性法规的效力、位阶显然低于它的人民代表大会制定的地方性法规的效力、位阶。

（七）自治条例和单行条例之间的效力等级关系

自治条例，是指民族自治地方的人民代表大会，依照当地民族的政治、经济和文化的特点制定的全面调整本自治地方事务的综合性规范性法律文件。自治条例集中体现了民族自治地方的自治权，是民族自治地方实施民族区域自治法，行使自治权的基本规范，具有民族自治地方总章程的性质和作用。正因为如此，人们将自治条例称为民族区域自治地方的“小宪法”[1]。单行条例，是指民族自治地方的人民代表大会，依照当地民族的政治、经济、文化的特点制定的调整本自治地方某方面事务的单项规范性法律文件。单行条例是民族自治地方行使某一方面自治权的具体规定。

在一些民族自治地方，单行条例与自治条例一样都是直接依据民族区域自治法的有关规定而制定的，在立法程序上也完全一致。二者只是

〔1〕 参见杨临宏：《立法学：原理、制度与技术》，中国社会科学出版社2016年版，第196页。

在功能定位上有所不同,自治条例多为涉及民族自治地方行使自治权的基本问题的确认,而单行条例则是针对某一具体问题的专门性规定,自治条例与单行条例之间的关系是一般法与特别法的关系。对于同一机关制定的法律规范,根据《立法法》第 103 条规定,“特别规定与一般规定不一致的,适用特别规定;新的规定与旧的规定不一致的,适用新的规定”。如果作为特别法的单行条例与作为一般法的自治条例的规定不一致,则应适用单行条例。

三、立法效力冲突及其实践应用

(一)上位法优于下位法原则在立法实践中的应用

地方立法工作的开展需要科学划分立法权限,并且在这一基础上充分优化立法权的配置,合理维护法制统一的底线。《立法法》规定设区的市行使地方立法权的前提是不得同宪法、法律、行政法规以及本省、自治区的地方性法规相抵触,不与上位法相抵触是地方立法的核心原则。在国家政府已经确定的立法领域中,地方立法肩负着重要任务。根据《立法法》规定,设区的市可以对城乡建设与管理、生态文明建设、历史文化保护、基层治理等方面的事项制定地方性法规。这一规定进一步说明了地方立法对设区的市立法权限进行了清晰确立,但需要注意的是,地方立法在行使自身权限的过程中切不可越级越界。查找河北省近几年关于城乡建设的规范可以发现,一些设区的市立法的相关实践经验缺乏,在已经实施的地方性法规中确实存在冲突立法的情形。

(二)特别法优于一般法原则在立法实践中的应用

《立法法》第 103 条规定,同一机关制定的法律、行政法规、地方性法规、自治条例和单行条例、规章,特别规定与一般规定不一致的,适用特别规定。这一规定从立法层面上理解包含两层意义:第一,同一机关针对一般情况与特别情况分别制定了法律、行政法规、地方性法规、自治条例和单行条例、规章,在两种规定同时存在的情况下应适用特别法。第二,同一机关在法律、行政法规、地方性法规、自治条例和单行条例、规章中作出了一般情况下的规定,在同一法律的其他条文、条款或者另外一个法律中作出了特别情况下的规定,这种情况下也适用特别法。同一机关制定的属于“特别法”与“一般法”的法律规范,适用“特别法优于一般法”的规则。这实际上强调两点:其一,必须是同位法才能适用这一规则。如果下位法的特别规定与上位法的一般规定不一致,除非上位法另有规定,否则就要按上位法效力高于下位法的规则适用上位法。其二,只能是同一机关制定的同位法,不同机关制定的同位法不能适用这一规则。同一机关制定的法律规范当然是同位法,具有同等位阶,但不同机关制定的法律规范也可以构成同位法,如国务院的部门规章,无论是国务院部委、局还是其直属机构都可以制定属于部门规章的法律规范,它们具有同等位阶,但它们不能有特别法与一般法之区分,不能适用此规则。

《防洪法》和《水法》均为全国人大常委会立法。《防洪法》于 1997 年制定,分别在 2009 年、2015 年和 2016 年进行了三次修正;《水法》于 1988 年制定,2002 年进行了一次修订,2009 年、2016 年进行了两次修改。两法是水系统比较重要的两部法律,两法对于“在河道管理范围内建设妨碍行洪的建筑物、构筑物”设置了不同的法律责任,《防洪法》规定处五万元以下罚款,《水法》规定处一万元以上十万元以下的罚款。自 2002 年修订《水法》以来,《水法》与《防洪法》在建设妨碍行洪的建筑物、构筑物的法律责任方面就是不协调的,两法历次修正都没有解决这个问题,而是通过在《水法》第 81 条明示《防洪法》特别法的地位来解决[1]。

(三)新法优于旧法原则在立法实践中的应用

新法优于旧法,又称为后法优于前法,是指对于效力等级相同的法律规范出现冲突时,制定在后的法律规范应当优先于制定在先的法律规

〔1〕《水法》第 81 条第 1 款规定:“从事防洪活动,依照防洪法的规定执行。”

范适用。因此,该原则和特别法优于一般法原则一样,都是协调同位阶法之间效力冲突的。但是,二者适用的前提是不同的。具体而言,特别法优于一般法原则的适用是以同位阶的两个或两个以上的法律规范之间存在一般规定和特别规定的关系为前提,而新法优于旧法原则的适用是以同位阶的两个或两个以上的法律规范均是特别规定或一般规定为前提。由此可见,当效力等级相同的法律规范出现冲突时,应首先适用特别法优于一般法原则予以协调,只有在不能适用该原则时,才适用新法优于旧法原则,这点在我国《立法法》第 103 条中就有所体现。

讨论新法与旧法的适用问题,必然要保证新法与旧法都有被适用的可能,也就是新法和旧法必须同时有效。由于在同一事项范围内同一机关制定的新法的适用可能会排除旧法在法律实践中的实用性,所以至少应当保证进行比较的旧法没有被明确废止。如果旧法已然被明文废止,则新法与旧法在适用上的选择便没有意义。因此,这里所提到的法律的失效仅仅包括由法律明文规定地废止、由于社会情势的变更或针对特定时期特殊情况制定的法律所适用的特殊情形已经不再存在所导致的该法律自动失效,以及在新法规定中明确表明了旧法的不再适用这三种情形,而不包括由于新法在实践中的适用替代了旧法而导致的旧法自然失效。如《税收征收管理法》第 92 条就规定了:"本法施行前颁布的税收法律与本法有不同规定的,适用本法规定。"该条文就明确了新法优于旧法这一原则,并且未宣布该法施行之前的相关法律失去效力,侧面反映了在新法与旧法原则的适用上应该满足旧法未被明确废止这一前提。而 2013 年的《治安管理处罚法》则在第 119 条明确规定废止了 1994 年的《治安管理法》,那么在新旧《治安管理法》之间就不再存在新法优于旧法一说。

(四)根本法优于普通法原则在立法实践中的应用

我国《宪法》序言规定:"本宪法以法律的形式确认了中国各族人民奋斗的成果,规定了国家的根本制度和根本任务,是国家的根本法，……"我国《宪法》第 5 条第 3 款规定："一切法律、行政法规和地方性法规都不得同宪法相抵触。"这些都体现了宪法的最高法律效力。宪法的最高法律效力意味着，在效力不一的规范等级体系中，宪法居于最高地位，其效力比其他规范高。我国宪法效力的优先性以及最高性不仅体现在宪法自身条款中，其他普通法律也体现了这一宗旨。如《立法法》第 108 条授权全国人民代表大会常务委员会撤销同宪法相抵触的行政法规、地方性法规、自治条例和单行条例，第 101 条和第 102 条进而设立了对法规、自治条例、单行条例作违宪审查的程序。

第九章　立法完善

法律制定后并非一成不变，而是要随着社会的发展变迁适时地加以完善。立法完善是广义的立法的最后环节，包括立法解释、立法修改和补充、立法废止以及法的清理、汇编、编纂等活动。立法完善可以有效提升立法质量，确保法律能够适应经济社会的发展需求。

第一节　立 法 解 释

一、立法解释概述

（一）立法解释的含义

良法乃善治之前提，立法解释是法律实施的基础和重要保障。从学理上分析，立法解释是指法律制定颁布后，解释主体对立法条文和有关内容所作的解释和说明。法律制定颁布后，需要根据法律执行情况及时对有关法律规范予以解释，对其内涵和外延等作出进一步说明和阐述。立法解释通常由有关国家机关以专门发布解释决定或者文件的方式作出。从立法过程的角度分析，立法解释属于立法完善的重要内容，有利于提升立法质量，增强立法的明确性、可执行性和可操作性。从法律解释学角度分析，立法解释属于法律解释的重要组成部分，与司法解释、行政解释并称为三大解释，且立法解释的效力高于司法解释和行政解释。

广义的立法解释,是指有关机关或者个人对法律文本的内容、含义、精神和技术要求等所作的说明。[1] 广义的立法解释既包括法定解释也包括学理解释,解释主体可以是立法机关,也可以是其他组织和个人。

狭义的立法解释,是指具有立法权的专门国家机关以及被授权的机关对法律文本的内容、含义等所作的解释和说明。[2] 本书所指的立法解释为狭义的立法解释。狭义的立法解释主体包括法的制定机关和被授权的机关两种。如1993年《中华人民共和国归侨侨眷权益保护法实施办法》(已废止)第30条规定:"本办法由国务院侨务办公室负责解释。"

(二)立法解释的特征

1. 立法解释的对象为具有法律效力的法律文件

这里的法律为广义的法律,包括宪法、法律、法规、规章在内的所有法律文件。立法解释的内容具有广泛性,不仅包含对个别法律条文含义的解释和说明,也包含对整个法律文件的阐述和说明。需要注意,《立法法》规定的法律解释为狭义的法律,仅指全国人民代表大会及其常务委员会所制定的法律,不包括宪法、法规和规章。

2. 立法解释具有法定性

立法解释的法定性主要体现在:一是立法解释主体具有法定性,立法解释的主体一般为法的制定机关。二是立法解释程序具有法定性。立法解释需要遵循《立法法》等法律所设定的各种法定程序,不得恣意行使。三是立法解释的效力法定。立法解释一经作出即具有法定效力,有关国家机关和个人必须遵守。

3. 立法解释的目的具有特殊性

在法律实施的过程中,人们对法律条文的理解和认知可能存在不一

---

〔1〕 参见杨临宏:《立法学:原理、制度与技术》,中国社会科学出版社2016年版,第240页。

〔2〕 参见朱力宇、叶传星主编:《立法学》,中国人民大学出版社2015年版,第189页。

致。立法解释旨在进一步探究、明确法律条文的具体含义,为法律的实施提供明确的立法依据。

(三)立法解释的分类

立法解释根据不同的标准,可以有不同的分类。通过多维度全方位的分类,可以更好地理解立法解释的内涵和外延。立法解释的分类包含以下内容:

1. 依据解释的主体不同,立法解释可以分为最高国家权力机关的立法解释、国务院的立法解释、有立法权的地方人大常委会的立法解释、有立法权的地方政府的立法解释、被授权机关的立法解释等。

2. 依据解释活动的时间不同,立法解释可以分为事前解释和事后解释。事前解释,是指有关国家机关在制定某一法律、法规和规章时进行的解释。有学者认为,事前解释属于法的创制,并非严格意义上的立法解释。事后解释,是指有关国家机关在法律实施过程中就有关法律条文所作的解释,是对法律条文的进一步补充和细化。[1] 实践中,我国立法解释一般表现为事后解释。

3. 依据解释的效力不同,立法解释可以分为有权解释和学理解释。有权解释又称为正式解释或者法定解释,是指由具有法定权限的特定主体对法律规范所作出的具有普遍法律效力的解释。首先,有权解释的主体为法定主体;其次,从效力层级上分析,有权解释具有法定效力,法律解释与法律具有同等效力。《立法法》第53条规定:"全国人民代表大会常务委员会的法律解释同法律具有同等效力。"立法学中的立法解释多指有权解释。学理解释又称为非法定解释、非正式解释,是指由没有法定解释权的主体对法律规范所作出的不具有法律效力的解释。专家学者针对某一法律规范所作的解释即属于学理解释。这种解释通常体现出学术性,不属于执行法律的依据。非正式解释在法学研究、法学教

---

〔1〕 参见朱力宇、叶传星主编:《立法学》,中国人民大学出版社2015年版,第189页。

育、法治宣传等方面具有重要意义。[1]

4. 依据解释方法的不同，立法解释可以分为文义解释、体系解释、历史解释、目的解释、社会学解释。文义解释又称为字义解释、语义解释，是指按照语法规则对法律文本用语的文字含义进行分析和说明。文义解释是立法解释的起点，也是法律解释的最基本方法。当单独利用文义解释有可能出现多个合理的解释结果时，应当运用其他解释方法加以辅助，从而选出最优的立法解释。体系解释，是指将需要解释的法律条文置于整个法律规范体系之中，根据该条文在该法律体系中所处的具体地位以及该条文与相关法律规范的逻辑关系，系统而全面地剖析其真实含义和内容。历史解释，是指结合立法时的历史背景、立法机关审议情况、立法起草说明等资料，全面理解法律规范的内容和含义。[2] 目的解释，是指依据立法当时的立法目的对需要解释的法律规范加以理解和说明。社会学解释，是指通过对特定法律规范所分配和保护的公共利益、社会利益、个人利益等多种利益衡量的角度，分析和说明该法律规范的具体内涵。

（四）立法解释的意义

在法的制定和实施过程中，立法解释具有举足轻重的意义，主要表现在以下几个方面：

1. 有利于弥补法律漏洞

我国属于成文法国家，成文法具有普遍性、确定性等优势，但也存在不周延、模糊和滞后性等缺陷。法律在制定时囿于当时立法条件的限制和立法技术的疏漏，有可能呈现出宜粗不宜细的特点，法律规范的可操作性不强，不够明确，无法为实践提供有效的法律指引。在这种情形下，立法解释不失为完善立法的一种较为便捷和可行的方式。立法解释通过对法律规范的进一步明晰，可以有效地对立法予以补充，促使立法向

〔1〕 参见杨临宏：《立法学：原理、制度与技术》，中国社会科学出版社 2016 年版，第 244 页。

〔2〕 参见邓世豹主编：《立法学：原理与技术》，中山大学出版社 2016 年版，第 166 页。

更加精细化的方向发展。此外,立法解释对于立法目的的实现也非常重要,因为只有立法者最了解其最初的立法意图。

2. 有利于实现立法的稳定性与社会变动之间的平衡

法律规范强调稳定性,若朝令夕改必将影响其权威性和严肃性。当社会涌现出一些新情况、新问题时,法律应当及时予以回应,给予其法治保障。相对稳定的法律规范为了适应飞速发展变迁的社会需求,就需要借助立法解释、立法修改和立法废止等方式。立法解释可以在立法的稳定性与变动性之间寻找到最佳平衡点,在保持立法稳定性的同时,及时根据法律规范的基本原则、精神和有关规定对法律规范作出解释和说明,以有效回应实践中出现的新情况和新问题。

3. 有利于促进立法体系的完善

我国是单一制的立法体制,各个法律规范之间应当是一个统一、协调的整体,然而在实践中,有可能出现立法之间的冲突与矛盾,甚至相互抵触的情形。立法解释可以有效解决法律冲突的情形,维护立法体系的统一性。此外,立法解释也有助于执法机关正确适用法律,促进法律的公正实施,维护法律的权威和公信力。

二、我国的立法解释体制

立法解释属于法律解释的一种,是法律解释的核心内容。我国经过几十年的发展,已经形成具有中国特色的法律解释体制。

1954 年《宪法》第 31 条第 3 项明确规定,全国人民代表大会常务委员会行使解释法律的职权。1981 年全国人大常委会通过了《关于加强法律解释工作的决议》,这是一部专门针对法律解释所作的重要决议,奠定了我国法律解释体制的基本框架。该决议明确规定:“凡关于法律、法令条文本身需要进一步明确界限或作补充规定的,由全国人民代表大会常务委员会进行解释或用法令加以规定。凡属于法院审判工作中具体应用法律、法令的问题,由最高人民法院进行解释。凡属于检察院检察工作中具体应用法律、法令的问题,由最高人民检察院进行解释。最高人民法院和最高人民检察院的解释如果有原则性的分歧，报请全国人民代表大会常务委员会解释或决定。”

1982 年《宪法》仍然延续了 1954 年《宪法》确立的立法解释体制，规定解释宪法和法律的权力归属于全国人大常委会。

《宪法》第 67 条规定全国人民代表大会常务委员会行使解释宪法，监督宪法的实施和解释法律的职权；2023 年修正的《立法法》进一步明确：“法律解释权属于全国人民代表大会常务委员会。法律有以下情况之一的，由全国人民代表大会常务委员会解释：（一）法律的规定需要进一步明确具体含义的；（二）法律制定后出现新的情况，需要明确适用法律依据的。”

《立法法》不仅规定了立法解释条款，还规定了具体应用法律的解释条款，即：“最高人民法院、最高人民检察院作出的属于审判、检察工作中具体应用法律的解释，应当主要针对具体的法律条文，并符合立法的目的、原则和原意。”实践中，最高人民法院、最高人民检察院高度重视司法解释工作，出台了大量的司法解释文件，如最高人民法院《关于适用〈中华人民共和国反不正当竞争法〉若干问题的解释》。这些司法解释是司法机关在应用法律过程中，对有关法律规范的含义所作的说明和阐述，具有“准立法”性质，在实践中发挥着重要作用。需要注意的是，涉及《立法法》第 48 条第 2 款规定情况的，最高人民法院、最高人民检察院不能直接作出具体应用法律的解释，而应当向全国人民代表大会常务委员会提出法律解释的要求或者提出制定、修改有关法律的议案。

三、对法律的立法解释

（一）全国人大常委会的立法解释权限

根据《立法法》第 48 条的规定，以下两种情况，全国人大常委会可以启动立法解释程序：

1. 法律的规定需要进一步明确具体含义的

法律制定后在法律实施过程中有可能出现一些情况，如果各方对法律规定的含义理解认识不一致,存在较大分歧,则需要进一步予以明确。如《关于〈中华人民共和国刑法〉有关信用卡规定的解释》规定:“刑法规定的‘信用卡’,是指由商业银行或者其他金融机构发行的具有消费支付、信用贷款、转账结算、存取现金等全部功能或者部分功能的电子支付卡。”

2. 法律制定后出现新的情况,需要明确适用法律依据的

法律出台后,有可能出现新的情况和新问题,如果通过立法解释的方式能够进一步明确法律依据,则不必修改法律。立法解释较立法修改更有利于保持法律的稳定性和权威性。如果存在的问题确实需要修改法律,但是修改法律一时还提不上议事日程,可以先采用立法解释的方法,待以后修改法律时再补充进法律或者对法律进行修改。[1]

实践中,全国人大常委会作出多件法律解释,涉及《刑法》《刑事诉讼法》《香港特别行政区基本法》《澳门特别行政区基本法》《婚姻法》《国籍法》等多部法律。上述立法解释有效解决了实践中各方认知不一致、理解和执行不统一等问题,保障了法律的正确实施和贯彻执行。

(二)全国人大常委会的法律解释程序

1. 立法解释要求的提出

《立法法》第49条规定:“国务院、中央军事委员会、国家监察委员会、最高人民法院、最高人民检察院、全国人民代表大会各专门委员会,可以向全国人民代表大会常务委员会提出法律解释要求或者提出相关法律案。省、自治区、直辖市的人民代表大会常务委员会可以向全国人民代表大会常务委员会提出法律解释要求。”

有关主体提出法律解释要求时,并不要求同时提出法律解释的具体内容,主要原因在于:提出解释要求本身意味着提出主体并不清楚法律规定的具体含义。如果提出解释要求的机关能够解释有关内容,则无须

---

[1] 参见武增主编:《中华人民共和国立法法解读》,中国法制出版社2015年版,第181页。

提出法律解释。此外,这也有利于克服立法解释的部门倾向,避免立法解释成为一些部门扩大自己权力和谋取不正当利益的工具。[1]

2. 草拟法律解释草案和列入议程

《立法法》第50条规定:“常务委员会工作机构研究拟订法律解释草案,由委员长会议决定列入常务委员会会议议程。”本条所指的全国人大常委会工作机构为全国人大常委会法工委。

3. 审议法律解释草案

《立法法》第51条规定:“法律解释草案经常务委员会会议审议,由宪法和法律委员会根据常务委员会组成人员的审议意见进行审议、修改,提出法律解释草案表决稿。”

4. 议决和公布

《立法法》第52条规定:“法律解释草案表决稿由常务委员会全体组成人员的过半数通过,由常务委员会发布公告予以公布。”上述规定与法律草案的表决要求一致,均需要过半数通过。获得表决通过的法律解释由全国人大常委会以公告的形式予以公布。

(三)全国人大常委会立法解释的效力

《立法法》第53条规定:“全国人民代表大会常务委员会的法律解释同法律具有同等效力。”从理论上解析,立法解释是对法律原文具体含义或适用依据的释明,是为了使法律有效实施和适用所采取的一种技术手段。从这个意义上说,其法律效力当然等同于其所解释文本的效力。需要特别注意的是,本书提到的立法解释属于一种抽象的立法解释,并不能直接处理个案。立法解释作出后,具体案件应当如何处理,仍应当由有权机关依照其法定权限和法定程序处理。[2]

---

〔1〕 参见张春生主编:《中华人民共和国立法法释义》,法律出版社2000年版,第150页。

〔2〕 参见全国人大常委会法制工作委员会国家法室编著:《中华人民共和国立法法释义》,法律出版社2015年版,第160页。

四、对行政法规的立法解释

（一）行政法规的立法解释主体及其权限

按照“谁制定、谁解释”的原则，国务院作为行政法规的制定主体，也有权对其进行立法解释。

《行政法规制定程序条例》第31条第1款规定：“行政法规有下列情形之一的，由国务院解释：（一）行政法规的规定需要进一步明确具体含义的；（二）行政法规制定后出现新的情况，需要明确适用行政法规依据的。”

（二）行政法规的立法解释程序

行政法规的立法解释程序与法律解释的程序基本相同，也包括提出解释要求、草拟解释草案、审议解释草案、决议和公布等程序。依据《行政法规制定程序条例》的有关规定，行政法规的立法解释程序包括：

1. 提出解释要求。国务院各部门有权提请国务院对行政法规进行解释。

2. 研究拟订行政法规解释草案。国务院法制机构负责研究拟订行政法规解释草案。

3. 解释草案的审议。行政法规解释草案须报国务院同意，具体程序可以参照行政法规的制定程序。

4. 解释的公布。公布的主体为国务院或者由国务院授权的国务院有关部门。

5. 解释的效力。行政法规解释同行政法规具有同等效力。

五、对地方性法规的立法解释

北京市、河北省、浙江省等地已通过地方立法对地方性法规的解释作出明确规定。如《河北省地方立法条例》设置专章对地方性法规、自治条例和单行条例的解释予以规定。

（一）地方性法规的解释主体和权限

1. 地方性法规的解释主体

地方性法规的解释权属于同级人民代表大会常务委员会。但是，报经批准的地方性法规、自治条例和单行条例的解释，应当报省人民代表大会常务委员会批准。换言之，省人大及其常委会制定的地方性法规的解释权属于省人民代表大会常务委员会，设区的市的地方性法规的解释权归属于市人民代表大会常务委员会，此外还应当报省人民代表大会常务委员会批准。

2. 地方性法规的解释权限

与法律解释的权限相同，在以下两种情形下，可以启动地方性法规的解释程序：一是法规的规定需要进一步明确具体含义的；二是法规制定后出现新的情况，需要明确适用法规依据的。

（二）地方性法规的立法解释程序

1. 有权提出解释要求的主体

省人民政府、省监察委员会、省高级人民法院、省人民检察院和省人民代表大会各专门委员会以及设区的市的人民代表大会常务委员会，可以向省人民代表大会常务委员会提出地方性法规的解释要求。有关解释要求的提出方式和具体内容，有些省市也专门作出规定。如《安徽省人大常委会解释地方性法规的规定》规定，地方性法规解释要求应当以书面形式提出，内容包括要求解释的具体法规条文、该法规条文在实施中遇到的主要问题及要求进行解释的理由等，同时可以附法规解释内容的建议。

2. 地方性法规解释草案的研究拟订

一般由省人民代表大会常务委员会法制工作委员会会同有关部门研究拟订地方性法规解释草案，由主任会议决定列入常务委员会会议议程。省人大常委会法制工作委员会拟订地方性法规解释草案，应当征求省人大有关专门委员会和常委会有关工作机构的意见，听取提出法规解释要求的单位以及其他有关机关、组织和专家的意见。对拟订的地方性法规解释草案有不同意见的，应当进行协商；协商后仍有不同意见的，报秘书长或者常委会分管副主任审定；必要时，提请主任会议审定。

3. 地方性法规解释草案的审议和表决

地方性法规解释草案经常务委员会会议审议，由法制委员会根据常务委员会组成人员和有关方面的意见进行审议、修改，提出审议结果的报告和解释草案表决稿。法规解释草案表决稿由常务委员会全体组成人员的过半数通过。

4. 地方性法规解释的公布

法规解释草案由常务委员会发布公告予以公布。《浙江省地方立法条例》规定，省地方性法规解释草案表决稿由省人民代表大会常务委员会全体组成人员的过半数通过，由常务委员会发布公告予以公布，并及时在浙江省人民代表大会常务委员会公报和《浙江日报》上刊登。

5. 地方性法规解释的效力

各地一般都明确规定地方性法规解释同法规具有同等效力。

第二节　立法的修改和补充

一、立法的修改和补充概述

（一）立法修改和补充的概念

立法的修改和补充是立法完善的主要方式。关于立法修改、立法补充的概念，有学者认为，立法修改，是指通过改变法的某些规定，使立法达到预期目的，适用新的社会需要。[1] 也有学者认为，立法的修改是指立法主体依据法定程序对现行法律的某些内容加以变更、删除、补充的活动。本书认为，立法修改是指特定的立法主体依据法定程序，运用一

〔1〕 参见朱力宇、叶传星主编：《立法学》，中国人民大学出版社2015年版，第201页。

定的立法技术，对现行有效法律的某些内容加以改变的活动。

立法补充，是指立法主体依据法定程序对现行法律的某些内容加以补充的活动。立法补充是在现行法规定不变的前提下，补充、增加新的内容，使其更加完善。立法补充属于延伸立法，特定领域已经制定法律规范，但是现有法律规范对某一具体问题没有规定或者规定尚不完备，立法主体增补有关规范以填补立法空白。从理论上分析，立法补充对原来法的内容进行了修改，属于广义上立法修改的范畴。我国《宪法》规定全国人大有制定和修改法律的权力，但是并没有规定立法补充，原因就在于立法补充也可以被纳入立法修改的范畴之内。

（二）立法修改和补充的特征

1. 立法的修改和补充属于立法活动

立法的修改和补充是对已经颁布的法律文件的内容和体系等进行修订、改变和补充，属于立法活动。从立法修改和补充的主体、程序、方式和结构等角度分析，该活动与立法活动没有本质区别。立法修改和补充的主体也是具有立法权的国家机关，我国《立法法》规定，全国人大及其常委会行使国家立法权，因此立法修改和补充的任务与职责也归属于全国人大及其常委会。立法修改和补充的对象为已经制定并公布实施，且正在发挥法律效力的法律规范；立法修改和补充旨在通过增加、删减、替代等方式，部分地修改、补充原来的法律所涉及的调整范围和内容。因此，从这个角度看，立法修改和补充本身属于立法活动的组成部分。此外，立法修改是法律体系通过自我调节后呈现出新面貌的过程，正如有的学者所言，“法的修改和补充是立法主体对现行法实施变动，使其呈现新面貌的专门活动”，[1] 属于法律的延续或者再造。

2. 立法的修改和补充应当严格遵循法定程序

立法的修改和补充与立法的起草过程一样，也应当遵循法定程序，通常包括提出议案（修法动议）、提出法律修改草案、审议修改草

---

〔1〕 参见周旺生：《立法学》，北京大学出版社1988年版，第651页。

案、表决修改草案、公布修改草案等。法的修改和补充之所以受到程序性限制，是因为立法修改和补充本身属于立法活动，应当遵守法定程序。

（三）立法修改和补充的分类

根据不同的分类标准，可以将立法修改和补充分为不同的种类。

1. 全面修改与部分修改和补充

根据立法修改和补充内容的比重，可以分为全面修改与部分修改和补充。全面修改，是指对现行法律进行整体性、全局性的变动。这种修改通常只保留原法的名称，以新的同名法律代替原来的法律，但是法律内容已经作了彻底性变动，如 1997 年《刑法》的修改。全面修改的原因往往在于法的调整对象发生重大变化，亟须对法进行全面修改。部分修改和补充又称局部修改和补充，是指对现行法律作某些方面的或者局部性的变动。实践中部分修改和补充主要包括决议、决定、规定等形式，如全国人民代表大会《关于修改〈中华人民共和国立法法〉的决定》。

2. 直接修改和补充与间接修改和补充

依据修改和补充立法的明确程度，可以分为直接修改和补充与间接修改和补充。直接修改和补充，也称明示的修改和补充，是指以法律修正案等明确直接的方式对法律内容作出变动。直接修改和补充方式是实践中常用的方式，该方式有助于清晰明了地展示法的变动情况，便于法的执行、适用和遵守。间接修改和补充，又称默示的修改和补充，是指因新法的制定导致某些规定的变动。“新法优于旧法”是法律适用中的一项基本规则。新法出台后，旧法实际上已经失去效力。间接修改和补充的优势在于，不需要专门进行法律修改，而是在制定一部新的法律的同时就相当于已经修改了其他法律的相关规定，可以有效减少法的完善的成本，并简化了立法修改程序。间接修改和补充的缺陷在于，其是未明示修改的法律规范，不利于公众了解法的修改和补充情况。因此，法的修改和补充应当尽量采取直接修改和补充的方式。

3. 单个修改和补充与包裹修改和补充

依据一次修改所针对的法律文件的数量，可以分为单个修改和补充与包裹修改和补充。单个修改和补充，是指立法主体在一次修改决定中，仅针对一部法律予以修改，这种方式较为常见。包裹修改和补充，又称打包修改和补充，是指将法律修改所涉及的事项相同的法律串联起来，在同一时间段内统一作出调整。包裹修改和补充属于包裹立法的范畴。包裹立法又称"打包"立法、"一揽子"修法等。包裹立法，是指为了达到同一个立法目的，立法机关在一个法律性文件中对多个法律中的有关规定一次性地作出"打包"修改。[1] 作为一种法律修改技术，包裹修改和补充模式强调通过一次立法活动实现多部法律的同时修改。与单独修法相比，这种修法模式具有成本更低且效率更高的优势。需要注意，"包裹"模式一般针对的是法律的部分修改而非整体修改。实践中，包裹修改和补充模式多应用于新法颁布之后，针对新法内容将现有法律中同新法相矛盾和冲突之处予以修改。作为法律修改的一种方式，包裹修改和补充模式日益受到推崇。

4. 同位修改和补充与错位修改和补充

依据立法的位阶顺序不同，可以分为同位修改和补充与错位修改和补充。同位修改和补充，是指由制定法的主体对其所制定的法律进行修改和补充。制定主体当然有权修改和补充所制定的法律。同位修改和补充的优势在于，制定主体十分了解立法的背景、制定过程和主要内容，由其进行修改和补充有利于法的完善。错位修改和补充，是指立法主体对其他层级的立法进行修改和补充。《立法法》第 108 条规定，全国人民代表大会有权改变或者撤销它的常务委员会制定的不适当的法律；全国人民代表大会常务委员会有权撤销同宪法和法律相抵触的行政法规，有权撤销同宪法、法律和行政法规相抵触的地方性法规；国务院有权改变或者撤销不适当的部门规章和地方政府规章。

---

〔1〕 参见王洪宇：《看国外的"包裹立法"》，载《中国人大》2009 年第 13 期。

二、立法修改和补充的意义

立法修改和补充之所以被视为立法的一种表现形式，是因为这是对法律的延续与再造。通过立法修改和补充，可以删除某些明显不适应社会发展的条文，改变不合时宜的规定，增加体现新理念和思想的法律内容。[1] 立法修改和补充的重要意义主要体现在以下方面。

（一）完善法律，适应经济社会需要

立法的修改和补充可以有效弥补法律漏洞和不足，其目的是完善法律并适应社会的需要。法律作为社会关系的调整器，应当反映社会关系的性质或者特点。当社会关系发生变化时，法律必须相应地进行修改或者补充。立法的修改和补充是通过改变法的规定，使立法不断趋于科学、合理，达到完善立法的目的，适应新的社会需要，达成立法与社会之间的良性互动。立法的修改和补充，其含义表现在通过法律的变更，完成法治体系内部的自我更新与促成社会结构的良性转型。以《行政诉讼法》为例，该法于1989年4月4日第七届全国人大第二次会议通过，并于2014年、2017年进行了两次修正，以适应社会发展的需求。

（二）促进立法的科学性、合理性

囿于立法技术、认知水平等限制，法律难免会存在一些不科学、不合理之处，如立法表述不够明确、模糊不清，与其他法律规定不协调等。法律付诸实施后，若不及时修改，必将影响到法的执行和适用，将损害法的权威性。立法的修改和补充能够有效弥补法律漏洞，达成法律的自洽。通过立法的修改和补充，可以适应现行立法体系，保持法律体系的内在一致和统一。在一个国家的法律体系之中，不同的法律之间是密切联系的。对于一部法律而言，当相关领域已经制定出新的法律，或者有关法

---

〔1〕 参见胡夏枫：《立法与改革：1978～2018年法律修改实践研究》，中国政法大学出版社2018年版，第110页。

律被修改或者废止时，为了使这部法律与其他法律保持协调一致，就有必要及时修改或者补充。尤其是当效力层次较高的法律发生变动时，相应效力层次低的法律规范必须作出必要的修改和补充。总之，只有及时进行立法修改和补充，才能保证法律体系的协调一致。

（三）保持法律稳定性，全面深化改革

立法的修改和补充在本质上是实现法律确定性和稳定性，并促进其发展和成长的方式。法律在制定出台后，面临着保持相对稳定性和有序发展的双重任务。科学的立法修改和补充活动具有预见性、前瞻性和稳定性的特点。在立法修改和补充时要充分考虑到当前的实践需求，并准确预测未来的发展方向，既解决当前亟须解决的问题，又为未来社会发展提供有效指引，为全面深化改革保驾护航。

三、立法修改和补充的原则

立法的修改和补充除了要遵循立法的基本原则外，还应当坚持以下原则。

（一）必要性原则

法的稳定性是法律的权威性和公信力的重要保障。在法治社会中，法律的稳定性是至关重要的，不能朝令夕改。古希腊思想家亚里士多德曾指出："如果轻易对这种或者那种法律常常作这样或那样的废改，民众守法的习性必然消失，而法律的威信也就削弱了。"[1]因此，修改和补充立法前一定要经过充分论证，只有确实存在修改和补充的必要性时，才可以启动修改和补充程序。

（二）适时原则

适时原则要求立法者准确把握立法修改和补充的合适时机。当社

---

〔1〕 参见［古希腊］亚里士多德：《政治学》，吴寿彭译，商务印书馆1965年版，第81页。

会关系发生变化，或者立法存在弊端亟须修改和补充时，立法机关应当及时启动修改和补充程序。唯有如此，立法才能迅速适应社会发展变迁，保证法律体系的协调统一，提升立法质量和水平，以确保法律充分发挥其应有的功能。

四、立法修改和补充的主体和权限

（一）立法修改和补充的主体

立法修改和补充的主体具有广泛性。立法的修改和补充活动，既可以由该法的制定主体进行，也可以由非制定主体进行。例如，全国人民代表大会作为制定主体有权修改自己制定的基本法律；此外，全国人大常委会作为非制定主体也有权对全国人大制定的基本法律进行部分补充和修改。需要注意的是，非制定主体修改和补充法律时，必须在法定的授权范围内。授权来源主要有两种：一是专门法律规定所作的授权。法的制定主体在立法时已经预计该法未来可能需要修改，于是在法律规定中明确了有权修改和补充的主体。二是制定者依法作出的临时授权。原本法律条文中并没有写明有权修改和补充的主体，制定者依法作出临时授权后，有权主体即可对原有的法律规范予以修改和补充。

（二）立法修改和补充的权限

立法修改和补充的权限，是指有立法权限的国家机关可以修改和补充的立法事项范围。不同的国家机关有不同的立法修改和补充权限。

全国人民代表大会有权修改刑事、民事或者其他基本法律；此外，修改宪法的权限专属于全国人民代表大会。

全国人民代表大会常务委员会可以修改非基本法律，也可以对全国人大制定的基本法律进行部分补充和修改。我国《宪法》第 67 条规定："全国人民代表大会常务委员会行使下列职权：……（二）制定和修改除应当由全国人民代表大会制定的法律以外的其他法律；（三）在全国人民代表大会闭会期间，对全国人民代表大会制定的法律进行部分补充和修改,但是不得同该法律的基本原则相抵触;……”

省人民代表大会常务委员会有权在省人民代表大会闭会期间,对省人民代表大会制定的法规进行部分补充和修改,但是不得同该法规的基本原则相抵触。

立法的修改和补充需要受到严格的法定限制,尤其是非制定主体修改和补充法律时,限制更为严格。具体表现为以下三点:其一,可以修改和补充的时间是在省人民代表大会闭会期间。其二,只能对法律作出局部或者部分修改或者补充。立法修改和补充的范围具有有限性,不能对立法作全面的修改和补充。其三,不得同该法律的基本原则相抵触。该法律的基本原则反映出这部法律的基本价值追求和基本理念,立法修改和补充的法律条文不能与该法的基本原则、基本理念相违背。

五、立法修改和补充的程序

(一)宪法的修改程序

宪法的制定和修改均需要遵循特别的程序要求。《宪法》第64条第1款规定:“宪法的修改,由全国人民代表大会常务委员会或者五分之一以上的全国人民代表大会代表提议,并由全国人民代表大会以全体代表的三分之二以上的多数通过。”实践中,我国修宪一般由中国共产党中央委员会提出关于修改《宪法》部分内容的建议,之后启动修宪程序。

(二)法律的修改程序

《立法法》第63条第1款规定:“法律的修改和废止程序,适用本章的有关规定。”由此可以看出,法律的修改和补充程序与制定法律的程序相同,也要遵循提出议案、审议、表决、公布等法定程序。上述内容已在立法程序一章予以详细介绍,在此仅重点强调以下特别程序:(1)提出法律修改案的要求。《立法法》第58条规定:“提出法律案,应当同时提出法律草案文本及其说明,并提供必要的参阅资料。修改法律的,还应当提交修改前后的对照文本……”(2)表决程序的要求。对多部法律中涉及同类事项的个别条款进行修改,一并提出法律案的,经委员长会议决定,可以合并表决,也可以分别表决。(3)法律修改后的公布要求。法律被修改的,应当公布新的法律文本。

六、立法修改和补充的表现形式

我国立法修改和补充的表现形式主要包括法律修正和法律修订两种。法律修正又包括两种形式:一是法律修正案;二是法律修改决定。

(一)法律修正案

法律修正案简称修正案,是指在法律修改过程中从法律草案的提出到最后法律修改的通过都是使用“修正案”这一名称,如《刑法修正案(十一)》。

(二)法律修改决定

法律修改决定简称修改决定,通常表现为全国人民代表大会常务委员会关于修改某部法的决定。如全国人民代表大会常务委员会《关于修改〈中华人民共和国立法法〉的决定》。这是我国法律修改实践中使用最多的形式。

(三)法律修订

法律需要进行全面修改的时候一般使用法律修订这一形式。法律修订的条文数量较多,修改幅度较大,且修订的内容通常涉及法的主要制度等重要的实体性内容。如对《行政处罚法》内容的丰富,包括明确行政处罚的定义、增加了行政处罚的种类、扩大了地方性法规的行政处罚设定权限等。

法律修正和法律修订的区别主要在于:(1)修改内容的程度不同。法律修正是对原立法内容的微调,属于局部或者个别的修改。法律修订是对原法律内容全面的修改和调整,属于较大的修改。(2)审议的内容不同。法律修正时审议机关只需审议通过修正草案条款，法律修订时审议机关需要审议整个修订文本。如2023年第十四届全国人大第一次会议审议全国人民代表大会《关于修改〈中华人民共和国立法法〉的决定》时，仅审议修改的这四十个条款。2021年1月22日，第十三届全国人民代表大会常务委员会审议《中华人民共和国行政处罚法（修订草案）》时，审议的内容为《行政处罚法》的全文。（3）公布方式不同。法律修正有两种公布方式：一是公布法律修正案，法律文本不重新公布，原法律条文保持不动；二是公布修改决定。采用修改决定形式的，根据修改决定，重新公布修改后的法律文本；采用法律修订形式的，公布新的法律文本。（4）生效日期不同。采取法律修正方式的，只对新修正的条款规定一个新的生效日期，原法律的生效日期不变。如《全国人民代表大会关于修改〈中华人民共和国立法法〉的决定》规定："本决定自2023年3月15日起施行。"但是，《立法法》的生效日期不变，仍然是自2000年7月1日起施行。《立法法》第120条规定："本法自2000年7月1日起施行。"采取法律修订的方式修改法律的，生效日期为修订后的日期。如《行政处罚法》第86条规定："本法自2021年7月15日起施行。"

第三节 立法的废止

一、立法的废止概述

（一）立法废止的概念

立法的废止即法的废止，是指有关立法主体依据一定的职权和程序，使其所制定的规范性文件失去法律效力的专门性活动。[1] 法的废止是立法完善的重要组成部分。

（二）立法废止与相关概念的区别

法的废止与法的制定、法律解释这两种立法活动有着很大的区别。

---

[1] 参见朱力宇、叶传星主编：《立法学》，中国人民大学出版社2015年版，第210页。

法的制定，顾名思义是创设法律规范的活动，是一个使法从无到有的过程。法律解释指在不改变法律原有内容的情况下，对法律的说明和澄清，旨在促使法律更好地实施。法的废止与法的制定、法律解释泾渭分明。然而法的废止与法的修改、法的清理易产生混淆，下文将重点介绍法的废止与这两个概念的区别。

1. 法的废止与法的修改

法的废止与法的修改的主要区别是对象和效力不同。法的废止对象是整部法律，使法的整体失去效力；而法的修改对象是一部法律中的部分内容，即只有部分规定和内容失去效力。

2. 法的废止与法的清理

法的废止与法的清理两者区别很大。法的清理并不是独立的立法创制行为，而是一种同立法相关的技术性工作，其目的主要是弄清法律的真实情况，然后再作出决定。而法的废止的目的性十分明确，即废止某部法律。

（三）立法废止的特征

1. 立法废止的目的在于将某部不适宜的法律从现行法律体系中清除出去，它是以纯化法律体系的方式促进整个法律体系的健康发展。

2. 立法废止将直接导致现行有效的法律失去法律效力。

3. 立法废止所指向的对象是一部完整的法律规范。立法废止将导致整部法律失去效力。如果仅使法律的部分内容失效，则不属于法的废止，而属于法的修改。

4. 它是有权立法主体行使职权的行为，属于立法完善的范畴。[1]

（四）立法废止的原因

从理论上分析，立法所调整的社会关系实质上是以经济和社会为基础的。当社会经济发生变化后，立法也应当随之变化。实践中，立法废

〔1〕 参见邓世豹主编：《立法学：原理与技术》，中山大学出版社2016年版，第338页。

止的直接原因主要包括以下几种:一是随着经济社会的快速发展和改革的持续深化,有些法律规定已明显不适应经济社会发展,特别是社会主义市场经济的需要,需要及时予以废止。二是由于法律规定的任务已执行完毕或改变,该法已经没有继续存在的必要。三是上位法或者其他有关法律已经被废止或者修改,该法需要随之废止。四是新法已经颁布实施,旧法内容与新法相冲突,已经没有存在的必要。

(五)立法废止的意义

首先,适应社会关系发展变迁的需要。当一部法律无法适应经济社会发展的需要时,就应当及时废止。特别是有些法律所调整的社会关系具有暂时性、阶段性特点,一旦社会关系发生变化,该法也就失去了继续存在的价值。因此,适时地开展法的废止活动,有利于确保现行法律规范与其所调整的社会关系的协调统一。其次,有利于促使法律体系进一步完善和发展。法律体系发展的客观规律要求法律规范不断推陈出新。已经没有存在价值的法律,如果不及时予以废止,将成为阻碍新法制定和实施的绊脚石。适时开展立法的废止活动,可以促使法律体系内部的和谐一致〔1〕。

二、立法废止的主体和程序

(一)立法废止的主体

立法主体在开展立法废止活动时应当遵循法定权限,这也是现代代议制民主的必然要求。一般而言,立法废止的主体是该法律规范的制定机关本身。当一部法律已过时或者没有存在的必要时,应当由制定机关予以废止。特殊情况下,其他有权主体如上级立法机关也可以将下级立法机关制定的法予以废止。

(二)立法废止的程序

立法主体在开展立法废止活动时应当遵循法定程序要求,实现程序

---

〔1〕 参见朱力宇、叶传星主编:《立法学》,中国人民大学出版社 2015 年版,第 208 页。

正义。法的废止程序属于广义的立法程序,也需要遵循提案、审议、表决和公布等基本程序。与法的制定和修改程序相比,立法废止程序相对简单。具体而言,在立法废止的准备阶段,不必经过预测、规划等程序。在提案、审议、表决和公布等程序上,法的废止也更为简单。此外,法的废止的动议主体更具广泛性,专家学者、利害关系人、社会公众等均可以通过特定渠道要求启动立法废止程序。[1]

三、立法废止的方式

在我国立法实践中,立法废止的方式主要包括以下几种。

(一)在新法中明确规定废止旧法

在我国,这种废止方式是最常见的。新法一经公布实施,在新法条文的附则部分常明文规定新法取代旧法的具体内容。例如,《民法典》第1260条规定:"本法自2021年1月1日起施行。《中华人民共和国婚姻法》、《中华人民共和国继承法》、《中华人民共和国民法通则》、《中华人民共和国收养法》、《中华人民共和国担保法》、《中华人民共和国合同法》、《中华人民共和国物权法》、《中华人民共和国侵权责任法》、《中华人民共和国民法总则》同时废止。"

(二)已有新法颁布,旧法自然失效

这种废止方式不同于上述明确规定废止的方式,该方式中新法并未直接明确规定废止旧法,而是由于旧法与新法在内容上存在抵触情形,根据新法优于旧法的原则,应当适用新法,因此,旧法自然失效,实际上被废止了。

(三)有的法律已经完成其历史任务而失效

这种方式主要用于因社会政治、经济等客观情况发生变化,法律的

---

〔1〕 参见邓世豹主编:《立法学:原理与技术》,中山大学出版社2016年版,第339页。

调整对象已经不复存在或者继续存在将阻碍经济和社会的发展。如《华侨申请使用国有的荒山荒地条例》废止的理由在于:改革开放以来,华侨回国参加经济社会建设的情况已经与立法之初的经济社会情况发生很大变化,该条例实际已不再适用。

(四)有的法律因为自身规定的生效期届满而失效

法律自身规定终止生效时间,被称为日落条款。日落条款,指的是法律中明确终止生效日期。制定日落条款的目的在于,在该法律规范终止效力前,给法律实施主体一定的缓冲期和先行准备期间。[1] 如《上海市行政规范性文件管理规定》第34条规定:"制定机关应当规定规范性文件的有效期;有效期届满未明确延续的,规范性文件自动失效。规范性文件的有效期自施行之日起一般不超过5年……"

(五)以专门文件的形式集中废止法律

以专门文件的形式集中废止法律,又称一揽子废止。这种废止方式可以一次性废止多部法律文件,具有集中性、效率高等特点。例如,2020年4月2日,国务院以第726号国务院令公布《关于修改和废止部分行政法规的决定》,决定废止包括《卖淫嫖娼人员收容教育办法》《行政监察法实施条例》等在内的十部行政法规。

第四节　法的清理、汇编、编纂

一、法的清理

(一)法的清理的概念和特点

1. 法的清理的概念

法的清理,是指有关国家机关在其职权范围内,按照一定的方法,对

---

〔1〕 参见杨临宏:《立法学:原理、制度与技术》,中国社会科学出版社2016年版,第292页。

一定范围内的法律文件进行审查,确定它们是否继续适用或是否需要变动(修改、补充或废止)的专门活动。[1] 1983 年,国务院办公厅转发了经济法规研究中心《关于对国务院系统过去颁发的法规、规章进行清理的建议》,这是在官方文件中首次使用"清理"一词。《立法法》第 116 条规定:"对法律、行政法规、地方性法规、自治条例和单行条例、规章和其他规范性文件,制定机关根据维护法制统一的原则和改革发展的需要进行清理。"经过四十年的发展,法的清理已经成为立法完善的重要方式,为法律文件的立改废提供了有效参考和重要依据。

2. 法的清理的特点

一是集中性。与法的制定活动不同,法的清理体现出集中性的特点,清理的对象通常是某一领域内的一批或者多个法律文件。二是结果的多样性。法的清理结果包括决定继续实施、决定修改或者建议废止等。三是灵活性。法的清理的灵活性主要体现在清理的程序上。法的修改需要经过提案、审议、表决、公布等程序。与法的修改相比,法的清理程序呈现灵活性特点,启动程序相对简单。

(二)法的清理的意义

1. 法的清理是完善法律体系的内在要求

法律体系内部逻辑自洽、和谐统一,是实现法律的权威性和公信力的基本前提。通过法的清理,可以保障法律规范与经济社会的协调发展,也能够有效促进中国特色社会主义法律体系的内在统一。我国现有的法律体系总体上呈现出科学、和谐、统一的特点,但是部分法律之间依然存在不一致、不协调等问题。及时开展法的清理工作,找出影响和制约法律实施的主要问题并加以解决,有利于完善我国法律体系,维护法律体系的统一。

2. 有利于提高立法质量

法的清理工作可以为制定立法规划和立法计划提供有效指引,进一

---

[1] 参见孙国华、朱景文主编:《法理学》,中国人民大学出版社 2010 年版,第 265-266 页。

步加强和改进立法工作。通过法的清理,如果发现现行法律文件已经无法适应经济社会发展需要修改,可以建议有关部门将其列入立法规划或者立法计划。法的清理相当于对现行法律文件进行了一次全面梳理和评估,这样做能够准确掌握现行法律文件的立法和实施状况,对于提高立法质量具有重要意义。

(三)法的清理的性质和目的

1. 法的清理的性质

有关法的清理的性质,理论界存在不同的观点。有的学者认为,法的清理本质上不是法的废止、修改和补充的立法变更行为,而是与立法相关的技术性工作。[1] 有的学者认为,法的清理属于立法活动的范畴,因为法的清理的对象是规范性文件,法的清理活动将直接影响到被清理的规范性文件是否需要修改或者废止。只有享有立法权的国家机关,才能对其制定的规范性法律文件进行清理。[2]

本书认为,法的清理属于广义上的立法活动,属于立法完善的范畴。法的清理活动可以细分为梳理和处理两个阶段,法的梳理是清理主体开展清理工作的基础,在此阶段主要对现有的法律文件予以分析、分类、研究。梳理工作完成后将进入下一个阶段即处理阶段。在此阶段,清理主体针对被清理法律文件提出具体的处理建议,包括法是否需要修改、补充或者废止等。由此可以看出,法的清理虽然没有直接改变法律文件的内容,没有直接制定或者变动法,但是法的清理对于被清理法律文件的未来走向具有至关重要的作用,将直接影响到被清理法律文件是否将被修改或者废止,因此,法的清理属于立法完善的重要内容。

2. 法的清理的目的

法的清理的目的主要有以下两个:一是梳理阶段。清理主体在这个阶段的主要目的是了解现存法律文件的基本情况,并对该文件进行初步

---

〔1〕 参见邓世豹主编:《立法学:原理与技术》,中山大学出版社 2016 年版,第 346 页。
〔2〕 参见黄文艺主编:《立法学》,高等教育出版社 2008 年版,第 112 页。

审查,审查该文件是否同上位法相冲突,是否需要根据当今经济社会发展状况及时修改或者废止。二是处理阶段。这一阶段主要目的和任务在于作出清理结论。对于可以继续适用的法律文件,将其列为现行有效法律文件;对于需要修改的,建议有关主体启动修改程序;对于需要废止的,由有权主体依法予以废止。

(四)法的清理的主体和标准

1. 法的清理主体

法的清理主体是执行清理任务、承担清理责任的具体部门。从理论上分析,法的清理主体包括具有立法权的国家机关及其授权的主体。根据“谁制定、谁清理”的原则,一般由制定该部法律的主体负责该法的清理工作。实践中,一般由立法主体的内设机构或者其授权、委托的部门具体负责法的清理工作。如全国人大常委会委托全国人大常委会法工委进行法的清理工作,国务院委托司法部开展行政法规的清理工作。此外,立法主体也有可能成立临时工作机构,如国务院专门法规清理小组负责清理工作。值得注意的是,立法主体的内设机构、受委托的部门虽然负责法的清理的具体工作,但是最终的处理权和决定权仍归属于制定主体,由制定主体对其作出具体的清理报告或者对结果加以审查、批准。

法的清理主体应当在自己的职权范围内进行法律文件的清理,既不能越权清理不属于自己职责范围内的法律文件,也不能怠于行使属于其职责范围内的清理工作职权。上级主体认为下级主体必须进行立法文件的清理时,有权责成或要求其抓紧清理,但不必自己代替其清理,如全国人大常委会有权要求国务院清理行政法规而不必代替后者清理,国务院有权责成其下属部门清理部门规章但不必代替后者去清理。[1]

立法实践中,一般坚持“谁制定、谁清理”的原则,规章、规范性文件由其制定机关负责清理,部门联合制定的和涉及多个部门职责的,由牵头部门负责组织清理;制定部门被撤销或职权已调整的,由继续行使其

---

〔1〕 参见朱力宇、叶传星主编:《立法学》,中国人民大学出版社2015年版,第211页。

职权的部门负责清理。地方人民政府制定的规章、规范性文件，其实施部门应当提出清理意见和建议，报地方人民政府决定。

2. 法的清理的标准

法的清理工作，应当坚持以下标准：一是与党中央的重大决策部署相符或者与国家重大改革方向一致，如国务院办公厅《关于进一步做好"放管服"改革涉及的规章、规范性文件清理工作的通知》（国办发〔2017〕40号）第三部分"准确把握处理原则"规定："经过清理，规章、规范性文件的主要内容与国务院的改革决策相抵触，或与国务院的改革决策涉及的已修改的法律、行政法规不一致的，要予以废止；部分内容与国务院的改革决策不一致，或与国务院改革决策涉及的已修改的法律、行政法规不一致的，要予以修改。"国务院办公厅《关于开展生态环境保护法规、规章、规范性文件清理工作的通知》（国办发〔2018〕87号）第一部分"清理范围"规定："清理的重点是，与习近平生态文明思想和党的十八大以来党中央、国务院有关生态环境保护文件精神，以及生态环境保护方面的法律不符合不衔接不适应的规定。"二是与经济社会发展相适应，例如，2009年全国人大常委会将改革开放早期制定的，已经与社会主义市场经济和经济社会发展明显不适应的一些法律规定予以清理。三是合法性标准。法的清理工作应当坚持合法性标准，法律、行政法规、地方性法规、部门规章、地方政府规章都不得同宪法相抵触；坚持法制统一原则，法律规范之间不能相互矛盾，相关法律之间应当相互协调和衔接，下位法不能同上位法相抵触；如果法律规范之间存在明显不一致、不协调的突出问题，则必须予以清理。

（五）法的清理的结果和方式

1. 法的清理结果

法的清理结果，即对法律文件的处理形式。从实践来看，法的清理一般有以下几种处理方式：一是废止。对于已经确实不能适应经济社会发展需要的，法律文件的主要内容与上位法相抵触、相冲突，或者已经被上位法或者同位法所替代的，应当明令废止。例如，为了适应我国人口与经济社会发展的新形势，优化生育政策，根据2021年8月20日第十三届全国人民代表大会常务委员会第三十次会议通过的《关于修改〈中华人民共和国人口与计划生育法〉的决定》，国务院决定废止《计划生育技术服务管理条例》《社会抚养费征收管理办法》《流动人口计划生育工作条例》这三部行政法规。又如，为了贯彻实施《民法典》《森林法》《信访工作条例》，自然资源部对自然资源和林草领域部门规章进行了清理，经过清理，废止了《国土资源信访规定》《沿海国家特殊保护林带管理规定》《林业行政执法证件管理办法》。二是宣布失效。对于适用期已过或者调整对象已经消失，导致实际上已经失效的法律文件，宣布失效。例如，国务院2008年1月发布的《关于废止部分行政法规的决定》，对适用期已过或者调整对象已经消失，实际上已经失效的43件行政法规，宣布失效。三是明令停止执行。对于法律文件部分条款与上位法相抵触的，明令停止执行。四是修改。对于与上位法不一致或者与同位阶的法律文件不衔接、存在矛盾冲突的，以及明显不适应社会发展需求的予以修改。五是明示或者默示继续有效。对于不需要修改的法律文件，明示或者默示继续有效。明示继续有效，是指在清理结果中明确继续有效的规范性文件；默示继续有效是因为法的清理并不直接产生效力，如果没有明确法需要被修改、废止，则视为默示该法继续有效。

2. 法的清理方式

法的清理方式一般包括集中清理、定期清理和专项清理三种。

（1）集中清理

集中清理，是指将一段时间内累积的法律文件集中起来一次性进行清理。集中清理的法律文件数量多、时间跨度大且内容涉及多个领域。例如，2009年全国人民代表大会常务委员会审议通过《关于废止部分法律的决定》和《关于修改部分法律的决定》。这是我国首次集中清理现行法律，也是中国首次以“包裹”立法形式清理法律。经过清理，需要废止和修改的法律共67件，其中建议废止的法律共计8件，建议修改的法律共计59件。需要集中清理的情形一般包括:一是重要的历史转折期。原来的法律规范已经无法适应时代的发展需求,因此需要集中对法律进行清理。二是经济社会的快速发展要求。法律作为上层建筑,需要根据经济社会发展及时调整。由于经济社会的快速发展,原来的法律规定明显不能适应经济社会发展的需要,特别是社会主义市场经济的需要。三是国家的治理理念发生重大变革。理念是行动的先导,同样会对法律产生重要影响。当国家的治理理念发生重大变革时,现有法律所遵循的原则和理念若与新的治理理念相冲突,则需要及时启动法律清理程序。

(2)定期清理

定期清理,是指将法的清理作为一项常规性工作,每隔一定时期开展一次清理。定期清理的优势在于,有利于及时协调法律规范之间的关系,确保下位法不与上位法相抵触,也能够及时回应社会变化,及时发现和解决问题。例如,《浙江省行政规范性文件管理办法》第29条第1款规定:"制定机关应当每隔两年对本机关制定的行政规范性文件组织全面清理;对不符合法律、法规、规章或者国家的方针政策,以及不适应经济社会发展要求的行政规范性文件,应当及时修改或者废止。"

(3)专项清理

专项清理,是指专门对特定事项内容的法律规范进行清理。专项清理的优势在于,目标明确,针对性强,便于集中时间和力量解决特定领域中法律规范存在的问题。例如,为了保障新修订的《行政处罚法》贯彻实施,国务院办公厅专门发布《关于开展涉及行政处罚内容的行政法规、规章和行政规范性文件清理工作的通知》(国办函〔2021〕39号)开展清理工作。

二、法的汇编

(一)法的汇编概述

1. 法的汇编的概念

法的汇编,又称法律汇编、法规汇编,是指将有关法律文件按照一定的标准予以排列,加以系统的编排,编辑成册的活动。我国高度重视法的汇编工作。为了加强对法规汇编编辑出版工作的管理,提高法规汇编编辑出版质量,维护社会主义法制的统一和尊严,国务院于1990年7月29日专门发布国务院令第63号,出台行政法规《法规汇编编辑出版管理规定》,并于2019年进行修订。《法规汇编编辑出版管理规定》第2条规定:"本规定所称法规汇编,是指将依照法定程序发布的法律、行政法规、国务院部门规章(下称部门规章)、地方性法规和地方政府规章,按照一定的顺序或者分类汇编成册的公开出版物。"

法的汇编是实现法律文件集中化、标准化、系统化的主要途径。法的汇编一般不改变法律规范的文字和内容,只是将现有的法律文件编排起来,进行汇集和技术性处理。法的汇编要求收入法规汇编的法规名称、章节条款、施行日期等内容应当全部编入,不得随意删减或者改动。由此可以看出,法的汇编是对现有法律文件的外部加工,它本身并不属于创制规范性文件的立法活动。法的汇编与法的清理密不可分,法的汇编一般以法的清理为前提和基础。法的汇编通常可以作为表现法律文件的清理结果、实现法律文件清理目的的一种重要形式。[1] 唯有全面系统清理法律文件,才能准确判断法律文件的效力,以决定何种法律文件可以继续实施,何种法律文件应当予以废止。只有摸清法律文件的"家底",才能有效地开展法的汇编工作。

2. 法的汇编的意义

法的汇编属于立法完善的重要方式,有利于维护法律体系的统一。法的汇编的意义主要在于:一是法的汇编能够客观反映一个国家一定时期内的立法现状,现行法的汇编可以完整展示法的范围和内容,有利于法的实施和执行;二是通过法的汇编可以有效实现法的集中化、系统化,便于公众查阅、学习和研究;三是法的汇编为法的修改和制定提供了必要的信息,通过汇编可以了解现有法律存在的立法空白,为制定新的法

---

〔1〕 参见朱力宇、叶传星主编:《立法学》,中国人民大学出版社2015年版,第212页。

律，填补法律漏洞奠定基础，也为法的编纂提供了准备条件。[1]

3. 法的汇编的效力

法的汇编不是创制法律文件的活动，法的汇编资料不属于法律的标准文本，仅作为了解法律的参考资料，并不具有法律效力。《立法法》第62条第3款规定："在常务委员会公报上刊登的法律文本为标准文本。"当法的汇编与标准文本不一致时，应当以标准文本为准。

（二）法的汇编的类型

法的汇编可以分为单项汇编和综合汇编两种。

1. 单项汇编

单项汇编，是指依据一定的标准，将某一领域的法律文件汇编成册。如《中华人民共和国交通法规汇编》。

2. 综合汇编

综合汇编是将各种形式的法律文件综合集中、汇编成册。综合汇编有助于了解法律文件的全貌和整体发展轨迹。例如，《中华人民共和国法律全书》是国务院法制办公室于2010年所作的法律汇编，包含宪法类、民法商法类、行政法类、经济法类、社会法类等多个类别，是体现我国立法成果的重要法律汇编。

（三）法的汇编的主体和分工

1. 法的汇编的主体

法的汇编主体具有多元性，既可以是国家机关，也可以是其他组织或者个人。由创制法律文件的主体或者其工作机构所汇编的文件具有较高的权威性，可以作为法律适用的重要参考。在我国的立法实践中，立法主体可以编辑法律汇编。此外，立法主体的职能部门或者内部工作机构也可以编辑法律汇编。

---

〔1〕 参见刘莘主编：《立法法》，北京大学出版社2008年版，第296页。

2. 法的汇编的分工

(1)关于单项法律汇编的分工。法律汇编由全国人民代表大会常务委员会法制工作委员会编辑,行政法规汇编由司法部编辑,军事法规汇编由中央军事委员会法制局编辑,部门规章汇编由国务院各部门依照该部门职责范围编辑,地方性法规和地方政府规章汇编由具有地方性法规和地方政府规章制定权的地方各级人民代表大会常务委员会和地方各级人民政府指定的机构编辑。

(2)关于综合性法律汇编的分工。全国人民代表大会常务委员会法制工作委员会和司法部可以编辑法律、行政法规、部门规章、地方性法规和地方政府规章的综合性法规汇编,中央军事委员会法制局可以编辑有关军事方面的法律、法规、条令汇编,国务院各部门可以依照本部门职责范围编辑专业性的法律、行政法规和部门规章汇编,具有地方性法规和地方政府规章制定权的地方各级人民代表大会常务委员会和地方各级人民政府可以编辑本地区制定的地方性法规和地方政府规章汇编。[1]

(3)关于内部使用的法规汇编。依据有关规定,根据工作、学习、教学、研究需要,有关机关、团体、企业事业组织可以自行或者委托精通法律的专业人员编印供内部使用的法规汇编;需要正式出版的,应当经出版行政管理部门核准。需要注意的是,除此之外,个人不得编辑规范性文件的汇编。

(四)法的汇编的要求和程序

1. 法的汇编的要求

编辑法的汇编,需要遵循下列要求,以保障法的汇编的完整性和准确性。首先,选材准确。收入法规汇编的法规必须准确无误,如果收入废止或者失效的法规,必须注明;现行法规汇编不得收入废止或者失效的法规。其次,内容完整。收入法规汇编的法规名称、批准或者发布机关、批准或者发布日期、施行日期、章节条款等内容应当全部编入,不得

〔1〕 参见《法规汇编编辑出版管理规定》第4条第2款。

随意删减或者改动。最后，编排科学。法规汇编应当按照一定的分类或者顺序排列，有利于各项工作的开展。

2. 法的汇编的程序

汇编的程序可以分为编辑和出版发行两个阶段。第一阶段为法律汇编的实体性阶段。首先，要确定法律汇编的主体；其次，汇编主体应当遵循正确方法和技术进行具体汇编工作。第二阶段为出版阶段，也是展现法律文件汇编成果的阶段。出版法律汇编时，应当遵循国家的有关出版要求，按照各自职权予以审核批准。具体而言，法律汇编由全国人民代表大会常务委员会法制工作委员会选择的中央一级出版社出版；行政法规汇编由司法部选择的中央一级出版社出版；军事法规汇编由中央军事委员会法制局选择的中央一级出版社出版；部门规章汇编由国务院各部门选择的中央一级出版社出版；地方性法规和地方政府规章汇编由具有地方性法规和地方政府规章制定权的地方各级人民代表大会常务委员会和地方各级人民政府选择的中央一级出版社或者地方出版社出版。[1]

（五）法的汇编的具体方法

1. 法的汇编的内容

关于汇编内容，首先，要确定汇编内容的范围，确定本次汇编需要汇集哪些方面的法律文件；其次，要确定汇编内容的时间范围，确定本次汇编要汇集什么时期内公布的法律文件。

2. 法的汇编的排列顺序

首先，将需要汇编的法律文件按照其内容分门别类，排出顺序；其次，将每一部分或者门类的法律文件按照效力层级和公布的时间等顺序排列。

3. 法的汇编的技术性要求

法的汇编不是创制法律文件的活动，因而不能对法律文件的内容进

---

〔1〕 参见《法规汇编编辑出版管理规定》第7条。

行增删或者改动，只能进行技术性处理，如调整字体、段间距等。

三、法的编纂

（一）法的编纂的概念和意义

1. 法的编纂的概念

法的编纂，又称法律编纂或者法典编纂。它一般是指有权国家机关对现行法律体系中某一部门或者某类立法文件进行审查、研究、整理，从统一的原则出发决定其存废或者对其予以修改、补充，最终形成一部集中统一、系统的法律或者法典的专门性立法活动。法的编纂不仅是对法律文件予以外部和形式上的整理，而且将对法的内容予以修改、补充或者合并，产生一部全新的、结构完整的、统一的法典，因此法的编纂并非一项单纯的技术性工作，而是一项立法活动。[1] 2020年5月28日，第十三届全国人大第三次会议表决通过的《民法典》是中华人民共和国成立以来第一部以“法典”命名的法律，也是中华人民共和国立法史上第一次以法典编纂的形式进行的立法活动。

2. 法的编纂的意义

法的编纂具有重要意义：一是有利于促进法律文件的科学性和系统性。法的编纂有利于发现现有法律文件的不科学、不合理之处，从而填补法律漏洞、弥补法律空白。此外，法的编纂将同类的有关法律规范统一起来，形成系统的整体，消除立法中的冲突、抵触之处。以《民法典》为例，当时的民事立法中有些规范已经滞后，难以适应维护最广大人民群众根本利益的必然要求。[2] 二是有利于法律体系的完善和法制的统一。法典编纂将现存的同类法律文件进行整理并重新编纂产生新的统一的法典，法典的内容逻辑上自洽、内在和谐统一，这将极大促进法律体

---

〔1〕 参见杨临宏：《立法学：原理、制度与技术》，中国社会科学出版社2016年版，第292页。

〔2〕 参见时任第十三届全国人大常委会副委员长王晨在2020年5月22日在第十三届全国人大第三次会议上所作的《关于〈中华人民共和国民法典（草案）〉的说明》。

系的完善和法制统一。例如,《民法典》编纂时,立法者对不同民事单行法中的重复规定予以整合,维护了法律的统一性。[1]

(二)法的编纂与相关制度的关系

1. 法的编纂与立法清理

法的编纂与立法清理有相同之处,两者都需要审查、分析现有的法律文件哪些可以继续适用,哪些应当被修改、补充或者废止。但两者又有显著区别,立法清理的目的在于对现存的法律文件加以梳理并作出处理决定,从而确定哪些法律文件继续实施,哪些法律文件应当被修改或者废止。法的编纂的目的在于编纂出新的可以独立适用的法律文件。此外,法的编纂一般针对同一类法律文件;立法清理的范围则不限于同类法律文件,它既可以对同类法律文件进行清理,也可以对不同种类的法律文件进行清理。

2. 法的编纂与法的汇编

法的编纂与法的汇编也有相同之处,两者的目的都是使法律文件趋于集中化、系统化。但是两者也有显著区别。法的编纂是一种创制性立法活动,将对现有法律规范加以改造,保留部分规范、删除部分规范,制定部分新的规范,最终产生一部新的法典;法的汇编只是将现有的法律文件汇编成册,不属于创制性立法活动。法的编纂主体只能是特定的立法机关,而法的汇编主体则不局限于立法机关。以编纂《民法典》为例,《民法典》的编纂不是简单的法律汇编,而是对民事法律规范进行重新编订纂修,对已经不适应现实情况的规定加以修改完善,并对经济社会生活中出现的新情况、新问题作出新规定。

(三)法的编纂的主体和权限

法的编纂产生的是一部系统而全面的新法,因此并非所有的立法主体都能进行立法编纂活动,只能由最高立法机关来行使该项职权。我国

---

〔1〕 参见王博勋、宫宜希:《民法典编纂,这六个字很重要》,载《中国人大》2021 年第 7 期。

是单一制国家,中央的法的编纂工程,应当由全国人民代表大会来行使。现阶段,我国规范性文件编纂主体和权限划分如下:(1)法典的编纂权属于全国人民代表大会。这里所说的法典一般为基本法律,因而专属于全国人民代表大会,全国人大常委会不享有法典编纂权。(2)法律的编纂权属于全国人大常委会,这里所说的法律为非基本法律。(3)行政法规的编纂权属于国务院。(4)地方性法规的编纂权属于有地方性法规制定权的地方各级人大及其常委会。(5)自治法规的编纂权属于民族自治地方的国家权力机关,但不包括其常设机关。(6)部门规章和地方政府规章的层级较低,且调整事项较为单一,一般不存在编纂之说。

(四)法的编纂的程序和方法

1. 法的编纂程序

法的编纂的目的是制定一部体例科学、结构严谨、规范合理、内容完整并协调一致的法典。为了实现这一目标,需要遵循正当程序。法的编纂分为准备、制定和完善三个阶段。法的编纂程序和普通法律的制定程序相同,也需要经过提案、审议、表决、公布这几个阶段。有些特别重大的法典编纂需要设立专门机构,履行特别程序。以《民法典》编纂为例,2014 年 11 月,党的十八届四中全会明确提出编纂民法典。2016 年 6 月,第十二届全国人大常委会第二十一次会议初次审议了《民法总则草案》,标志着民法典编纂工作进入立法程序。2020 年 5 月 22 日民法典草案在第十三届全国人民代表大会第三次会议上进行审议。2020 年 5 月 28 日下午,表决通过了《民法典》,中华人民共和国成立以来第一部民法典正式诞生。

2. 法的编纂方法

法的编纂建立在修改、补充、综合既有单行规范性文件的基础上,因而比单纯制定一部新的法律文件难度更大、任务量更重。法的编纂要采取分析和综合相结合的方式。所谓分析,是指分析研究现有法律文件,分析其是否可用、是否应当修改、是否应当废止;所谓综合,是指保留其可用之处,并对法律文件加以改造,形成一部新的完整统一的法。《民法典》的编纂经验可以为我们编纂法典提供有益借鉴。一是保留,对行之有效、科学合理的现行法律规范予以继承、沿用,维护法律的稳定性。二是整合,对不同单行法中的重复规定予以整合,维护法律的统一性,做到"法出一门"。三是改变,对现行法律中不适应现实情况的规定予以修改完善,提高法律的有效性。四是增加,针对经济社会生活中出现的新情况、新问题,作出有针对性的新规定,确保法律的适应性、前瞻性。五是废止,对不适应社会发展需要的法律制度、法律规定予以废止,突出法律的时效性。六是留白,对于尚未形成社会共识的具体规则与制度,深入研究后认为暂时不宜规定的即不规定,为实践发展留下必要的法律空间。[1]

---

〔1〕 参见王博勋、宫宜希:《民法典编纂,这六个字很重要》,载《中国人大》2021 年第 7 期。

第十章　立法监督

立法监督作为现代立法制度体系的重要组成部分，对中国特色社会主义法律体系的形成和完善，对建设社会主义法治国家具有积极作用。通过立法监督，一方面，能够有效解决立法中存在的矛盾和冲突，促进中国特色社会主义法律体系各组成部分在内容上的和谐与统一。另一方面，能够促进立法在宪政体制下运行，确保依法立法、民主立法、科学立法，提高立法质量，促进经济社会的和谐发展。本章旨在对立法监督的相关内容进行分析。

第一节　立法监督概述

一、立法监督的概念

学界对于"立法监督"这一概念尚未形成一致意见。目前，主要存在三种不同的观点：一是指对立法活动和立法结果的监督；二是通过立法手段的运用实现对司法、行政、监察等方面的监督；三是立法机关对司法、行政、监察和立法本身的监督以及有关方面对立法主体的监督。[1]

---

〔1〕 参见周旺生：《立法学》，法律出版社2009年版，第324页。

本书认为，应当采取第一种观点，即立法监督是指特定主体依照法定权限和程序，对立法过程及其结果进行审查，并对违宪违法的立法进行处理的活动。这里的立法过程，是指立法主体制定规范性法律文件的过程；这里的立法结果，是指因立法所产生的规范性文件。对立法过程进行监督，可以减少立法监督成本，从源头上杜绝或者减少恶法、劣法的出现；对立法结果进行监督，则可以及时发现法律的缺陷和问题。只有将对立法过程和立法结果的监督结合起来，双管齐下，才能保证立法监督的全程性、系统性、整体性、有效性。

为了深入理解立法监督这一概念，有必要将立法监督与其他有关概念进行比较。

（一）立法监督与宪法监督

立法监督与宪法监督既相互联系又相互区别。相互联系体现在，两者都包括对规范性法律文件的合法性与合宪性审查。两者的区别主要包括两个方面：一是监督主体不同。从各国的情况来看，宪法监督的主体主要是最高国家权力机关、最高法院或专门的宪法委员会；立法监督的主体比较广泛，除宪法监督主体外，还包括其他中央和地方各级有监督权的国家机关。二是监督内容不同。宪法监督除了监督立法过程和结果外，还侧重于审查国家机关、组织和个人的行为是否违宪，裁决国家机关的权限争议；立法监督则侧重于对立法过程和结果进行审查并解决其内部冲突。

（二）立法监督与立法机关监督

立法监督与立法机关监督既相互区别，又有可能重合。区别主要体现在：与立法监督相比，立法机关监督的主体仅限于立法机关；就监督内容而言，立法机关监督的范围远大于立法监督，立法机关监督除监督立法活动外，还要监督其他国家机关、社会组织和公民个人的除立法工作外的其他相关活动。此外，两者的监督方式也因监督内容不同而不同。

但是,当立法监督的主体是立法机关且立法机关监督的内容是立法活动时,两者是重合的。

(三)立法监督与对立法的社会监督

对立法的社会监督,是指立法监督机关之外的其他一切国家机关、社会组织和公民个人,对立法过程及其结果发表意见、提出建议和进行批评的活动。如立法草案的意见征求和立法实施后的评估建议等。与立法监督相比,社会监督的主体更为广泛。但需要注意的是,社会监督主体对立法过程及其结果均无权直接作出处理,监督程序和监督效果也不如立法监督严格和有效。

二、立法监督的特征

(一)法定性

立法监督的法定性包括监督主体、监督权限、监督程序、监督方式、监督对象以及监督标准的法定性。

1. 监督主体的法定性

与广义上的一切国家机关、组织和个人对国家法律的创制和实施发表批评、意见建议不同,这里的立法监督是专门的立法监督。立法监督主体是国家机关的重要组成部分,立法监督是专门国家机关的法律行为。因此,立法监督主体及其权限范围是由宪法及其组织法予以明确的。

2. 监督权限和程序的法定性

立法监督对立法过程及其结果的监督很大程度影响着规范性文件的立改废。为保障立法监督的权威性和严肃性,立法监督必须遵循法定的权限和程序。宪法及其相关法在规定立法监督主体的同时,往往也明确了监督主体的权限和监督程序。

3. 监督方式的法定性

为保障立法监督的有效进行,各国均在宪法和国家法律中明确规定了立法监督的运作方式。

4. 监督对象和标准的法定性

一方面，立法监督主体必须遵循法律的规定，对立法过程和结果进行监督。另一方面，监督的标准是法定的标准。一般而言，首先考察立法行为与立法结果是否合宪，一切违反宪法的立法行为和立法结果都不应具有法律效力。同时，下位法不能同上位法相抵触，同位阶的法律不可相互矛盾。

（二）权威性

立法监督作为国家权力运作的重要方式，其必然具有权威性，这也是顺利完成监督任务的必然要求。具体而言，一方面，立法监督的权威性来源于其主体的权威性。立法权属于国家权力范畴，要实现对立法权运行过程和运行结果的监督，必须赋予监督主体一定的权威地位，这是监督主体实施监督活动、有效完成监督任务的保证。另一方面，立法监督的权威性来源于监督效果的强制性。立法监督虽非立法，但是立法监督往往会引起规范性文件变动的结果。监督机关有权对不符合立法权限、违背立法程序的立法过程和违背上位法的立法结果予以否定，其权威性直接体现为立法监督的强制性。

三、立法监督的种类

（一）行为监督和结果监督

根据立法监督的内容不同，可以将立法监督分为行为监督和结果监督。行为监督，是指有权主体对立法过程实施的监督，包括对立法主体的立法权限和程序等的监督。结果监督，是指有权主体对立法结果的内容本身实施的监督，包括对规范性法律文件是否违宪或违反上位法、同级规范性法律文件之间是否存在矛盾或冲突的监督。例如，在法国，“组织法须经宪法委员会宣告其符合宪法才可以公布”。[1]

行为监督和结果监督共同构成立法监督的主要内容，两者应当并重。若偏重于行为监督，就会增大立法和立法监督的成本，影响立法效率和立法监督的效果；反之，偏重于结果监督，就会因监督不及时而影响立法的质量和立法监督的功能。

（二）事前监督和事后监督

根据立法监督实施的时间之不同，可以将立法监督分为事前监督和事后监督。事前监督，是指有权主体在规范性法律文件生效前实施的监督，如我国民族自治地方的自治条例和单行条例须报全国或省级人大常委会批准后生效；事后监督，是指有权主体在规范性法律文件生效后实施的监督，如我国国务院对不适当的部门规章和地方政府规章予以改变或者撤销。在其他国家，立法监督主要由司法机关通过诉讼的方式进行。

事前监督的优点在于监督的效率较高，并可以“防患于未然”，缺陷在于无法发现和解决那些只有在法律实施过程中才能显露的问题。事后监督可以弥补事前监督这方面的不足，但不能在第一时间发现和解决立法中存在的问题，只能“亡羊补牢”。尤其是通过诉讼进行的事后监督，比较被动而且耗时长、成本高，不够经济和高效。因此，应当将两种监督方式结合使用并分工配合，如事前监督侧重审查立法权限和程序，事后监督侧重审查立法的实体内容。两者取长补短方能最大限度地发挥立法监督的功效。

（三）常规监督和非常规监督

根据立法监督发生的条件不同，可以将立法监督分为常规监督和非常规监督。常规监督，是指不以被监督主体的异常立法活动为前提的监

---

〔1〕 亓明超：《辩证逻辑下中国共产党跳出历史周期率的“两个答案”》，载《延边党校学报》2023 年第 1 期。

督，这是一种常规制度。例如，在美国，所有法案均须经总统签署后方能成为法律。非常规监督，是指在被监督主体出现异常立法活动的情况下进行的监督，这是一种立法的纠正机制。例如，在意大利，只有当国家议会或区议会所制定的法律以及法令被认为同宪法相抵触时，才能启动宪法法院的审查。

（四）纵向监督、横向监督和交叉监督

根据立法监督主体和立法主体之间关系的不同，可以将立法监督分为纵向监督、横向监督和交叉监督。纵向监督，是指有权主体对系统内非同级主体的立法的监督。例如，朝鲜最高人民会议常任委员会作为最高人民会议闭会期间的最高权力机关，其审查和通过的部门法草案、条例草案及其修改补充草案，应提交下届最高人民会议批准。横向监督，是指有权主体对系统外同级主体的立法的监督。例如，在以色列，政府通过的各项法案，均须由议会批准后方能实施。在印度，最高法院有权对议会制定的任何法律进行司法审查，有权认定法律违宪或越权，并宣告其失效。交叉监督，是指有权主体对系统外非同级主体的立法监督。例如，我国设区的市（以及自治州）的人大及其常委会制定的地方性法规须报国务院备案。

（五）重叠监督和非重叠监督

根据纵向监督系统内有权对同一主体的立法实施监督的主体数量不同，可以将纵向监督分为重叠监督和非重叠监督。重叠监督，是指若干个不同级别的有权主体对同一立法主体的监督。例如，我国设区的市（以及自治州）的人大及其常委会的立法，不仅要报省级人大常委会批准，而且要报全国人大常委会备案。非重叠监督，是指单一的监督主体对某一立法主体的监督。例如，在英国，地方议会制定的某些规范性法律文件只需报国家议会批准。

(六)单向监督和双向监督

根据两主体之间是否可以互相监督,可以将立法监督分为单向监督和双向监督。单向监督,是指两主体中,一方固定为监督主体,而另一方固定为被监督主体。例如,有些国家赋予司法机关对立法的违宪审查权,但司法机关无立法权,因此不可能成为被监督主体。双向监督,是指两主体都有监督对方的权利,也有接受对方监督的义务。例如,在美国,总统作为行政首脑,对国会通过的法案有否决权,同时国会有权直接废止行政规章或通过行使调查权、弹劾权等间接的方式监督总统。当两主体处于不同层级时,双向监督还可以进一步分为顺向监督(自上而下的监督)和逆向监督(自下而上的监督)。

另外,根据监督的效力之不同,立法监督可以分为直接监督和间接监督;根据监督的启动方式之不同,立法监督可以分为主动监督和被动监督。

总之,根据不同的区分标准,立法监督可被分成多种类别,不同类别的立法监督相互联系,作用各异,只有综合运用这些不同类型的监督,才能最大限度地发挥监督的作用。

四、立法监督的意义

立法监督同立法科学化、民主化、法治化紧密关联。“一切有权力的人都容易滥用权力。”立法权一旦脱离有效监督,便存在被滥用的危险。具体而言,立法监督的意义主要体现在以下三个方面。

(一)立法监督是依法立法的保障

作为宪法基本原则的法治原则是立法活动的首要遵循。通过立法监督,促使立法活动依法开展,使其不偏离法治轨道,是立法监督的重要任务。各立法主体所处的区域、所属的系统,所管的事务存在差异,立法过程中,地方利益、部门利益、短期利益乃至各种私利与国家利益、整体利益、长远利益、社会利益之间必然存在博弈，尤其容易出现“地方保护主义”“部门保护主义”等问题。为此，必须通过监督，及时发现违宪违法行为并及时纠正，确保立法在法治的轨道上运行。

（二）立法监督是民主立法的体现

民主立法原则是现代国家立法的基本原则，立法过程应是充分发扬民主、广泛集聚民意的过程。损害民主的因素主要是权力膨胀和权力滥用。与其他国家权力一样，立法权在实际运行过程中也存在扩张或被滥用的可能，为此，必须通过立法监督以保证民主原则得以贯穿于立法过程的始终。在有效的监督之下，立法者从事立法活动时，不至权力恣意、偏离民主轨道，即使发生也能及时补救，使整个立法过程遵循民主原则。简言之，立法监督可以预防和消除那些阻碍民主原则得以贯穿的因素。

（三）立法监督是科学立法的需要

现代立法应当是科学立法，而科学立法有赖于包括立法主体、立法监督主体在内的不同主体的共同参与和有机配合。立法既要民主，又要科学；既要体现民意，又要遵循规律。立法的质量取决于立法活动是否符合科学和遵循规律。立法监督在推动科学立法、提高立法质量方面的作用可以概括为预防、补救、改进和评价。通过立法监督，能预防违法立法或不当立法的产生，能使监督中发现的问题得到有效的补救。同时，及时对立法成果进行总结评估，则能发现立法活动的规律，为将来的立法提供科学指导。

五、立法监督的原则

（一）系统原则

立法监督要坚持系统原则。由于立法监督的多元多级性，作为监督对象的过程及其结果也同样体现出多元多级性。另外，立法监督以维护国家法治和谐统一为其目标。因此，遵守系统性原则是保证各监督主体在监督标准、处理方式等方面一致性的必然要求。

（二）法定原则

立法监督要坚持法定原则，即立法监督需要法定化、制度化的保障。监督的主体、对象、任务、范围、程序、方法以及监督主体的权利义务和责任等都应该有明确的法律依据，不能滥用监督权，更不能干预立法，或者以立法监督代替立法。

（三）全面原则

立法监督要坚持全面原则，这是由监督对象的广泛性和监督方式的多样性所决定的。[1] 监督对象的广泛性要求，凡是有可能导致立法偏离法治、民主、科学轨道的行为和内容均应纳入监督的范围；监督方式的多样性要求，全面运用立法监督方式，实现多类型、多层面监督的有机结合，使各类监督在监督系统中充分发挥各自的功能与作用。

（四）效率原则

立法监督要坚持效率原则，这体现在：一方面，立法监督应及时有效地纠正违宪违法的立法过程和立法结果，避免立法错误和失误的发生，消除由相关立法所产生的不利后果；另一方面，立法监督应尽量不影响法律的及时出台，在监督立法机关提高立法质量的同时保障立法效率。

第二节　立法监督制度

一、立法监督的主体

立法监督的主体，是指根据宪法、法律的规定行使立法监督权，实施立法监督行为的国家机关。

---

〔1〕 参见李亚梅：《论我国地方图书馆立法的监督与控制》，载《郑州大学学报（哲学社会科学版）》2005年第2期。

（一）代议机关

在现代各国，代议机关通常行使一国的主要立法权，也是最主要的立法监督主体，其所实施的立法监督是立法监督的典型。代议机关广义上即立法机关、议会或国家权力机关，对立法活动和立法结果的各个主要环节或主要方面，几乎都可以实行立法监督。世界各国代议机关所实施的立法监督，主要表现在三个方面：一是内部监督。这种监督主要体现在两院制国家。例如在美国，参议院和众议院在立法方面的地位是平等的，同时两院在立法方面又互相制约，一院所通过的法案如被另一院反对，该法案便不能成立。在英国，上院通过行使延搁权搁置法案的方式实现监督。二是对授权立法和政府立法实施监督。立法机关或议会在授权决定中规定对被授权者行使授权立法权进行种种限制，在授权之后也密切关注受权者是否依照所授之权立法。立法机关或议会也对政府立法实施监督，如英国议会对内阁制定的行政法规享有监督权。[1]三是对下位阶的立法和其他形式的立法实施监督。英国法律规定，议会对内阁制定的行政法规、行政规章有立法监督权，对地方自治机关制定的规范性法律文件有审查权，对于行政法规、行政规章和地方性法规不适当的部分有权作出撤销决定。

（二）国家元首

在现代多数国家中，国家元首是重要的国家机关，通常行使提出法案、批准或签署法律、公布法律、解释法律等权力。这些行使权力的活动具有立法和监督的双重性质。在君主立宪制国家，国家元首的立法监督权多为批准签字形式的监督。在实行立法否决制的国家，总统有权对议会通过的法案予以否决。

---

〔1〕 参见周旺生：《立法学》，法律出版社2009年版，第330页。

(三)司法机关

司法机关监督立法是西方国家分权制衡思想的产物。在许多国家,司法机关主要通过司法审查来影响立法。从立法角度来讲,司法机关对立法活动及结果是否违宪的审查的实质是司法机关行使立法监督权。有相当数量国家的法院拥有对立法的司法审查权。自美国联邦最高法院在 1803 年通过马伯里诉麦迪逊案确立了联邦最高法院对国会立法的司法审查制度以来,西方诸多国家也建立了由司法机关审查立法的制度。例如,美国、日本、加拿大、阿根廷等国通过普通法院行使司法审查权;意大利、法国、奥地利等国通过专门宪法法院行使司法审查权,以及欧洲大陆法系国家通过行政法院分别行使相应的司法审查权。通过这种审查,司法机关可以在其权限内宣布法律、行政法规、行政规章违宪和无效。另外,在英国,法院虽无违宪审查权,但法院有权将不遵循法定程序所立之法宣布为无效。

(四)专门机构

为了充分保障宪法的实施,有的国家建立了专门的宪法监督机构,即上文所提到的宪法法院监督。这一监督既属于司法监督,也属于专门监督。自 1920 年奥地利设立宪法法院后,法国、德国、意大利、波兰等国也纷纷效仿并成立了宪法委员会或者宪法法院等专门机构。此类专门机构具有独立而至高的地位,且负有监督宪法实施和维护宪法尊严的职责,其立法监督的权威性较强。

(五)行政机关

在大多数国家,行政机关兼具有立法职能,即享有行政立法权。享有立法权的行政机关也同时具有立法监督权。这种立法监督权包括:上级行政机关监督下级行政机关立法;提请立法机关对行政机关制定的规范性法律文件进行审查;接受立法备案等。这种情况在我国体现得尤为明显,具体言之,国务院具有向全国人大常委会提出要求审查同宪法和法律相抵触的法规,接受全部地方性法规、部分自治条例和单行条例、全部部门规章和地方政府规章备案,以及改变或撤销不适当的部门规章和地方政府规章的权力。例如日本,除法律有明文规定外,上级行政机关依其指挥监督权,可以监督纠正下级行政机关的立法。

二、立法监督的客体

立法监督的客体,是指立法监督的对象和内容,即立法监督是对什么进行监督以及监督什么。

(一)立法监督的对象

在我国,立法监督的对象包括法律、行政法规、地方性法规、政府规章、授权性立法文件和法律解释等。

(二)立法监督的内容

立法监督的内容主要包括:立法主体是否正确、立法权限是否具备、立法程序是否合法、立法内容是否合法恰当以及立法技术是否科学得当等。

1. 立法主体适格

立法主体是否适格,是立法监督的首要内容。立法权来源于国家宪法及相关法律授权,宪法及相关法律在授予立法权的同时也明确了行使立法权的主体。换言之,没有宪法、法律的明文规定或合法有效的授权,任何机关、组织或个人都不能成为立法的主体。有基于此,立法监督要审查相关组织是否依法享有立法的主体资格。对于授权立法,一方面要审查相关组织是否依授权取得了主体资格,另一方面还要审查授权者是否具有授予相关组织立法权的资格。

2. 立法权限合法

立法监督对立法权限的监督主要包括两方面:第一,监督有关组织的立法活动是否超越法定权限范围，防止越权立法；第二，监督有关组织履行立法职责的情况，即是否存在立法不作为的情形。

3. 立法程序合法

立法过程必须符合法定程序。任何违反法定程序的立法，即使立法主体适格、恪守立法权限、立法内容合法，也应根据程序法定原则，被确认为违法。

4. 立法内容合法合理

立法内容是立法的核心，立法监督对立法内容的监督一般包括：第一，合法性审查，即立法内容是否符合宪法、法律的规定；第二，合理性审查，即立法内容是否符合社会公德，是否反映社会现实的需要，是否符合社会发展水平；第三，协调性审查，即同一部门中的各规范性法律文件之间是否一致，各法律规范之间是否存在矛盾冲突。

5. 立法技术科学

监督主体对立法技术的监督主要包括规范性法律文件的结构体系是否合理，逻辑是否严密，内容要素是否齐全，语言表述是否准确等。

三、立法监督的方式

立法监督的方式，是指监督主体实施立法监督活动的具体形式。综观各国立法，备案、批准、复议、裁决、违宪审查等是最为常见的几种监督方式。

（一）备案

备案，是指立法主体将所制定或批准的，通常是效力等级较低的规范性法律文件报送法定国家机关存档，以备审查的一种方式。该国家机关通常是上级代议机关或行政机关。这种报送登记存档以备审查即为立法监督意义上的备案。在大部分国家，备案通常是代议机关用来监督控制委任立法或授权立法的一种重要制度。备案的目的，有的在于审查和了解立法的有关情形，有的是借此掌控和干预立法。

立法监督意义上的备案，主要包括三种：一是单纯备案，即立法主体将应当送交备案的规范性法律文件送交接受备案机关即可生效，接受备案的机关对该规范性法律文件不做干预，不提意见建议，不作任何实质性决定。二是实质备案，即立法主体将应当送交备案的规范性法律文件送交接受备案机关后，接受备案机关对该文件可以予以否决。例如，在部分两院制国家中，任何一院对另一院送交备案的规范性法律文件可以表示反对或否决从而导致该文件无效。三是限期备案，有的国家规定，立法主体送交备案后，对接受备案的机关提出反对或异议设定期限，在期限内可以将备案的规范性法律文件废除；若期限内未提出反对或异议，则该法律文件自动生效。

（二）批准

立法批准是许多国家所实行的一种事前立法监督制度，一般是指规范性法律文件经代议机关通过后，经由国家元首、授权立法机关等法定立法监督主体批准之后才能正式生效。例如，美国宪法规定，总统对参众两院通过的法案，可以签署后即生效。若总统对该法案否决，则需要退回并经过更严格的复议程序才能通过。

（三）复议

复议，是指立法监督主体要求立法主体对已通过但未生效的规范性法律文件重新表决的制度。立法主体通过复议纠正法律文件中的不当内容或要求完善相应程序。在一些国家，代议机关通过立法复议制度重新审议表决法案，从而保证立法质量。立法复议是主要适用于代议机关内部的一种立法监督制度。在实行两院制的国家，上院认为有问题的法案可以或应当退回下院，下院则应当进行复议。立法复议在有些国家可以通过国家元首来实施，如法国、印度等国家，国家元首有权要求代议机关对已通过法案进行复议，从而实现对立法活动的监督。

（四）裁决

裁决是由有权主体，即立法监督主体以裁决的方式认定规范性法律文件是否产生效力的制度。例如，法国宪法规定，当政府和议院议长对立法提案或修正案是否属于议会立法事项意见不一时，由宪法委员会作出裁决；又如，我国《立法法》规定，当法律或行政法规对同一事项的新的一般规定与旧的特别规定不一致，不能确定如何适用时，分别由全国人大常委会和国务院裁决。[1]

（五）违宪审查

违宪审查是指法定主体对规范性法律文件的合宪性进行审查。在大多数国家，违宪审查主要由司法机关或专门机关实施。这种审查方式在上文已有过叙述。

除了上述监督方式外，各国还存在如立法质询、立法调查、公民复决等其他立法监督方式。

第三节　我国的立法监督

一、我国立法监督的历史沿革

我国立法监督制度的发展大致可以分为制度创建、初步形成、停滞破坏、恢复发展以及繁荣发展等五个阶段。

（一）制度创建阶段（新中国成立到1954年《宪法》颁布前）

新中国成立后至1954年第一部《宪法》颁布前，我国立法监督的主要法律文件包括《中国人民政治协商会议共同纲领》《中央人民政府组织法》《省各界人民代表会议组织通则》等。其中，《中央人民政府组织

〔1〕　参见王锴：《法律位阶判断标准的反思与运用》，载《中国法学》2022年第2期。

法》第7条第1项和第3项规定，中央人民政府委员会有权“制定并解释国家的法律，颁布法令，并监督其执行”，“废除或修改政务院与国家的法律、法令相抵触的决议和命令”。《省各界人民代表会议组织通则》规定：“省各界人民代表会议的决议，有与上级人民政府及中央人民政府的政策法令抵触时，上级人民政府及中央人民政府得废除、修改或停止其执行。”上述其他法律文件关于立法监督制度的规定也大体类似。由于人大制度尚未确立，这一时期的立法监督主体主要是各级人民政府，同时监督性质和内容比较单一。

(二)初步形成阶段(1954年《宪法》颁布到“文化大革命”前)

1954年第一届全国人民代表大会召开并颁布了新中国第一部《宪法》，1954年《宪法》确立了我国立法监督制度的基本框架。《宪法》第31条第6项、第7项规定，全国人大常委会有权“撤销国务院的同宪法、法律和法令相抵触的决议和命令”，“改变或者撤销省、自治区、直辖市国家权力机关的不适当的决议”。第49条和第60条又分别规定了国务院和地方各级人大的立法监督权。此后，第一届全国人大第一次会议发布了《关于中华人民共和国现行法律、法令继续有效的决议》，确认1949年中华人民共和国成立以来由中央人民政府制定批准的现行法律、法令，除同宪法相抵触的以外，一律继续有效。这项决议是中华人民共和国成立初期的一个重要立法监督文件，是我国立法监督的一次重要实践。此后，1955年第一届全国人大第二次会议通过《关于授权常委会制定单行法规的决议》和1959年第二届全国人大第一次会议进一步授权全国人大常委会在人大闭会期间根据情况的发展和工作的需要，修改现行法律中已经不适用的条文。至此，全国人民代表大会及其常委会的立法权主体和立法监督主体地位基本确立。

(三)停滞、破坏阶段(从“文化大革命”开始到1979年)

这一时期，立法监督制度遭到严重破坏。1975年《宪法》未涉及立法监督制度,1978 年《宪法》仅在第 25 条第 5 项规定全国人民代表大会常务委员会有权“改变或者撤销省、自治区、直辖市国家权力机关的不适当的决议”,该条规定仅是较为单一的立法监督条款,未形成体系化的立法监督制度。在实践中,这一时期的各级国家权力机关和行政机关在立法监督方面也处于停滞状态。

(四)恢复和进一步发展阶段(1979~2012 年)

1979 年颁布的《地方各级人民代表大会和地方各级人民政府组织法》第 6 条、第 27 条规定,省级人大及其常委会制定和颁布的地方性法规须报全国人大常委会和国务院备案。第 7 条第 11 项、第 12 项和第 28 条第 6 项分别规定了县级以上地方各级人民代表大会及其常委会有权监督立法,从而恢复了国务院和县级以上地方人大及其常委会的立法监督权。

1982 年《宪法》对立法监督制度作了更为全面的规定,从而使立法监督制度在根本法的层面上得以恢复和发展。此后《国务院组织法》等法律的相继出台和《地方各级人民代表大会和地方各级人民政府组织法》的四次修正,补充、完善和加强了已有的制度。尤其是 2000 年 3 月 15 日通过的《立法法》专门规定了裁决、备案等制度,设立了审查监督的启动机制,使得立法监督更具有可操作性,将违反法定程序的立法纳入可变更和撤销的范围,使我国的立法监督真正涵盖了立法行为和立法结果两方面。2006 年 8 月 27 日通过的《各级人大常委会监督法》确认了《立法法》规定的对行政法规、地方性法规、自治条例和单行条例、规章的备案、审查和撤销等监督方式。《立法法》和《各级人大常委会监督法》的相继通过标志着我国立法监督制度进入了新的发展时期。

(五)繁荣发展的新时代(2012 年至今)

党的十八大以来,中国特色社会主义法治迎来了繁荣发展的新的历史时期,党的十八届四中全会审议并通过的中共中央《关于全面推进依法治国若干重大问题的决定》对建设中国特色社会主义法治体系具有里程碑意义。这一时期，在习近平新时代中国特色社会主义思想特别是习近平法治思想的科学指引下，我国社会主义法治建设取得历史性成就、发生历史性变革，全面依法治国实践取得重大进展，也为立法监督制度的进一步丰富完善指明了方向。2023 年第十四届全国人民代表大会第一次会议修订通过的《立法法》使立法监督制度进一步完备。

现行《立法法》对立法监督制度的完善主要体现在以下方面：《立法法》第 5 条关于“立法应当符合宪法的规定”以及第 23 条、第 58 条、第 110 条、第 112 条规定了对法律草案进行合宪性审查的相关规定，进一步创新了立法监督的内容；《立法法》第 23 条、第 32 条、第 64 条、第 112 条的规定实质上明确了全国人大宪法和法律委员会作为最高国家权力机关组成部门的部分立法监督职能；《立法法》第 55 条规定了“全国人民代表大会及其常务委员会坚持科学立法、民主立法、依法立法，通过制定、修改、废止、解释法律和编纂法典等多种形式，增强立法的系统性、整体性、协同性、时效性”；第 111 条明确规定提出了全国人民代表大会专门委员会、常务委员会工作机构和国务院的专项审查制度；第 115 条进一步完善了备案审查制度；第 116 条创设性规定了清理制度，该制度规定“对法律、行政法规、地方性法规、自治条例和单行条例、规章和其他规范性文件，制定机关根据维护法制统一的原则和改革发展的需要进行清理”；第 118 条规定“国家监察委员会根据宪法和法律、全国人民代表大会常务委员会的有关决定，制定监察法规，报全国人民代表大会常务委员会备案”，首次赋予国家监察委员会立法权，也就自然赋予其立法监督权，但这种立法监督制度正在创建中。2023 年《立法法》修正进一步完善了我国的立法监督制度。

二、我国的立法监督制度

（一）立法监督主体

根据《宪法》和《立法法》的规定，我国的立法监督主体较为广泛，但

人民法院和人民检察院不是立法监督主体。具体来说,我国的立法监督主体主要包括:

1. 全国人民代表大会

全国人民代表大会作为我国的最高国家权力机关,在我国立法监督体系中具有最高的地位和权威。根据《宪法》和《立法法》的规定,全国人民代表大会可以行使以下两方面的立法监督权。第一,有权监督《宪法》的实施,包括对违宪立法的监督。第二,有权改变或者撤销全国人民代表大会常务委员会制定的不适当的法律或不适当的决定,有权撤销全国人民代表大会常务委员会批准的违背《宪法》和《立法法》规定权限范围的自治条例和单行条例。

2. 全国人民代表大会常务委员会

全国人民代表大会常务委员会作为全国人民代表大会的常设机关,也是我国的立法机关。根据《宪法》与《立法法》的规定,全国人民代表大会常务委员会的立法监督权主要包括:第一,全国人民代表大会常务委员会是宪法实施的监督机关,也就相应具有了监督其他立法主体的立法行为是否违宪的权力。第二,全国人民代表大会常务委员会有权撤销同宪法和法律相抵触的行政法规,有权撤销同宪法、法律和行政法规相抵触的地方性法规,有权撤销省、自治区、直辖市的人民代表大会常务委员会批准的违背《宪法》和《立法法》规定的自治条例和单行条例。第三,对法律冲突的裁决权。法律之间对同一事项的新的一般规定与旧的特别规定不一致时,或根据授权制定的法规与法律规定不一致时,或地方性法规与部门规章之间对同一事项的规定不一致,国务院认为应当适用部门规章时,由全国人民代表大会常务委员会裁决。第四,对自治区的自治条例和单行条例的批准权。全国人民代表大会常务委员会享有广泛的立法监督权,其立法监督权仅次于全国人民代表大会。第五,清理权。全国人大常委会对由其制定的法律文件根据维护法制统一的原则和改革发展的需要进行清理。第六,备案审查权。全国人大常委会根据《宪法》和《立法法》的授权对法定的由其备案审查的规范性法律文件进行备案审查。

3. 宪法和法律委员会以及其他专门委员会

2018年3月11日，第十三届全国人民代表大会第一次会议通过《宪法修正案》将“全国人大法律委员会”更名为“全国人大宪法和法律委员会”。这是专门委员会名称上第一次出现“宪法”一词，虽然与学界一直推动的“宪法委员会”的期待有一定距离，但这不仅仅是专门委员会名称的调整，更是落实党的十九大提出的“推进合宪性审查工作”的具体措施，为探索宪法监督机关专门化提供了规范依据。宪法和法律委员会的设立有助于加强宪法实施与监督，有助于建立立法与宪法监督职能综合协调、整体推进的新机制，提高合宪性审查的实效性，有效解决宪法争议和违宪问题。宪法和法律委员会以及其他专门委员会的立法监督权是全国人民代表大会立法监督权的重要补充和具体化制度安排。宪法和法律委员会作为全国人大的专门委员会，统一审议列入全国人大或者全国人大常委会会议议程的法律案，检查监督有关法律和有关法律问题决定的实施情况，审议全国人大常委会交付的被认为同宪法或者法律相抵触的行政法规、地方性法规、自治条例和单行条例等，是具体开展推进合宪性审查、加强宪法监督等工作职责的专门机构。其他专门委员会则在其所涉事项内有一定的立法监督职能。

4. 国务院

国务院拥有对行政立法的监督权。具体来说，国务院的监督权包括：第一，改变或者撤销不适当的部门规章和地方政府规章；第二，行政法规之间对同一事项的新的一般规定与旧的特别规定不一致时，或部门规章之间、部门规章与地方政府规章之间对同一事项的规定不一致时，由国务院裁决。

5. 国家监察委员会

国家监察委员会拥有监察法规制定权。作为监察法规制定主体，国家监察委员会也自然就获得了相应的立法监督权，国家监察委员会主要通过备案审查、清理等监督方式实现立法监督。有关立法监督制度正在进一步完善中。

6. 中央军事委员会及相关主体

中央军事委员会拥有军事法规制定权，中国人民解放军各战区、军兵种和中国人民武装警察部队拥有军事规章制定权。军事法规、军事规章的制定、修改和废止办法，由中央军事委员会依照《立法法》规定的原则进行规定。这也就授予了中央军事委员会相应的立法监督权。中国人民解放军各战区、军兵种和中国人民武装警察部队因其拥有军事规章制定权，在立法过程中也便拥有了相应的监督权限。

7. 地方的立法监督机关

(1)省、自治区、直辖市的人民代表大会

设区的市的地方性法规须报省、自治区的人民代表大会常务委员会批准后施行。省、自治区的人民代表大会常务委员会对报请批准的地方性法规，应当进行合法性审查，对不适当的地方性法规，有权予以撤销。

(2)省、自治区、直辖市，设区的市和自治州的人民代表大会常务委员会

省、自治区、直辖市，设区的市和自治州的人民代表大会常务委员会有权撤销本级人民政府制定的不适当的规章。省、自治区、直辖市的人民代表大会常务委员会有权审查批准自治州、自治县的自治条例和单行条例。省、自治区的人民代表大会常务委员会有权审查批准设区的市的地方性法规。

(3)省、自治区的人民政府

省、自治区的人民政府有权改变或者撤销下一级人民政府制定的不适当的规章。

(二)我国立法监督的内容

我国的立法监督主要包括以下内容：合宪性审查、立法权限审查、立法程序审查、内容合法性和适当性审查等。

1. 合宪性审查

合宪性审查是立法监督的首要内容。宪法作为我国的根本大法，是制定其他法律的依据，因此，立法首先应当符合宪法的规定、原则和精神。同时，宪法在我国具有最高的法律效力，一切法律、行政法规、地方性法规、自治条例和单行条例、规章都不得同宪法相抵触。这也就意味着任何同宪法相抵触的规范性法律文件，都应依法被撤销。

2. 立法权限审查

任何超越法定或授权的立法权限范围的立法，都是无效的。立法监督主体有权改变或撤销超越法定或授权的立法权限范围的立法。根据《立法法》第 107 条第 1 项的规定，法律、行政法规、地方性法规、自治条例、单行条例、规章的制定超越权限的，由有关机关依照法定权限予以改变或撤销。

3. 立法程序审查

程序合法是内容合法的前提。如《立法法》第 107 条第 5 项规定，违背法定立法程序的立法，由有关机关依照法定权限予以改变或撤销。

4. 内容合法性和适当性审查

首先，内容合法性审查。下位法的内容不得违反上位法的规定，这既包括不得违反上位法的明文规定，也包括不得违反上位法的精神、原则。立法监督主体有权改变或撤销违反上位法规定的下位法。其次，内容适当性审查。内容适当性审查建立在合法性审查基础之上，是对立法的进一步审查。一般来说，内容适当性审查主要监督立法内容是否符合法律的时代精神、是否符合社会的公正标准、是否顺应民意、是否符合常理习惯、是否遵循节制原则和最小成本原则等。

（三）我国立法监督的方式

立法监督的方式是立法监督制度的重要内容。就我国立法监督而言，主要包括批准、审查、裁决、改变或撤销、备案、清理等几种方式。

1. 批准

批准是法定的立法监督方式,即上级监督主体依法对相应立法主体制定的规范性法律文件进行批准的制度。批准制度属于事前监督。需要批准的法律未经批准,立法过程就尚未完结,也就不能颁布实施。我国《立法法》关于批准的规定主要有:自治区的自治条例和单行条例,报全国人民代表大会常务委员会批准后生效;设区的市和自治州的人民代表大会及其常务委员会所制定的地方性法规,报省、自治区的人民代表大会常务委员会批准后施行;自治州、自治县的自治条例和单行条例,报省、自治区、直辖市的人民代表大会常务委员会批准后生效;省、自治区的人民代表大会常务委员会对于报请批准的地方性法规,应当对其合法性进行审查,同宪法、法律、行政法规和本省、自治区的地方性法规不抵触的,应当在四个月内予以批准。

2. 审查

立法审查是立法监督主体对已经公布实施的规范性法律文件的合法性、适当性进行检查和监督的活动。具体来说,审查的结果有二:一是被审查的规范性法律文件合法、适当,维持规范性法律文件的效力;二是被审查的规范性法律文件因不合法或不适当,应当被改变或撤销。审查启动的方式主要有三种:一是依法定职权主动提起审查;二是依其他主体提出审查的要求或建议而启动;三是接受备案的机关对报送备案的规范性法律文件启动审查。

3. 裁决

所谓裁决,即对同一事项因同一位阶的法的规定不一致而不能确定如何适用时,由有权主体依法裁决决定适用哪种法律规范的活动。当同一位阶的法律规定之间出现不一致时,可能并非合法性与否的问题,更多的是法律适用的问题。这也属于立法监督的内容。《立法法》第105条、第106条对法律、行政法规、地方性法规、规章需要裁决的情形作了具体规定。裁决的内容主要包括:新的一般规定与旧的特别规定之间的矛盾冲突问题;地方性法规与部门规章之间、部门规章之间以及部门规章与地方政府规章之间需要裁决,此种情形的出现是因出现了对同一事项的规定不一致的冲突问题;授权立法与法律之间的冲突问题。

4. 改变或撤销

根据《立法法》第 108 条的规定,改变或者撤销的情形包括:

第一,全国人民代表大会有权改变或者撤销它的常务委员会制定的不适当的法律,有权撤销它的常务委员会批准的违背《宪法》和《立法法》第 85 条第 2 款规定的自治条例和单行条例;

第二,全国人民代表大会常务委员会有权撤销同宪法和法律相抵触的行政法规,有权撤销同宪法、法律和行政法规相抵触的地方性法规,有权撤销省、自治区、直辖市的人民代表大会常务委员会批准的违背《宪法》和《立法法》第 85 条第 2 款规定的自治条例和单行条例;

第三,国务院有权改变或者撤销不适当的部门规章和地方政府规章;

第四,省、自治区、直辖市的人民代表大会有权改变或者撤销它的常务委员会制定的和批准的不适当的地方性法规;

第五,地方人民代表大会常务委员会有权撤销本级人民政府制定的不适当的规章;

第六,省、自治区的人民政府有权改变或者撤销下一级人民政府制定的不适当的规章;

第七,授权机关有权撤销被授权机关制定的超越授权范围或者违背授权目的的法规,必要时可以撤销授权。

5. 备案

备案也是重要的立法监督方式。《立法法》第 109 条规定,行政法规、地方性法规、自治条例和单行条例、规章应当在公布后的三十日内按规定报有关机关备案。接受备案的主体主要包括全国人民代表大会常务委员会,国务院,省、自治区、直辖市的人民代表大会常务委员会及本级人民政府;报送备案的主体主要是制定机关;备案的内容为行政法规、地方性法规、自治条例和单行条例、规章。接受备案主体及立法监督主体对报送备案的规范性法律文件可以主动审查,并可根据需要进行专项审查。[1]

6. 清理

2023 年修正的《立法法》新增了清理制度,此制度是对已有立法监督方式的重要补充。通过对法律法规进行专项审查和清理,有助于维护国家法制统一。具体来说,《立法法》第 116 条规定:"对法律、行政法规、地方性法规、自治条例和单行条例、规章和其他规范性文件,制定机关根据维护法制统一的原则和改革发展的需要进行清理。"可见,开展清理活动的主体应该是制定机关,即依据的是"谁制定、谁清理"原则,而清理的对象是所有规范性法律文件。但是,《立法法》并未对清理的方式予以明确规定。对此,可以借鉴党内法规的清理方式,即采用集中清理、专项清理和定期清理的方式进行清理。

---

[1] 《立法法》第 111 条规定:"全国人民代表大会专门委员会、常务委员会工作机构可以对报送备案的行政法规、地方性法规、自治条例和单行条例等进行主动审查,并可以根据需要进行专项审查。国务院备案审查工作机构可以对报送备案的地方性法规、自治条例和单行条例,部门规章和省、自治区、直辖市的人民政府制定的规章进行主动审查,并可以根据需要进行专项审查。"

后　记

1982 年,陈中绳先生在《现代法学》的一篇文章中敏锐地指出:“立法也是一门学问。立法学是法学的一个重要组成部分。要搞好立法工作,必须重视研究立法学。”当时,我国正值改革开放初期,“无法可依”的问题非常突出。也正是在 1982 年,全国人大常委会工作报告首次提出:“立法要从我国的实际出发,按照社会主义法制原则,逐步建立有中国特色的独立的社会主义法律体系。”2011 年,全国人大常委会宣布:“以宪法为统帅,以宪法相关法、民法商法等多个法律部门的法律为主干,由法律、行政法规、地方性法规等多个层次的法律规范构成的中国特色社会主义法律体系已经形成。”2022 年,党的二十大报告指出:“完善以宪法为核心的中国特色社会主义法律体系”“以良法促进发展、保障善治”“推进科学立法、民主立法、依法立法,统筹立改废释纂,增强立法系统性、整体性、协同性、时效性。”从 1982 年到 2022 年的四十年间,我国已经解决了“无法可依”的问题,但仍然面临着不断提高立法质量,以良法保障善治的艰巨任务。陈中绳先生四十年前的论断并未过时。

河北大学高度重视立法人才的教育培养和立法学研究工作。2021 年,在孟庆瑜教授领衔下,河北大学获批教育部首批新文科研究与改革实践项目《政产学研协同育人模式下的立法人才培养机制研究》。本书正是此项目的阶段性研究成果,是立法实务部门与高等院校协同、合作的“产品”。本书在体例、结构等方面进行精心设计,力求体现如下特点:第一,新颖性。本书密切结合2023年修正后的《立法法》,并注重汲取最新的理论研究成果,努力在观点、内容、方法上创新。第二,实践性。本书以培养具有较强操作能力的专业化立法人才为目标,在对立法理论和制度进行深入介绍时,特别注意结合目前立法领域中出现的热点、难点、争点问题进行分析。第三,可读性。本书文字简明易懂,贴近立法学初学者、爱好者,既适合高校教师、高校学生等群体阅读,也适合人大、政府等从事立法工作的人员参考。

本书由尚海龙、王晓平担任主编,伊士国、李湄担任副主编。具体撰写分工如下(按所撰写章节先后为序):

尚海龙(河北大学法学院):绪论、第一章;
伊士国(河北大学法学院):第二章;
李红英(河北大学法学院):第三章;
申艳红(新疆大学法学院):第四章;
李　湄(石家庄市司法局立法科):第五章;
谭　剑(湖北大学法学院):第六章;
王晓平(河北省司法厅立法一处):第七章;
吕庆明(河北大学法学院):第八章;
申　静(河北大学法学院):第九章;
杨晓雷(保定学院马克思主义学院):第十章。

全书由尚海龙统稿,并经作者同意对个别章节的少量内容作了必要修改。河北大学法学院博士研究生张云鹏,硕士研究生娄国慧、田一辰、张子奕、张佳乔、刘怡宁等同学在书稿的校对方面提供了大力协助。本书的写作与出版得到了法律出版社、河北大学法学院、河北大学国家治理法治化研究中心领导的鼎力支持和充分理解,在此表示诚挚的谢意!

本书虽经仔细斟酌、认真核对、反复修改,但书中的疏漏与不足在所难免,恳请同行不吝赐教,希望读者批评指正!

编　者

2023 年 6 月 12 日